世界马克思主义研究

STUDIES ON WORLD MARXISM

主办单位　西北工业大学马克思主义学院
主　编　　程恩富　杨云霞

2022（第二辑）

（总第4期）

北　京

图书在版编目（CIP）数据

世界马克思主义研究 . 2022. 第二辑 / 程恩富，杨云霞主编 . —— 北京：中国经济出版社，2023.9
ISBN 978 - 7 - 5136 - 7491 - 1

Ⅰ.①世… Ⅱ.①程… ②杨… Ⅲ.①马克思主义理论 - 理论研究 Ⅳ.①A81

中国国家版本馆 CIP 数据核字（2023）第 185463 号

责任编辑　贺　静
责任印制　马小宾
封面设计　华子设计

出版发行	中国经济出版社
印刷者	北京富泰印刷有限责任公司
经销者	各地新华书店
开　本	889mm×1194mm　1/16
印　张	9.75
字　数	248 千字
版　次	2023 年 9 月第 1 版
印　次	2023 年 9 月第 1 次
定　价	68.00 元

广告经营许可证　京西工商广字第 8179 号

中国经济出版社 网址 www.economyph.com 社址 北京市东城区安定门外大街 58 号 邮编 100011
本版图书如存在印装质量问题，请与本社销售中心联系调换（联系电话：010 - 57512564）

版权所有　盗版必究（举报电话：010 - 57512600）
国家版权局反盗版举报中心（举报电话：12390）　　服务热线：010 - 57512564

学术顾问： 王忍之　中共中央宣传部原部长　　　滕文生　中共中央政策研究室原主任
　　　　　　王伟光　中国社会科学院原院长　　　　李慎明　中国社会科学院原副院长
　　　　　　高　翔　中国社会科学院院长　　　　　顾海良　国家教育行政学院原院长

编委会主任： 张国祚　中共中央宣传部理论局原副局长、中国文化软实力研究中心主任
　　　　　　陈建有　西北工业大学党委副书记、校社科联主席
　　　　　　毛增余　中国经济出版社总编辑、《国资报告》杂志社执行董事

编委会成员： 辛向阳　中国社会科学院马克思主义研究院党委书记、院长
（单位排序） 龚　云　中国社会科学院金融研究所党委书记、副所长
　　　　　　林建华　中国社会科学院马克思主义研究院副院长
　　　　　　潘金娥　中国社会科学院马克思主义研究院国际共运研究部主任
　　　　　　于鸿君　北京大学党委原常务副书记
　　　　　　朱安东　清华大学马克思主义学院院长
　　　　　　刘新刚　北京理工大学马克思主义学院院长
　　　　　　李紫莹　北京外国语大学全球治理研究院副院长
　　　　　　陈学明　复旦大学国外马克思主义研究中心副主任
　　　　　　张新宁　复旦大学马克思主义学院副院长
　　　　　　詹志华　福州大学马克思主义学院院长
　　　　　　丁晓钦　上海财经大学马克思主义学院副院长
　　　　　　轩传树　上海社会科学院世界社会主义研究中心主任
　　　　　　吴文新　山东大学马克思主义学院原副院长
　　　　　　张云龙　西北工业大学马克思主义学院副院长
　　　　　　董金明　上海海事大学马克思主义学院党委书记
　　　　　　东方毅　世界文化论坛联袂主席
　　　　　　洛马诺夫　俄罗斯科学院国际经济与国际关系研究院副院长
　　　　　　大卫·斯维卡特　美国芝加哥洛约拉大学哲学系教授
　　　　　　托尼·安德烈阿尼　法国巴黎第八大学政治系教授
　　　　　　大西广　日本庆应大学经济学部教授
　　　　　　阮明环　越南胡志明国家政治学院哲学系主任

主　　编： 程恩富　中国社会科学院学部委员、学部主席团成员
　　　　　　杨云霞　西北工业大学马克思主义学院院长
编辑部主任： 孙绍勇　西北工业大学马克思主义学院教授
编辑部成员： 赵海霞　宁殿霞　陈亚丽　刘远亮

主办单位： 西北工业大学马克思主义学院
支持单位： 世界政治经济学学会创新马克思主义研究分会

目 录

名家访谈

论马克思主义理论学科的"引领"和"支撑"作用
　　——访中央"马工程"首席专家、上海交通大学讲席教授陈锡喜
　　陈锡喜/访谈嘉宾　本刊编辑部/访谈人 ……………………………… 1

马克思主义及其中国化理论研究

马克思主义哲学群众观视域下的儒学凡圣之辨
　　李军时 …………………………………………………………………… 11
作为一种"新世界观"的全人类共同价值
　　——基于《德意志意识形态》的文本分析
　　马喜宁 …………………………………………………………………… 25
论新时代中国的劳动文化：概念辨析、发展障碍及振兴对策
　　张文富 …………………………………………………………………… 34
马克思视域资本"由来去往"的辩证论析
　　陈广亮　魏淑萍 ………………………………………………………… 43
新时代深化文明交流互鉴的学理阐释
　　——兼论文明冲突论的谬误
　　刘新伟 …………………………………………………………………… 53

国外马克思主义研究

马克思与当今的全球史
　　［德］马提亚斯·米德尔 ………………………………………………… 62
印度共产党（马克思主义）的妇女观及其政策实践探析
　　胡　月　杜　敏 ………………………………………………………… 73
日本的《资本论》研究：特色与启示
　　——基于《资本论》开篇商品性质研究的考察
　　杨立国 …………………………………………………………………… 86

"新大陆" or "迷雾森林"
　　——齐泽克对拉康"实在界"理论的延展及其局限
　　崔　健　罗佳佳 ………………………………………………………… 96
苏联解体的历史反思
　　——基于对国外的民主马克思主义思潮的批驳
　　卢文忠 …………………………………………………………………… 107

世界资本主义研究

景观的资本化与资本的景观化
　　卢　林 …………………………………………………………………… 116
过时还是证明：人工智能时代的马克思剩余价值理论
　　——基于资本主义条件下人工智能的发展
　　方章东　李华强 ………………………………………………………… 125

论点摘编

国际金融垄断资本主义是垄断资本主义的最新发展，是新型帝国主义
　　王伟光 …………………………………………………………………… 140
$MEGA^2$ 研究前沿与马克思思想史研究
　　张一兵　孔伟宇 ………………………………………………………… 141
把握21世纪马克思主义的四个维度
　　辛向阳 …………………………………………………………………… 142
习近平新时代中国特色社会主义思想为发展21世纪马克思主义作出原创性贡献
　　龚　云 …………………………………………………………………… 143
社会主义从空想走向科学
　　林建华 …………………………………………………………………… 144
侵蚀资本主义
　　——赖特论21世纪反对资本主义的新战略
　　段忠桥 …………………………………………………………………… 145
追寻"英国马克思主义"道德之维的历史生成
　　张　亮 …………………………………………………………………… 146
论科技发展与人文精神的内在勾连对我国哲学人文科学发展的启示
　　张云龙　马淑欣 ………………………………………………………… 147
73.2%的乌克兰人认为国家走在不正确的历史发展方向上
　　陈爱茹 …………………………………………………………………… 148
西班牙中国问题专家谈"新时代的中国与世界百年未有之大变局"
　　[西班牙] 胡里奥·里奥斯　贺　钦　编译 …………………………… 149

名家访谈

论马克思主义理论学科的"引领"和"支撑"作用
——访中央"马工程"首席专家、上海交通大学讲席教授陈锡喜

陈锡喜*/访谈嘉宾　本刊编辑部/访谈人

【内容提要】2005年,马克思主义理论一级学科设立,旨在为思想政治理论课建设提供学科支撑。18年来,特别是进入新时代,党中央提出要提升马克思主义理论学科在意识形态工作和中国哲学社会科学学科体系建设中的引领作用。对照党中央对其"支撑"和"引领"作用的要求,马克思主义理论学科还存在较大差距。为切实发挥"引领"和"支撑"作用,我们有必要回顾马克思主义理论学科作为一级学科建设以来所取得的成就和存在的短板,在此基础上,在理念上明晰其在马克思主义学科群中的地位和功能,在内容上进一步确定研究重点,在建设路径上强化问题意识,在"推动思政课建设内涵式发展"上凝心聚力。

【关键词】马克思主义理论学科　思想政治理论课　中国哲学社会科学　支撑　引领

马克思主义理论学科自2005年作为一级学科设立以来,其初衷是通过加强马克思主义理论的整体性研究,为思想政治理论课建设提供学科支撑和为凝聚师资提供有效平台。党的十八大以后,中共中央办公厅、国务院办公厅于2015年印发的《关于进一步加强和改进新形势下高校宣传思想工作的意见》提出:"要提升马克思主义理论学科的引领作用,实施马克思主义理论学科领航计划。"特别是习近平总书记在2016年5月17日哲学社会科学工作座谈会上的讲话(以下简称"5·17讲话")中,更明确地指出:"坚持以马克思主义为指导,是当代中国哲学社会科学区别于其他哲学社会科学的根本标志,必须旗帜鲜明加以坚持。"[①] 并且把"加强马克思主义学科建设"列为加快构建中国特色哲学社会科学学科体系的第一项举措。可以说,马克思主义理论学科的重要作用在于"支撑"和"引领"。为全面了解和把握马克思主义理论学科的建设情况及作用发挥,本刊编辑部主任孙绍勇采访了陈锡喜教授。

---

* 陈锡喜,男,上海交通大学讲席教授、博士生导师,中央马克思主义理论研究和建设工程首席专家、国家社会科学基金评委、教育部社会科学委员会学部委员,上海市高校思想政治理论课教学指导委员会副主任委员等,曾任国务院学位委员会第六、第七届马克思主义理论学科评议组成员。主要从事马克思主义基本理论及意识形态问题研究。

① 习近平. 在哲学社会科学工作座谈会上的讲话[M]. 北京:人民出版社,2016:8.

访谈人：陈教授，您好！请您先谈一谈马克思主义理论学科的概况如何。

陈锡喜：马克思主义理论一级学科，是从原政治学一级学科下设的"马克思主义理论和思想政治教育"二级学科提升出来的，其背景是中央实施马克思主义理论研究和建设工程（以下简称"马工程"）及启动思想政治理论课课程设置的"05方案"。设立的初衷就是想通过加强马克思主义理论的整体性研究，为思想政治理论课建设提供学科支撑和为凝聚师资提供有效平台。例如，初期设立的5个二级学科（马克思主义基本原理、马克思主义发展史、马克思主义中国化研究、国外马克思主义、思想政治教育研究）中，有3个是直接对应本科思想政治理论课（"马克思主义基本原理""毛泽东思想、邓小平理论和'三个代表'重要思想概论""思想道德修养和法律基础"）的，而后在2008年增设第6个二级学科（中国近现代史基本问题研究），直截了当地表明其目的就是"强化高等学校思想政治理论课'中国近现代史纲要'课程功能和教师队伍建设"。这在其他学科设置中是绝无仅有的。此后，国务院学位委员会和教育部等相关部门制定的相关文件，都明确把为思想政治理论课服务定位为该学科建设的"基本任务""主要任务""重要任务"，甚至"第一位任务"或"首要任务"。

访谈人：马克思主义理论学科自设立以来已有18年，这18年的建设情况如何？发展过程中存在哪些问题？

陈锡喜：18年来，马克思主义理论学科建设取得了重要成绩，特别是党的十八大以来，在习近平总书记2013年全国宣传思想工作会议、2015年全国高校思想政治工作会议上的讲话精神鼓舞下，各级宣传和教育部门以及各高校都更为重视马克思主义理论学科和思想政治理论课建设，纷纷加大了投入力度，取得了明显成效。

首先，在理论上强化了马克思主义基础理论的研究，深化了马克思主义中国化的学理研究。注重对原来分布在各个一级学科的马克思主义各个组成部分（原马克思主义哲学、政治经济学、科学社会主义、国际共产主义运动史、中共党史等）之间相互联系的整体性研究，在马克思主义的基本范畴以及形成、发展、传播规律等领域取得大量成果。为马克思主义中国化的理论和实践研究以及党的指导思想与时俱进的论证提供了较为深刻的学理基础，这是原分领域分学科研究难以做到的。

其次，在实践上为意识形态建设提供了理论依据，为思想政治理论课建设提供了学科支撑。深入研究了马克思主义意识形态理论以及党的意识形态工作的实践，为坚持马克思主义在意识形态领域的指导地位提供了理论依据和政策建议，特别为高校"擦亮马克思主义的鲜亮底色"做出了贡献。它为思想政治理论课的改革和建设提供了学科支撑，使其在内容和方法的守正创新上获得了诸多资源。

再次，在保障上凝聚了队伍，增强了体制机制。有马克思主义理论学科作为一级学科的支撑，强化了思想政治理论课教师的学科意识，提升了其学科归属感，扩大了其在中青年学者中的影响力，从而对思想政治理论课教师凝心聚力投入学科和课程建设起到了重要的激励作用。在一级学科的支撑下，各高校陆续成立了直属于学校的马克思主义学院，使马克思主义理论学科的建设及其对思想政治理论课的支撑有了体制保障。在18年的时间里，该学科仅一级学科博士点就发展到超百家，这在其他学科的发展中是罕见的。

最后，"党的十八大以来，我国意识形态领域形势发生全局性、根本性转变，全党全国各族人民文化自信明显增强，全社会凝聚力和向心力极大提升，为新时代开创党和国家事业新局面提供了坚强思想保证和强大精神力量"①。其中，马克思主义理论学科的建设起到了重要作用。

尽管学科建设取得了不俗的成绩，但是，与中央"马工程"原设定的任务相比，用新时代党中央对马克思主义理论学科建设的新要求衡量，特别是同习近平总书记对马克思主义学科建设的新期待相对照，学科建设还是任重道远。

首先，2004年《中共中央关于进一步繁荣发展哲学社会科学的意见》以及此后《中央宣传思想工作领导小组关于实施马克思主义理论研究和建设工程的意见》规定了"马工程"的五大任务：加强对马克思主义中国化理论成果的研究、加强马克思主义经典著作的编译和研究工作、建设具有时代特征的马克思主义理论的学科体系、编写充分体现当代中国马克思主义最新成果的哲学社会科学重点学科教材、加强马克思主义理论队伍建设。对照这些任务，马克思主义理论学科的差距主要表现在以下方面：对当代中国马克思主义的研究学理性不强，形式主义注释多；对马克思主义经典著作的研究不够全面和深化；在哲学社会科学学科体系建设中学科作用发挥不够强；某些教材编写中还残存着脱离时代和中国实际的教条主义或实用主义话语，与"帮助人们分清哪些是必须长期坚持的马克思主义基本原理，哪些是需要结合新的实际加以丰富发展的理论判断，哪些是必须破除的对马克思主义的教条式的理解，哪些是必须澄清的附加在马克思主义名下的错误观点"的要求存在差距；三个层次人才（学贯中西、享誉中外的马克思主义理论大家，政治方向正确、理论功底扎实、勇于开拓创新、善于联系实际的马克思主义学科带头人，中青年马克思主义理论研究和教学骨干）在整个哲学社会科学平台上的影响力还不够强；等等。

其次，2015年中共中央办公厅、国务院办公厅印发的《关于进一步加强和改进新形势下高校宣传思想工作的意见》对马克思主义理论学科建设提出了更高的要求："要提升马克思主义理论学科的引领作用，实施马克思主义理论学科领航计划。"所谓"引领"作用，不是一般地体现在外延的扩张上，而是要在内涵上体现它同其他学科的比较优势。实际上，与18年来一级学科在量上的急速发展相比，质的提升尚不够理想。

最后，习近平总书记在"5·17讲话"中明确提出，"坚持以马克思主义为指导，是当代中国哲学社会科学区别于其他哲学社会科学的根本标志"，因而在加快构建中国特色哲学社会科学学科体系中，首要任务是"加强马克思主义学科建设"。与此同时，他揭示了实际工作中某些领域存在的马克思主义被边缘化现象的"内因"，那就是"一些同志对马克思主义理解不深、理解不透，在运用马克思主义立场、观点、方法上功力不足，高水平成果不多"，其表现为在马克思主义理论研究中存在的"空泛化、标签化"以及教条主义和实用主义现象。②这实际上是对包括马克思主义理论学科建设在内的整个马克思主义学科建设提出的批评。

将习近平总书记批评的压力转化为动力，补齐学科建设中存在的短板，切实发挥马克思主义理论学科在整个哲学社会科学学科体系中建设的"引领"作用，更好地发挥对思想政治理论课的"支撑"作用，需要针对存在的问题，厘清学科定位、功能定位、研究重点、研究路径以及支撑体系等一系列思路。

访谈人：请您具体谈一谈马克思主义理论学科的学科定位和功能定位。

---

① 本书编写组.中共中央关于党的百年奋斗重大成就和历史经验的决议[M].北京:人民出版社,2021:46.
② 习近平.在哲学社会科学工作座谈会上的讲话[M].北京:人民出版社,2016:10.

陈锡喜：关于马克思主义理论学科建设存在的不足，有各种主客观原因，其中主观原因体现在理念上，主要有：其一，在学科定位上过分强调其相对独立性；其二，在功能定位上过分强调其为思想政治理论课服务。在其设立初期，这两个理念的存在具有必要性和必然性。但是，今天要切实发挥马克思主义理论学科对整个哲学社会科学学科体系建设的"引领"作用，首先需要厘清其在马克思主义学科体系中的定位。

我们习惯上将马克思主义理论学科简称为"马学科"，这并不准确。马克思主义理论学科并不等于"马学科"，因为一般所说的"马学科"泛指马克思主义学科体系（以下简称"马学科群"），它包括马克思主义理论学科（"马理学科"，俗称"小马"）、马克思主义相关学科（马克思主义哲学、政治经济学、科学社会主义以及中共党史等马克思主义分领域研究，俗称"中马"），以及直接以马克思主义为指导的相关哲学社会科学学科的基础理论和相关重大现实问题研究（马克思主义政治学、经济学、社会学、新闻学、文学、史学等学科研究，俗称"大马"）。这样的"马学科群"，是以马克思主义理论学科为"骨干"，以马克思主义相关学科为支撑，以哲学社会科学相关学科基础理论和重大实践问题的研究为拓展所组成的学科群。

强调建设"马学科群"并确立马克思主义理论学科在其中的"骨干"定位，其必要性在于：

首先，从学科建设看，它将促进马克思主义理论学科同"中马"和"大马"的互动，更好地吸收其他学科理论研究的成果乃至新范畴、新话语，拓宽马克思主义理论学科建设的视野，以避免"自娱自乐"；同时，有利于彰显马克思主义理论学科在运用马克思主义指导上的比较优势，强化在"马学科群"建设中的"骨干"责任，从而提升马克思主义理论学科在哲学社会科学领域的话语权。

其次，从队伍建设看，它将促进马克思主义理论学科乃至思想政治理论课师资队伍质和量的提升。一方面，它有助于来自"中马"甚至"大马"学科而加盟马克思主义理论学科和思想政治理论课建设的中青年学者，确立在马学马、在马研马、在马信马、在马言马、在马用马的学科意识，以更快、更好地融入马克思主义理论学科；另一方面，它有助于壮大马克思主义研究队伍，使"中马"乃至"大马"学科的学者形成共同为马克思主义理论研究和课程思政做贡献的意识。同时，它也有助于增强学校领导和职能部门的意识形态责任意识，以避免一讲"擦亮高校马克思主义的鲜亮底色"和落实"马工程"的任务，就把责任全归结到马克思主义学院的现象。

要切实发挥马克思主义理论学科对思想政治理论课的"支撑"作用，还需要明确其功能定位。为思想政治理论课服务，是马克思主义理论学科建设的主要任务，但并非唯一任务，它还要为整个学校整个思想政治教育工作服务（"大德育"）；即使在"育人"领域，为思想政治理论课服务也不是其全部任务，它还要为党的意识形态工作培养优秀人才。为此，要更好地发挥马克思主义理论学科在党和国家意识形态建设中的作用以及对哲学社会科学的"引领"作用，其功能定位应是"咨政"和"育人"的结合。

"咨政"功能，即为巩固马克思主义在意识形态领域指导地位提供理论支持，为发展当代中国马克思主义和21世纪马克思主义提供学理支撑，为马克思主义在哲学社会科学领域发挥"引领"作用提供学术基础，为回应重大实践问题提供科学的理论思维和价值导向等。"育人"功能，即为思想政治教育工作提供理论根据、有效思路和政策建议，为解决思想政治理论课教育教学中的疑难点问题提供研究成果，为培养马克思主义理论人才提供研究平台等。明确马克思主义理论学科"咨

政"和"育人"相结合的功能定位,其必要性在于:

首先,有利于提升马克思主义理论学科的地位,扩大学科影响力。因为政治领导权及其所传递的意识形态管理权,只赋予马克思主义在社会生活中话语权的必要条件,而作为在"马学科群"中发挥"骨干"作用的马克思主义理论学科,只有运用马克思主义立场观点方法正确解释重大社会矛盾和科学提炼中国实践经验,才能充分彰显马克思主义相对于其他理论的比较优势,从而为掌握马克思主义话语权提供充分条件。

其次,有助于促进"育人"功能的发挥。"育人"功能离不开"咨政"水平,不"咨政"则无以"育人"。通过思想政治理论课对大学生思想疑点进行有效解疑释惑的前提是科学性。正如马克思所说,理论只要彻底,就能说服人。思想政治理论课只有坚持理论联系实际,用马克思主义及其中国化的理论成果来揭示社会矛盾产生的主客观根源,评价社会矛盾的价值取向,指明这些矛盾解决的前景,才能让大学生自觉确立"四个自信"并明确自己应承担的社会责任。

再次,有助于促进思想政治理论课青年教师的成长。思想政治理论课教师的价值,并不在于给大学生提供多少"心灵鸡汤",而是为大学生的成才提供科学的理论思维和正确的价值导向。这需要青年教师在掌握教材的基本观点和教学要求的基础上,强化对重大理论和实践问题的研究,从而"倒逼"青年教师提升马克思主义理论素养。

最后,有助于积极推进教材体系的改革和完善。思想政治理论课教材体系建设的根本,是运用马克思主义立场观点方法去回应当代中国和世界发展的重大理论和实践问题,而不是照搬专业的理论体系或干部教育的教学体系。这样才能解决教材中残存教条主义话语的问题,才能处理好教材体系纵向衔接和横向贯通的问题,从而使之更有亲和力和针对性。

访谈人: 厘清"骨干"地位和"咨政育人"功能,为马克思主义理论学科建设提供指导方向,在未来的建设中还应重点关注哪些方面?

陈锡喜: 要切实发挥马克思主义理论学科对整个哲学社会科学学科体系建设的引领作用以及对思想政治理论课的支撑作用,发挥其在整体上研究马克思主义的独特优势,这就需要深化对马克思主义基本理论问题的研究,需要加强对21世纪马克思主义的研究。

第一,深化对马克思主义基本理论问题的研究。其中最根本的,就是根据"马工程"关于"帮助人们分清哪些是必须长期坚持的马克思主义基本原理,哪些是需要结合新的实际加以丰富发展的理论判断,哪些是必须破除的对马克思主义的教条式的理解,哪些是必须澄清的附加在马克思主义名下的错误观点"的要求,深化研究马克思主义的核心内容和基本特征这两大基本理论问题。

首先是马克思主义理论的核心内容。恩格斯科学论证了马克思一生的两大贡献,即对"人类历史的普遍规律"以及对"现代资本主义生产方式和它所产生的资产阶级社会的特殊的运动规律"的两大发现,使社会主义从空想发展到科学,这就是马克思主义理论的核心内容。对于"现代资本主义生产方式和它所产生的资产阶级社会的特殊的运动规律",即剩余价值运动规律,人们基本无异议;但是,对于马克思揭示的"人类历史的普遍规律",教科书大多把它定义为"从原始社会到奴隶社会到封建社会到资本主义社会再通过社会主义社会发展到共产主义"。这就有很大争议,因此需要深入研究究竟什么才是马克思揭示的"人类历史的普遍规律"。

一方面,马克思在回顾自己创立新理论的心路历程时明确表示,他通过对资产阶级理论和资本主义现实的批判,得出的并用以指导今后研究的总的结论是社会基本矛盾学说。恩格斯晚年为《共产党宣言》再版所作的序中,也将《共产党宣言》的"核心的基本思想"确认为社会基本矛盾运动;他在马克思墓前的讲话中,更是明确把社会基本矛盾运动的规律视为马克思发现的人类历史的普遍规律。另一方面,尽管马克思分析过欧洲前资本主义所经历的部落所有制、古代公社所有制和国家所有制、封建的或等级的所有制形式,但是,他始终把"这一运动的'历史必然性'明确地限制在西欧各国的范围内"①,而反对把它当作绝对普遍的模式强加于世界各国。

对这一核心问题的研究,会涉及诸多重要的理论问题。例如,公有制、国家所有制、社会所有制、个人所有制、混合所有制等的关系是什么;如何评价列宁主义和苏联模式的社会主义;苏联解体东欧剧变过程的必然性和偶然性以及总结其经验教训的尺度是什么;如何评价中国式现代化道路的理论逻辑和实践逻辑及其对人类文明新形态的贡献;如何看待"马学"(马克思主义)、"国学"(暂指中国传统文化)和"西学"(西方学术传统以及当代学术思潮)三者的关系;等等。

其次是马克思主义理论的基本特征。习近平总书记在纪念马克思诞辰 200 周年大会上的讲话,对马克思主义理论做出了"科学的理论""人民的理论""实践的理论""开放的理论"的精辟概括,这体现了中国共产党对马克思主义本质特征的新认识。

基于这一新的概括,马克思主义理论学科无论是在教材编写还是在教学体系的构建中,都需要进一步研究:马克思主义的科学性特征,需要研究它是揭示了宇宙的规律还是人类社会发展的规律,以及什么才是马克思揭示的人类社会发展规律;马克思主义的人民性特征,需要研究无产阶级的阶级利益同人民利益、民族国家的国家利益乃至人类解放利益的价值立场如何统一;马克思主义的实践性特征,需要研究革命性和实践性,以及广义的社会革命同狭义的政治革命和阶级斗争的关系如何协调;马克思主义的开放性特征,需要研究马克思主义的批判性和建设性如何相容;等等。

第二,加强对 21 世纪马克思主义的研究。习近平总书记多次指出,要"继续发展 21 世纪马克思主义、当代中国马克思主义""不断开辟 21 世纪马克思主义发展新境界,让当代中国马克思主义放射出更加灿烂的真理光芒"。这对于马克思主义理论学科而言,是义不容辞的责任。尽管当代中国马克思主义就是 21 世纪马克思主义,但其逆命题,即 21 世纪马克思主义同当代中国马克思主义的关系,在外延、内涵、主体三个维度还存在区别,因此需要加强研究。

首先,从外延看,要把研究主题从当代中国拓展到 21 世纪的世界。一方面,"当代中国的伟大社会变革,不是简单延续我国历史文化的母版,不是简单套用马克思主义经典作家设想的模板,不是其他国家社会主义实践的再版,也不是国外现代化发展的翻版,不可能找到现成的教科书"②。对中国式现代化道路的研究和提炼,不仅拓展了发展中国家走向现代化的途径,为人类文明增添了新元素,而且理论上为发展 21 世纪马克思主义提供了丰富的原创性思想。另一方面,中国建设社会主义现代化强国,是置于世界"百年未有之大变局"之中的,这就要求我们把马克思主义"中国化"拓展到"世界化",以深化"时代化"的内容,即拓展到研究中国如何承担大国责任而为世界做更多贡献的必要性和可能性,以为解决人类问题和为世界谋大同贡献中国智慧和中国方案,使马克思主义在当代世界不仅占据真理的制高点,而且占据道义的制高点,从而增强马克思主义在当代世界的话语权。

---

① 中共中央马恩列斯著作编译局,编译. 马克思恩格斯文集:第 3 卷[M]. 北京:人民出版社,2009:589.
② 习近平. 在哲学社会科学工作座谈会上的讲话[M]. 北京:人民出版社,2016:21.

其次，从内涵看，需要研究马克思揭示的人类社会发展普遍规律在21世纪的特殊表现。这要在全球范围内揭示社会基本矛盾运动在21世纪的特殊规律，即经济全球化、世界多极化和社会信息化乃至"一体化的世界"对社会主义和资本主义的发展意味着什么？具体来说，唯物史观和剩余价值理论对当今资本主义社会制度和思想体系的批判具有怎样的有效性？在新科技革命的条件下，劳动价值论和剩余价值理论表现的普遍性和特殊性是怎样的？在生产要素在全球范围优化配置和国际资本强势流动的背景下，资本主义社会基本矛盾在国内和国际领域的表现是什么？资本主义价值观和社会制度在世界的"扩张极限"在哪里？无产阶级革命和无产阶级专政的理论如何同当代全球治理以及同社会主义国家的国家治理现代化相协调？人类命运共同体、全人类共同价值同"自由人的联合体"和"人类解放"理想的关系是什么？人类文明发展的基本趋势是多样性还是"趋同"？等等。

最后，从主体看，要更多发挥马克思主义理论界特别是同国外马克思主义者的交流和互鉴。中国共产党不仅把马克思主义中国化，而且通过把中国实践马克思主义化引领了马克思主义理论创新，从而走在了21世纪马克思主义的前列。同时，发展21世纪马克思主义需要更深入地批判当代世界的矛盾，特别是资本主义社会的各种社会矛盾，包括资本主义的结构性矛盾以及生产方式矛盾、阶级和阶层矛盾，深入分析资本主义新形态的本质以及当代资本主义的各种危机，等等。这就需要世界各国马克思主义者包括各种左翼学者的共同努力。对于他们的研究，我们既不能全盘照搬，也不能一概排斥，因为毕竟他们对资本主义的实际状况比没有身临其境的我们可能更清楚，他们的研究比只是逻辑演绎的我们可能更真切。我们既要有勇气同各种反马克思主义、假马克思主义和伪马克思主义思潮交锋，也要有气度同各种马克思主义思潮乃至非马克思主义思潮作对话交流。

访谈人： 既需要深化对马克思主义基本理论问题的研究，又需要加强对21世纪马克思主义的研究，我们该如何做呢？

陈锡喜： 习近平总书记指出："坚持问题导向是马克思主义的鲜明特点。问题是创新的起点，也是创新的动力源。""理论思维的起点决定着理论创新的结果。理论创新只能从问题开始。从某种意义上说，理论创新的过程就是发现问题、筛选问题、研究问题、解决问题的过程。"① 既然坚持问题导向是马克思主义的鲜明特点，那马克思主义理论学科与其他学科相比，就更需要强化问题意识。只有强化问题意识，补齐马克思主义理论学科建设中不同程度存在的"空泛化、标签化"短板，对内容的研究才能有所创新。所谓强化问题意识，就是要勇于发现问题、善于筛选问题、深入研究问题、科学解决问题。

首先，勇于发现问题。习近平总书记指出："问题是事物矛盾的表现形式，我们强调增强问题意识、坚持问题导向，就是承认矛盾的普遍性、客观性。"② 所谓发现问题，就是勇于发现研究对象所存在的矛盾。它有四个"问题域"：一是从理论观点角度看，存在原有的理论结论与新的实践之间的矛盾；二是从理论体系角度看，存在体系的完备性和协调性之间的矛盾；三是从理论内部角度看，存在因不同思维方式造成的不同学派不同意见之间的矛盾；四是从理论之间角度看，存在因不同价值立场造成的马克思主义同反马克思主义或假马克思主义之间的矛盾。

---

① 习近平. 在哲学社会科学工作座谈会上的讲话[M]. 北京：人民出版社，2016：14,20.
② 习近平在中共中央政治局第二十次集体学习时强调 坚持运用辩证唯物主义世界观方法论 提高解决我国改革发展基本问题本领[EB/OL]. http://www.xinhuanet.com/politics/2015-01/24/c_127416715.htm.

其次，善于筛选问题。对于马克思主义理论学科而言，在发现诸多值得研究的问题或矛盾后，基于其学科和功能定位，还须筛选问题，即善于在社会热点、理论难点、思想疑点和教学重点这"四点交集"中进行聚焦，从中筛选出对发展马克思主义基本理论问题和发展 21 世纪马克思主义最值得研究、能够对其他哲学社会科学研究产生理论思维和价值导向影响的重要问题，作为自己的研究重点。

再次，深入研究问题。马克思主义理论学科要尽力避免"四种现象"，即脱离问题空谈主义的空泛化、玩文字游戏或数字游戏的标签化、一切从马克思主义经典作家的论述中找根据的教条主义，以及把我们所做的一切都说成是马克思早已说过的实用主义。

最后，科学解决问题。这要体现出"四个结合"，即对主义阐释和对问题研究的结合、评价问题和解决问题的结合、对社会矛盾批判和对道路制度辩护的结合、理论自信和理论自觉的结合。

马克思主义理论学科研究强化问题意识、坚持问题导向，是真学真懂真信真用马克思主义、坚持人民立场、巩固马克思主义在意识形态领域的指导地位、提炼中国经验以发展 21 世纪马克思主义的需要，也是提高运用马克思主义立场观点方法的功力以多出高水平成果，从而切实引领哲学社会科学学科建设的当务之急。

访谈人： 习近平总书记明确指出，思想政治理论课的"本质是讲道理"①，其内涵式发展的要义是增强"思想性、理论性和亲和力、针对性"②。回到马克思主义理论学科设立的初衷，在厘清学科定位和功能定位、明确研究重点路径的基础上，如何更好地在"推动思政课建设内涵式发展"上凝心聚力？

陈锡喜： 一般来说，教学方法的探索靠其他学科（如教育学）也可以得到支撑，因此，马克思主义理论学科对思想政治理论课的支撑作用包含方法的创新，但其重点在于加大对思想政治理论课的优质理论供给。又因为在"马学科群"中建设已久的马克思主义哲学、政治经济学、科学社会主义和国际共产主义运动史、中共党史等学科，也可以为思想政治理论课提供优质的理论供给，因此，马克思主义理论学科对思想政治理论课的支撑更重要地体现在其研究的整体性上。而所谓"整体性"的意蕴在于，马克思主义理论学科原有马克思主义各个组成部分的学科不是形式逻辑上的整体和部分的关系，而是辩证逻辑上的普遍和特殊的关系，即普遍寓于特殊之中，特殊包含了普遍。这不是马克思主义哪一个分领域研究的学科所能承担的任务。马克思主义理论学科应该充分吸收马克思主义各分领域学科研究中所蕴含的整体性内容及其成果，以提炼和升华出整体性的精华，即理论上的比较优势。

从理论内容看，马克思主义的伟大发现就是马克思主义理论的优势，即恩格斯所说"唯物主义历史观和通过剩余价值揭开资本主义生产的秘密，都应当归功于马克思。由于这两个发现，社会主义变成了科学"③。它们体现了马克思主义由于对包括资本主义文明在内的人类文明理论成果的超越而占据了真理性和道义性的制高点。

从理论思维看，马克思强烈主张："新思潮的优点又恰恰在于我们不想教条地预期未来，而只

---

① 坚持党的领导传承红色基因扎根中国大地 走出一条建设中国特色世界一流大学新路[N]. 人民日报,2022 - 04 - 26(001).
② 习近平. 思政课是落实立德树人根本任务的关键课程[M]. 北京：人民出版社,2020:17.
③ 中共中央马恩列斯著作编译局,编译. 马克思恩格斯文集:第 3 卷[M]. 北京：人民出版社,2009:545 - 546.

是想通过批判旧世界发现新世界。"① 他和恩格斯多次强调，他们的共产主义思想同以往形形色色的社会主义思想的根本区别在于，对欧洲资本主义现实矛盾及其根源的批判，以及对由这一根源所蕴含的前景的揭示。彰显马克思主义的批判精神之所以能体现马克思主义理论学科的理论优势，是因为：

首先，它更深刻地反映了马克思主义的理论特征。马克思主义的批判精神是一种"彻底"的批判精神，即理论批判与实践批判相结合所体现的科学性和实践性、对资本主义现实及其意识形态相结合的总体性批判所体现的人民性，以及因科学和实践的发展而对自己原有具体结论进行自我批判所体现的开放性。它超越了资产阶级的"理性"批判精神而成为时代精神的精华，使马克思主义不仅回答了19世纪中叶资本主义发展所面临的时代课题，而且揭示了19世纪下半叶资本主义的变化及其根源。正因如此，尽管20世纪社会主义遇到许多艰难曲折，当代资本主义有了许多新的变化，但是，马克思主义批判19世纪资本主义的基本原则依然具有强大的生命力。

其次，它更全面地反映了马克思主义的当代价值。马克思主义理论研究必须以社会主义现代化强国建设的现实问题为中心。然而，与其他哲学社会科学各学科的研究相比，马克思主义理论学科的优势，不在于提供解决问题的具体方案或模型，而在于揭示问题背后蕴含的意识形态成分，在于评价各种具体方案理论思维的科学性和价值取向的正确性。因此，只有充分彰显马克思主义批判性的本质特征，才能体现马克思主义对社会矛盾批判的科学性以及对价值把握的道义性的比较优势。

马克思主义理论学科通过增加优质理论供给而在根本上体现对思想政治理论课的支撑作用，这一学科的研究还充分彰显了当代中国马克思主义发展的新境界。

习近平总书记在"3·18讲话"中阐述了"有信心有能力把思政课办得越来越好"的有利条件，其中之一，就是"我们对共产党执政规律、社会主义建设规律、人类社会发展规律的认识和把握不断深入，开辟了中国特色社会主义理论和实践发展新境界，中国特色社会主义取得举世瞩目的成就，为思政课建设提供了有力支撑"②。要充分发挥马克思主义理论学科对思想政治理论课的有力支撑作用，就需要深刻阐述中国特色社会主义理论和实践发展的新境界。它体现在：

首先，彰显科学社会主义理论逻辑和中国社会发展历史逻辑的统一。毛泽东指出："没有抽象的马克思主义，只有具体的马克思主义。"③ 马克思、恩格斯是在批判欧洲资本主义旧社会中发现科学社会主义的，而由于"每个国家和民族的历史传统、文化积淀、基本国情不同，其发展道路必然有着自己的特色"，④ 科学社会主义产生基础的特殊性，决定了其理论逻辑同中国社会发展的历史逻辑相结合的必要性。然而，科学社会主义所蕴含的唯物史观和方法论揭示了人类历史发展的普遍规律，同时，资本主义的世界扩张也把它的社会基本矛盾带到了全世界，这使马克思、恩格斯对欧洲资本主义的批判又具有了世界普遍性的意义，这使科学社会主义理论逻辑同中国社会发展的历史逻辑相结合具有了可能性。中国新民主主义革命和社会主义革命的成果、中国特色社会主义道路的开辟、新时代中国发生的历史性变革，都是科学社会主义的理论逻辑和中国社会发展的历史逻辑的统一。历史和现实都表明："在革命、建设、改革各个历史时期，我们党运用历史唯物主义，系

---

① 中共中央马恩列斯著作编译局，编译. 马克思恩格斯文集：第10卷[M]. 北京：人民出版社，2009：7.
② 习近平. 思政课是落实立德树人根本任务的关键课程[M]. 北京：人民出版社，2020：8.
③ 中央档案馆，编. 中共中央文件选集：第11册[M]. 北京：中共中央党校出版社，1991：658.
④ 胸怀大局把握大势着眼大事 努力把宣传思想工作做得更好[N]. 人民日报，2013-08-21(001).

统、具体、历史地分析中国社会运动及其发展规律，在认识世界和改造世界过程中不断把握规律、积极运用规律，推动党和人民事业取得了一个又一个胜利。"① 因此，充分展现中国特色社会主义理论和实践发展的新境界，能为提高大学生对马克思主义的接受度提供有力支撑。

其次，彰显中华民族伟大复兴战略全局和世界百年未有之大变局相交融的整体性。思想政治理论课要为大学生成才提供科学的思想理论基础，需要找到符合大学生成长规律的切入点，那就是习近平总书记在全国高校思想政治工作会议上的讲话中提出的"引导四个正确认识"，即正确认识世界和中国发展大势、中国特色和国际比较、时代责任和历史使命、远大抱负和脚踏实地。而马克思主义理论学科的整体性优势，恰好能有力支撑思想政治理论课引导大学生的"四个正确认识"。因为正确认识世界和中国发展大势以及中国特色和国际比较基于两个坐标：一是中国特色社会主义纵向的历史坐标，即中华民族伟大复兴战略全局；二是中国同世界关系的横向坐标，即世界百年未有之大变局。前一个坐标可以帮助大学生理解：中国特色社会主义创造了中国式现代化道路，它在全体人民共同富裕、物质文明和精神文明相协调、人与自然和谐共生以及走和平发展道路方面，优于资本主义现代化道路。后一个坐标可以帮助大学生明确：不仅中国的发展离不开开放的世界，世界的发展也离不开中国，中国已走进世界舞台的中央，在一个世界秩序和全球治理发生深刻变化的时代，中国应该在建设社会主义现代化强国的过程中承担大国责任，弘扬和平、发展、公平、正义、民主、自由的全人类共同价值，推动建设新型国际关系，推动构建人类命运共同体，推动共建"一带一路"高质量发展。只有对这两个坐标中涉及的问题有清醒的认识，才能使大学生对中国特色社会主义道路、理论、制度和文化的自信建立在理性的基础上。

访谈人： 陈教授，您针对马克思主义理论学科的支撑和引领作用所展开的系统性、前瞻性的讲解分析，使我们更加明晰了作为新时代马克思主义学者和思想政治理论课教师的责任、使命和担当。非常感谢您接受我们的采访。

（编辑：孙绍勇）

---

① 推动全党学习和掌握历史唯物主义 更好认识规律更加能动地推进工作[N]. 人民日报,2013-12-05(001).

马克思主义及其中国化理论研究

马克思主义哲学群众观视域下的儒学凡圣之辨

李军时*

【内容提要】群众观和凡圣之辨，分别是马克思主义哲学和儒学的重大问题，也是可相比较并以之推动两者对话会通的基本问题。马克思主义哲学中的群众、英雄与儒学中的凡人、圣人，既有差异也有共通，是沟通群众观和凡圣之辨的桥梁。马克思主义哲学群众观认为，全部人类世界都是在群众的实践中形成和发展的，而儒学凡圣之辨中的自然、社会、人都是天然的存在；马克思主义哲学群众观认为群众创造历史，而儒学凡圣之辨认为圣人是社会物质和精神文明的创造者和推动者；马克思主义哲学群众观认为群众是社会利益的主体，儒学凡圣之辨虽然部分承认群众利益，但却认为这种利益是被给予的而不是应获得的。马克思主义哲学群众观认为没有什么超越社会历史环境的绝对的英雄人物，因此也不会承认圣人的存在，但其认为英雄是从社会实践中走出的群众的观点与儒学凡圣之辨认为凡人通过努力可以成为圣人、凡圣之间没有天然鸿沟的思想是基本一致的，只不过儒学从凡到圣主要依靠的是道德实践，而不是马克思主义哲学道德观所认为的社会物质实践。

【关键词】马克思主义哲学　群众观　儒学　凡圣之辨

马克思主义传入中国后，马克思主义中国化的过程既是用马克思主义基本原理指导中国革命和建设具体实践的过程，也是与以儒学为主导的中国传统文化对话融合的过程。前者是后者的源泉活水，后者是前者的理论升华，两者互相推动，不断书写中国特色社会主义的历史新篇章。但正如习近平总书记所指出的那样："实践没有止境，理论创新也没有止境。"① 马克思主义这一伟大理论与以儒学为主的源远流长的中国传统文化的沟通依然在路上。而推动马克思主义与儒学的对话融合，需要进一步深入马克思主义哲学和儒学的学理内部，互相关照双方在一些重大问题上的同与

---

* 李军时，男，西北工业大学马克思主义学院副教授，主要从事马克思主义哲学、宋明理学和康德哲学等研究。基金项目:本文系国家社科基金西部项目"儒学义利之辨的多向度展开对新时代社会道德建设的启示研究"（项目编号：19XKS020）阶段性研究成果。

① 习近平. 决胜全面建成小康社会 夺取新时代中国特色社会主义伟大胜利——在中国共产党第十九次全国代表大会上的报告（2017年10月18日）[N]. 人民日报，2017 - 10 - 28（001）.

异，使马克思主义进一步深深扎根于中国传统文化土壤，使儒学在马克思主义真理之光的映照下焕发出新的、时代性的光彩。

群众观是马克思主义哲学理论体系的重要内容，它的基本含义是马克思主义对待人民群众的总体态度和观点，而这一态度和观点又深刻地反映了马克思主义的核心原理——历史唯物主义。在儒学中，并没有凡圣之辨这个具体的称谓，但凡圣之辨的思想却贯穿了整个儒学。因为站在成己的角度，或者说个人修养的角度，儒学就是教育人们如何从凡人走向圣人。同时，虽然圣人是儒家的最高人格典范，是道德和人性圆满的标志，并且儒家将自己的人生追求、社会理想乃至全部理论都称为圣人之教；但圣人与凡人之间并没有截然不可跨越的鸿沟，一代代的凡人儒者怀着坚定不移的圣人梦想，朝着圣人方向做着持续努力。站在马克思主义哲学群众观的角度分析儒学的凡圣之辨，不仅可以看到两种理论体系对作为历史主体"人"的认识差异，而且可以看到他们在社会历史发展基础、发展动力等重大基本问题上的分歧。

一、马克思主义哲学群众观与儒学凡圣之辨所涉概念辨析

作为不同的思想文化体系，站在马克思主义哲学群众观视域分析儒学凡圣之辨，最大的困难在于两者涉及概念的不一致、不对等。在比较两者思想之前，辨析它们所涉概念十分必要。

（一）先知、英雄（领袖）与圣人

圣人是中国思想文化特有的一个概念，马克思主义哲学作为根源于西方的思想文化，自然不会有圣人的概念。但是，我们可以在马克思主义哲学中找到近似于圣人的概念，那就是先知与英雄（领袖）。如果说儒学圣人的概念向左或向神秘的方向移动，约略堪比先知；那么向右或向世俗的方向移动，则约略等于英雄（领袖）。

（1）先知与圣人。马克思主义哲学中涉及的先知概念同于西方宗教（马克思、恩格斯在著作中仅借用这一概念，而对其没有多少解释。因为这在西方文化中几乎是自明的）。因此，比较儒学中的圣人与马克思主义哲学中先知的不同，就是比较儒学中的圣人与西方宗教文化中的先知的不同。西方宗教文化中的先知有四个方面的特征：其一，先知具有超乎常人的天资禀赋，能够接受神的启示，因此他具有向普通人传达神谕的能力，并且具有这个使命。其二，先知具有对普通民众慈爱、悲悯的情怀，先知揭露罪恶、帮助民众、憧憬社会的安宁和谐。其三，先知是神与人之间的中介，他是人而不是神，但他的地位又超乎常人。其四，先知能够预知未来事件，但更多不在决定未来之事的发生，他只传达神的命令。

儒学中并没有"先知"这一固定称谓，但有描述性的用法。比如，《孟子·万章》中讲述，商汤聘请伊尹出山，伊尹起初不肯，商汤再三请求，伊尹最终改变了主意，因为他认为如果自己辅佐商汤使其能够成为尧舜之君，百姓过上太平安宁生活，那将更有意义。他说："天之生此民也，使先知觉后知，使先觉觉后觉也。予，天民之先觉者也；予将以斯道觉斯民也。"[①] 显然，在孟子看

---

① （宋）朱熹. 四书章句集注[M]. 北京：中华书局，2011：290.

来，世界上有先知先觉之人，他们就是上天派来帮助启发后知后觉的普通人的，而圣人就是孟子和后世儒家所认为的先知先觉的人。但儒家圣人的特征和内涵，比此处孟子所说的先知先觉的能力要丰富和深厚得多。

对照西方宗教文化中先知的四个方面的特征，圣人与先知具有极大的相似性，他们都具有神性的禀赋、慈爱悲悯的情怀，是人而不是神，对未来可以预知。但圣人与先知也有较大不同。其一，先知接受和传达的是神的指示，而圣人是按照天道行事。如果说他们都能够获知并且有责任传达人自身之外某种绝对性的要求，圣人的这种绝对性的要求是无人格的天。在西方文化看来，天是自然神，但在中国看来天是一种客观的"道"。这种"道"与其说接近于宗教中的"神"，不如说接近于马克思主义哲学所谓的客观规律。其二，先知传达的神谕直接来自神的启示，而圣人所传之"天道"却来自自我的领悟体验。这种领悟体验的能力因人的资质而有所差异，但却是人人所具有的。然而，与神的指示只有先知才能传达不同的是，儒学的这种"道"并不是只有圣人才能通晓践履，"道"就在日常生活中，普通人也在依"道"行事，只是不能尽善尽美而已。其三，与先知对未来进行神性的预言不同的是，儒学之圣对未来的预知是建立在理性的判断或推理之上的，圣人的预言更多源于道德上的判断，其道理往往是人人都能明白的（儒者中预测神乎其神的恰好不是圣人）。最为重要的是，圣人之圣并不在于预知，而在于对社会事务的干预。小到使人与人之间的关系和谐，大到使天下太平。其四，与先知是神所指定的代言人不同的是，圣人成为"天道"的化身却是靠自己的努力。圣人与先知虽然都介于人和天（或神）之间，但先知在这中间不具有超越性，即普通人不可能超越而到先知，先知也不可能超越而到神。但在儒学中，凡人通过努力有到达圣人的可能，而圣人之"道"与"天道"合一，因此从某种程度上讲，"天人合一"，天就是人。

马克思对宗教持批判态度。马克思说："一个人，如果曾在天国的幻想现实性中寻找超人，而找到的只是他自身的反映。"① 马克思这里所说的"超人"，是指上帝，也包括先知。马克思认为，无论是上帝还是先知，都没有什么神秘的地方，只不过是人自身的反映。在马克思主义哲学看来，上帝、先知当然是不存在的，而在马克思和恩格斯的著作中存在的许许多多"先知"，如对巴枯宁、鲍威尔、施蒂纳等冠以先知的头衔，正是出于对这些论战对手的讽刺。既然先知与圣人相类似，无疑马克思对儒学中的圣人也持怀疑态度。但是，正如前文所述，圣人与先知既有相似之处，又有较大不同。马克思主义哲学从来不把人作为一种抽象概念性的存在。马克思指出："人的根本就是人本身。"② 圣人与先知相异部分反映出的"人"性，正是可以用马克思主义哲学批判分析的具体人性。

（2）英雄（领袖）与圣人。英雄和领袖是比较通俗的概念，且内涵并没有随着时代或地域的变化而发生明显的变化。因此，本文不再对其概念进行讨论，而把重点放在马克思、恩格斯和列宁等对这两个概念的态度上。

英雄在马克思和恩格斯的著作中出现时，基本有三种感情色彩。第一种是褒扬的态度。其集中出现于描写无产阶级同反动派的斗争中，在马克思《法兰西内战》中多次出现。比如，"公社战士的英雄气概向梯也尔表明，凭他自己的谋略和他所掌握的武装力量，巴黎的抵抗是无法击破的"③。

---

① 中共中央马恩列斯著作编译局,编译. 马克思恩格斯文集:第1卷[M]. 北京:人民出版社,2009:3.
② 中共中央马恩列斯著作编译局,编译. 马克思恩格斯文集:第1卷[M]. 北京:人民出版社,2009:11.
③ 中共中央马恩列斯著作编译局,编译. 马克思恩格斯文集:第3卷[M]. 北京:人民出版社,2009:168.

马克思在另一处写道："巴黎全体人民——男人、妇女和儿童——在凡尔赛军队开进城内以后还战斗了一个星期的那种自我牺牲的英雄气概，反映出他们事业的伟大。"① 在这样的褒扬场合，恩格斯一般将"英雄"作为一种形容词来使用，即所赞扬的对象具有英勇、敢于牺牲的精神，而很少定性某个对象为英雄人物。第二种是中性的态度。多出现在对历史的叙述中，在恩格斯的《家庭、私有制和国家的起源》中多次出现，一般都指希腊的英雄时代。值得注意的是，恩格斯一般都将英雄时代所谓的"英雄"作为一种特定的社会发展阶段出现的现象，并没有像今天所理解的那样具有强烈的赞扬色彩。第三种是嘲讽的态度。这在马克思的著作中随处可见，比如，在《资本论》中"'光荣革命'把地主、资本家这些谋利者同奥伦治的威廉三世一起推上了统治地位"，在对威廉三世的注解中，马克思称其为"资产阶级英雄"②。而在《神圣家族》中，马克思调侃说："毕舍先生认为民族狂热是靠宗教狂热来支撑的，他更理解自己的英雄罗伯斯庇尔。"③

显而易见，在马克思和恩格斯将"英雄"作为对他们所处时代某一人物的称呼时，大多含有嘲讽的贬义。之所以这样，是因为在他们看来，真正的英雄就在人民大众中，而其他所谓的英雄很多时候只是被塑造的。或者说，在体现社会发展进步的无产阶级革命之外的"英雄"本质上都是虚伪的。在《法兰西内战》中，马克思说："旧社会还能创造的最高英雄伟绩不过是民族战争，而这种战争如今被证明不过是政府用来骗人的东西，意在延缓阶级斗争，一旦阶级斗争爆发成内战，这种骗人的东西也就会立刻被抛在一边。"④ 这里的"英雄"，显然并不值得称赞。

马克思、恩格斯对"领袖"的态度，大致与对"英雄"的态度相同。之所以这样，恩格斯在为《法兰西内战》1891年版所写的导言中，有一段话有助于增进对此的理解。恩格斯说："布朗基派的情况也并不好些……他们认为，一批相对说来数目较少的意志坚决、组织良好的分子，在一定的有利时机下不仅能够夺得政权，而且能够凭着一往无前的强大毅力保持政权，直到把人民群众吸引到革命方面并使之聚集在少数领袖周围。这首先就要把全部权力最严格地、独断地集中在新的革命政府手中。"⑤ 显然，恩格斯并不赞成引文所说的这种政权组织形式。因为他认为，工人阶级一旦取得统治权，就不能继续运用旧的国家机器来进行管理，而这样的"领袖"不符合新政权的要求。在无产阶级专政的探索阶段，恩格斯认为新政权应该完全民主、平等、开放等。他的这些思想具有一定的理想主义成分，忽视了面对强大的反动势力，革命阵营需要强有力的领导力量。随着无产阶级革命的继续深入，面对现实的斗争，在《论权威》一文中，恩格斯逐渐意识到树立权威在社会生产中的作用，对巴枯宁的无政府主义提出了批评。事实上，"只要有人的地方，就必然会有分歧，人类又需要在存在分歧的前提下实现合作，这就需要权威与服从来调控分歧并作出决策"⑥。

列宁在《共产主义运动中的"左派"幼稚病》一文中指出："……阶级是由政党来领导的；政党通常是由最有威信、最有影响、最有经验、被选出担任最重要职务而称为领袖的人们所组成的比较稳定的集团来主持的。"⑦ 在列宁看来，"群众"和"领袖"并不是对立的，"要使无产阶级能够

---

① 中共中央马恩列斯著作编译局,编译. 马克思恩格斯文集：第3卷[M]. 北京：人民出版社,2009：174.
② 中共中央马恩列斯著作编译局,编译. 马克思恩格斯文集：第5卷[M]. 北京：人民出版社,2009：831.
③ 中共中央马恩列斯著作编译局,编译. 马克思恩格斯文集：第1卷[M]. 北京：人民出版社,2009：321.
④ 中共中央马恩列斯著作编译局,编译. 马克思恩格斯文集：第3卷[M]. 北京：人民出版社,2009：179.
⑤ 中共中央马恩列斯著作编译局,编译. 马克思恩格斯文集：第3卷[M]. 北京：人民出版社,2009：109.
⑥ 武东生,金雪飞. 恩格斯《论权威》的逻辑方法与现实价值[J]. 理论学刊,2018(5)：14.
⑦ 中共中央马恩列斯著作编译局,编译. 列宁专题文集·论无产阶级政党[M]. 北京：人民出版社,2009：249.

正确地、有效地、胜利地发挥自己的组织作用（而这正是它的主要作用），无产阶级内部就必须实行极严格的集中和极严格的纪律"①。而实行严格的集中和严格的纪律，领袖的领导作用就必不可少。应该说，正是在俄国革命的具体实践中，在马克思、恩格斯那里表现为中性甚至在一些情况下包含讽刺意识的"领袖"概念，成为以后无产阶级政党领导人的称谓。

在中国传统文化中，英雄和领袖人物几乎都是赞美和歌颂的对象。但与凤毛麟角、全善全能的圣人相比，英雄和领袖人物只是某一方面的善和某一方面的能。换句话说，英雄或领袖具备的，圣人都具备。在人们的文化心理中，英雄（领袖）与圣人有着天壤之别。《中庸》说"知、仁、勇三者，天下之达德也"②，"勇"即具有英勇或英雄气概，英雄的品质圣人显然都具有，即使比圣人地位低很多的君子也有舍生取义、杀身成仁的要求。事实上，儒家的英雄人物比比皆是，对这些英雄人物的赞美多集中于他们的道德品质或英雄气概，而对社会历史的正面影响、对文明进步的推动则是圣人，起码也是贤人才能做到的事。"领袖"一词一般用来指称具有很高声望和影响力的人物，如士林领袖、文坛领袖等；如果用于对他人的称呼，则含有较多的表扬和恭维的意思。至近代，革命风起云涌，领袖一般指革命领袖，领袖包含的权力色彩显著增强。

马克思和恩格斯对英雄或领袖多有讽刺意味，这并不是因为他们的英雄或领袖概念与儒学中的概念有很大不同，也并不是因为他们否定英雄或领袖人物在历史发展中的重要作用，而是因为他们的理论建立于对资本主义和一切旧制度的批判之上，这些旧制度中出现的所谓英雄或领袖无不具有较大的局限性甚至反动性。作为一种英雄气概或良好道德品质的承载者，英雄或领袖则是他们所赞赏的，这从他们对巴黎公社起义者的态度中可以清楚地看出来。到近代特别是俄国革命后，无产阶级作为代表社会发展进步的新兴力量，他们在反抗不平等社会制度的斗争中涌现出的英雄或领袖人物，必然要成为马克思主义者赞扬和拥护的对象。

（二）群众与凡人

"群众"是一个非常普遍的词，又是一个极其模糊而难以界定的概念。难以界定的很大原因，在于它是一个不断发展的概念。马克思主义哲学源于西方思想文化，探寻马克思主义哲学的群众概念，应当先考察西方思想文化对这一概念的评述。在古时西方，群众即为许多人的聚合体，甚至被理解为劣等群体。在学者们看来，群众生活于社会底层，文化素质低、自主性差，容易被煽动而成为暴民，柏拉图甚至在其著名的洞穴比喻中将群众比作没有理性的囚徒。19世纪末，现代意义上的群众理论开始形成。勒庞、莫斯科维奇等思想家延续传统西方理论界对群众的理解，认为群众缺乏理性、社会地位低下，也毫无权利。西班牙哲学家奥尔特加认为群众是非理性、放任自流的一群人，如果没有精英领袖，他们只是一群自卑的无足轻重的乌合之众。法国学者莫斯科维奇认为极端、冲动是群众的主要性质，尽管他们存在革命性的一面，但也无法摆脱破坏性的色彩。

对"群众"概念的理解，20世纪至今，西方开始出现不同的声音。因为两次世界大战及其他一些重大事件的发生，人们对普通群众或群体在历史进程中的作用有了新的认识。汤因比在《历史研究》中说："当个人自然是孤立的时候，完美是不可能的。个人在向完美行进中必须带领其他人

---

① 中共中央马恩列斯著作编译局，编译. 列宁专题文集·论无产阶级政党[M]. 北京：人民出版社，2009：252.
② （宋）朱熹. 四书章句集注[M]. 北京：中华书局，2011：30.

同他一同前进，竭尽全力，不断扩充和增大这股涌向完美的、声势浩大的人流，如果他不服从这个原则，他就要在个人发展中遭受挫折和衰弱之苦。"① 英国思想家威廉斯说："实际上没有群众，有的只是把人看成群众的那种看法。"② 威廉斯的意思是，群众就是由我们每个人组成的共同体，把人作为属于某个群体的群众，是观察者从自己的观点所作的设定，他不认为群众就等于多数人或等于"群氓"。

实际上，群众的概念越来越与政治立场相关。社会主义革命家将群众看作积极的、作为革命主体的力量。而在许多保守思想中，群众是一个轻蔑语。麦克里兰说："也许1848年，更可能是1871年，是群众观念的一个决定性转折点。从此，群众成为社会政治理论中心。或者说，任何社会理论不将群众置于中心，就被视为临时拼凑的货色，是荒谬的、愚顽不冥的。"③ 麦克里兰所说的转折点，即学术本身发展的使然，更重要的是，普通人在社会中的作用发挥特别是工人运动的发展，使得对群众这一概念由消极否定转向积极承认。

马克思和恩格斯并没有给群众下过明确的定义。在他们著作中出现的群众，主要是指资产阶级等剥削者以外的劳动群体。这一群体具有推翻剥削和压迫的动力，能够通过斗争建立新的社会秩序，随着历史的发展，这一群体会越来越壮大。列宁和毛泽东的群众概念则比较宽泛，一般是指随无产阶级进行革命及建设的人群。比如，列宁说："在人民群众中，我们毕竟是沧海一粟，只有我们正确地表达人民的想法，我们才能管理。否则共产党就不能率领无产阶级，而无产阶级也不能率领群众，整个机器就要散架。"④ 毛泽东为中国共产党制定的群众路线中，群众的所指与列宁基本相同。

综上所述，对于马克思主义者，群众的范畴既有量的规定性，又有质的规定性。从量的规定性看，群众是指社会成员中的绝大多数；从质的规定性看，群众是指直接从事物质生产实践的现实的人。群众兼具集合性与个体性，既指从事生产实践的所有人，又指他们之中的单个人。另外，在马克思主义者这里，群众具有极强的政治色彩，群众常与人民联系在一起被称为"人民群众"。而作为政治术语的人民概念，其内涵又如毛泽东在《正确处理人民内部矛盾的问题》一文中所说，随着时代发展而变化。因此，政治性和时代性是马克思主义者群众或人民群众概念的一个重要特点。

中国古代最早使用"群众"一词的是荀子，他说："功名未成则群众未县也，群众未县则君臣未立也。"⑤ 这里的"群众"是指没有经过身份地位区分之前的人的聚合体。荀子这里所说的"群众"，严格来说并不是一个具有确定意义的词，只是给"众"前面临时加上"群"，表示人数的叠加。因此，这里的"群众"与西方文化特别是马克思主义哲学所说的群众显然有较大差异。更多的人认为，中国古代"民"的概念更符合目前所说的"群众"概念。本文认为，民在中国古代更多的是一个政治概念，是与君及其统治群体的被统治者。马克思主义哲学的群众概念虽然具有政治色彩，但群众更多的是基于历史唯物主义原理而认为的广大而普通的物质生产劳动者。因此，马克思主义哲学中群众的概念与其说接近于"民"，不如说更接近于"凡"。当然，这里的"凡"不是神

---

① ［英］汤因比. 历史研究［M］. 刘北成，郭小凌，译，上海：上海人民出版社，2000：229.
② ［英］威廉斯. 文化与社会［M］. 吴松江，张文定，译，上海：三联出版社，2005：382.
③ MCCLELLAND T S. The crowd and the mob：from Plato to Canetti［M］. Vnvin Hyman Ltd，1989：3.
④ 中共中央马恩列斯著作编译局，编译. 列宁选集：第4卷［M］. 北京：人民出版社，2012：695.
⑤ （清）王先谦. 荀子集解［M］. 北京：中华书局，2012：174.

话或宗教里与仙或神相对的"凡",而是最常用的,即与圣人、伟人、能力突出者或地位高贵者相对的平凡、普通的广大劳动者。将凡人与群众进行类比,可以更加清晰地看到儒学与马克思主义哲学在人类社会实践主体、历史发展动力等重大理论问题上的联系与区别,树立正确的历史观,批判继承儒学凡圣之辨的合理方面。

二、凡、圣在人类社会所处的地位及其作用

通过对马克思主义哲学中与凡、圣相近的几个概念进行分析,可以说,儒学的凡圣之辨反映的核心问题就是儒家的群众观,或者说,儒家对普通大众在社会历史中地位和作用的认识,具体体现在以下三个方面。

(一) 凡人在社会实践中的地位和作用

实践是人的基本存在方式,也是人类社会生活的本质。因此,马克思主义哲学始终坚持人民群众,也可以说,坚持千千万万的凡人在社会实践中的主体地位。

一方面,马克思主义哲学认为群众或广大凡人通过实践活动创造着全部的人类世界。恩格斯在评价马克思发现历史唯物主义原理的伟大意义时说:"正像达尔文发现有机界的发展规律一样,马克思发现了人类历史的发展规律,即历来为繁芜丛杂的意识形态所掩盖着的一个简单事实:人们首先必须吃、喝、住、穿,然后才能从事政治、科学、艺术、宗教等;所以直接的物质的生活资料的生产,从一个民族或一个时代的经济发展阶段便构成基础,人们的国家设施、法的观点、艺术以至宗教观念,就是从这个基础上发展起来的。"① 这段话深刻表明,正是平凡群众的实践活动构成了人类社会存在和发展的基础。通过群众的实践,人类才意识到自身的存在,并将自己与自然区别开来,形成哲学意义上的主客体分化;又是通过群众的实践,人将自身的力量物化到外界对象之中,使客体满足主体即人自身的需要,实现主客体之间的更高层次的重新统一,自然界再也不能被抽象地、孤立地理解为固定的与人分离的分自然界。也就是说,群众的实践活动使人类社会和自然界成为相互交错的统一体。而这里提到的人类社会同样是在群众的实践活动中产生的,在物质生产劳动中人和人结成了各种各样的社会关系。正如马克思所说:"由此可见,事情是这样的:以一定的方式进行生产活动的一定的个人,发生一定的社会关系和政治关系。"②

在儒学看来,自然就是世世代代不曾变化的自然。虽然儒学强调"天人合一",但这种"合一"不是人与自然既分离又统一的动态过程,而是一种人文化的欣赏与调适的停滞中的统一,看不到人的实践活动将这种统一关系由低级阶段推向高级阶段。至于社会关系,在儒学看来就是血缘关系和由血缘关系的向往扩张。总之,无论是人与自然的关系还是人与人的关系,都不是形成于人的实践活动中,而是"天"之生,即一种天然的关系。而对这种关系的意识,也不是普通人从实践中得来的,而是由圣人区别和建立起的伦常,全部的人类世界(包括自然与社会)较少看到广大群众

---

① 中共中央马恩列斯著作编译局,编译. 马克思恩格斯文集:第3卷[M]. 北京:人民出版社,2009:601.
② 中共中央马恩列斯著作编译局,编译. 马克思恩格斯全集:第3卷[M]. 北京:人民出版社,1956:28.

或众多凡人的实践主体性作用。

另一方面，马克思主义哲学认为群众或广大凡人也在实践活动中创造和发展着人自身。在《自然辩证法》中，恩格斯论述了劳动在人的身体器官进化、语言形成等方面的重大决定性作用，深刻指出："劳动创造了人本身。"① 在马克思主义哲学看来，自然界以及人类社会的发展从来就不是外在于人的发展，从一定意义上讲，正是在人自身发展的基础上，才有全部人类世界的发展。而人的发展又在于将人作为主体的实践活动，也就是说，人的发展是在人自身的实践活动中得以实现的。对于整个人类社会来说，就是群众或普通凡人通过实践发展了他们自己。

在儒学看来，人性是固定的，人生来就是性善或性恶的。虽然人从幼到长是一个成长发展的过程，但从整个人类历史的纵向看，古人和今人似乎并没有质的不同。不仅人性不会变，人的体质能力等似乎也不会变，看不到一代代人的实践对其自身产生的作用。一句话，群众或凡人自身世世代代的实践，并没有推动他们自身的发展。如果说有发展，也是在圣人的教化作用下，在对亘古不变、至高至大的天理的践履上有所提高。

（二）凡人在历史发展进步中的地位和作用

马克思主义哲学认为，人民群众是历史的创造者，群众或凡人在历史发展进步中的地位和作用，与他们社会实践的主体地位作用是相一致的，正是因为他们在社会实践中居于主体地位，他们才可能创造历史。马克思主义哲学扬弃了将"自我意识""绝对精神"和"自然人"等当作历史主体的近代哲学，提出："历史活动是群众的活动，随着历史活动的深入，必将是群众队伍的扩大。"② 人民群众的实践活动就是历史发展的过程，人民群众才是社会历史发展的决定性力量。马克思说："人们自己创造自己的历史。"③ 社会是人的社会，人的历史即社会历史。这里的人不是超人、圣人，也不是其他英雄或大人物，而是普通的群众。

虽然马克思主义者从来不否认英雄人物（在儒学中可以认为是圣人）在历史发展中的重要作用，但这种重要作用的发挥又很大程度受制于由群众创造的历史条件。"个人因其性格的某些特点能够影响社会的命运。有时他们的影响甚至是非常大的，不过，无论是这种影响的可能性本身，还是影响的规模，都是由社会的组织、社会力量的对比来决定的。个人的性格只有在社会关系许他这样做的那个地方、那个时候和那种程度内，才是社会发展的'因素'。"④ 因此，站在马克思主义哲学群众观立场看待儒学，即使有所谓的圣人，他们对社会历史的影响也要受制于广大群众创造的既有历史条件。

马克思主义哲学群众观认为，人民群众是历史的创造者，是人类社会发展的决定力量。具体来说，主要体现在以下三个方面。

第一，人民群众是物质财富的创造者。在《德意志意识形态》一书中，马克思指出："我们首先应当确定一切人类生存的第一个前提，也就是一切历史的第一个前提，这个前提是人们为了能够'创造历史'，必须能够生活。但是为了生活，首先就需要吃喝住穿以及其他一些东西。因此第一个

---

① 中共中央马恩列斯著作编译局，编译. 马克思恩格斯文集：第9卷[M]. 北京：人民出版社，2009：550.
② 中共中央马恩列斯著作编译局，编译. 马克思恩格斯文集：第1卷[M]. 北京：人民出版社，2009：287.
③ 中共中央马恩列斯著作编译局，编译. 马克思恩格斯选集：第1卷[M]. 北京：人民出版社，2012：669.
④ [俄]普列汉诺夫. 论个人在历史上的作用问题[M]. 王荫庭，译，北京：商务印书馆，2016：37.

历史活动就是生产满足这些需要的资料,即物质生活本身,而且,这是人们从几千年前直到今天单是为了维持生活就必须每日每时从事的历史活动,是一切历史的基本条件。"① 马克思始终认为,不管为生产实践以外的上层建筑披上多么华丽神秘的外衣,都无法改变人类的一切都必然源于物质生活本身,也必须从这个基础去解释。而物质生活的创造不是靠上层统治者,不是靠圣人或英雄人物,而是靠千千万万的普通群众。

在儒学中,正如前文已提到的,圣人"备物致用,立成器以为天下利",是物质文明创造的决定性力量。传说中对圣王大禹治水的记述,一般强调换了几任领导都不能使水患停息,而尧帝任命大禹才得以成功,显然把物质改造的功绩更多地放在杰出人物身上。事实上,历史上伟大人物在伟大事件中发挥的作用较普通群众当然要更突出,但他们发挥作用的根本在于,他们集中了众多普通人的智慧和力量。儒学对圣人地位的抬高,不符合马克思主义哲学所认为的群众是物质财富的创造者的观点,也不符合历史的事实。

第二,人民群众是精神财富的创造者。这又有两个方面的含义:一方面,人类社会的一切精神创造都来源于现实的物质生活,因而也来源于广大群众主体性的物质实践;另一方面,很多时候,人民群众也直接参与了精神文明的创造。马克思说:"希腊神话不只是希腊艺术的武库,而且是它的土壤。"② 希腊神话本身就是广大人民群众创造的艺术,而这一艺术又为其他艺术创造提供了丰厚的土壤。即使强调圣人作用的儒家,他们也无意中透露了普通群众的精神创造。孔子十分重视《诗经》,多次对其进行赞美,并将其列为儒家六经之一。不能否认的是,《诗经》的一大部分正是广大群众的创作,《诗经》也成为整个中国文学艺术的重要宝库。

但是,在总体上,儒学认为圣人不仅是物质文明的创建者,更为重要的是,他们还是精神文明的创建者。儒家强调礼乐教化,注重礼仪、音乐等仪式文化和艺术形式对人的教化熏陶作用,但他们并不认为这些文化形式来源于人民群众的生活习俗和情感抒发,而是源于圣人王者等伟大人物的创制。"故人不能不乐,乐则不能无形,形而不为道,则不能无乱。先王恶其乱也,故制雅、颂之声以道之。"③ 所谓的雅乐,可能经过了统治者的修订规范,但完全为他们凭空所制是不可能的。儒学认为,礼乐是圣人王者等大人物的创制,就连父子、夫妇等缘于人的理性自觉而逐渐形成的人伦也是由于圣人的主观区分。在儒学看来,正是由于圣人赋予纲纪,才将人类与禽兽区别开来。"是故天生神物,圣人则之;天地变化,圣人效之;天垂象,见吉凶,圣人象之;河出图,洛出书,圣人则之。"④ 一句话,人类的一切人文化成,都是圣人在起根本作用。

圣人在创制思想文化上之所以能有权威,是因为圣人通达了作为宇宙人生普遍准则的"道",用儒学的话说,就是达于"天道"。圣人之道既然来自天,那么自然便拥有无上的权威,并足以为其他一切文化行为立法。但是,事实恰好相反,我们今天看到的许多古代诗歌、音乐、绘画、建筑等瑰宝,甚至宣扬为圣人创造精神文化的《易传》《黄帝内经》本身,都是经过许许多多群众之手而创造出来的。

第三,人民群众是社会变革的决定力量。作为马克思主义哲学群众观理论根据的唯物史观认

---

① 中共中央马恩列斯著作编译局,编译. 马克思恩格斯文集:第1卷[M]. 北京:人民出版社,2009:531.
② 中共中央马恩列斯著作编译局,编译. 马克思恩格斯文集:第8卷[M]. 北京:人民出版社,2009:35.
③ (清)王先谦. 荀子集解[M]. 北京:中华书局,2012:368.
④ 杨天才,周易[M]. 张善文,译注. 北京:中华书局,2011:596.

为，推动社会发展进步的内在动力在于生产力与生产关系、经济基础和上层建筑的矛盾运动。马克思说："人们在自己的生活的社会生产中发生一定的、必然的、不以他们的意志为转移的关系，即同他们的物质生产力的一定发展阶段相适合的生产关系。这些生产关系的总和构成社会的经济结构，即有法律的和政治的上层建筑竖立其上并有一定的社会意识形式与之相适应的现实基础。物质生活的生产方式制约着整个社会生活、政治生活和精神生活的过程……社会的物质生产力发展到一定阶段，便同它们一直在其中运动的现存生产关系或财产关系发生矛盾。于是这些关系便由生产力的发展形式变成生产力的桎梏。那时社会革命的时代就到来了。随着经济基础的变更，全部庞大的上层建筑也或慢或快地发生变革。"① 马克思这段话精辟地说明了社会发展变革的根本原因、总体过程。这里的"人们"即广大人民群众，也可以认为是儒学中的众多凡人。正是他们不断创造新的社会生产力，而当已有的生产关系与这种生产力发生矛盾时，必然是生产力冲破生产关系的束缚，而建立在这种生产关系之上的上层建筑必然要因之发生变革。显而易见，促成这一切变革的正是最广大的群众。基于批判资本主义生产方式而发展起来的马克思主义认为，不是什么大人物、意识形态家改造或推翻这个不公正的社会，作为最广大人民群众的无产阶级才是资本主义制度的埋葬者。

在儒学看来，人类社会并不是随着生产力的发展而向前发展，而是由于政治上的治乱产生的周期循环。治和乱的根本原因，又在于统治者的德行，即有道与无道。无论是治还是乱，都在于最高的统治者。统治者实行仁政王道，决心为圣王，则会天下大治；统治者如差一些，以武力实行霸道，只欲为霸，则会使其国富强；统治者如完全昏庸无道，则会导致天下大乱。可以看出，社会是治是乱与广大群众是没有关系的，只决定于统治者与"圣"的差距有多大（当然，政治的好坏确实与普通的群众没有多大关系，上层建筑操纵在统治者手中）。既然社会只是政治上一治一乱的周期循环，当然看不到普通群众对社会进步的推动作用。事实上，正如马克思所说："至今一切社会的历史都是阶级斗争的历史。"② 治和乱说到底就是阶级斗争，而人民群众正是阶级斗争的主要一方，也是代表正义和社会发展进步的一方。

总体来看，儒家是现存社会制度的维护者。因此，他们自然不会无视群众的斗争，但多将其作为社会进步的阻碍力量。儒学强调圣人对社会历史的重大影响，推崇内圣外王，这一思想的内核在于，王和圣被认为是现象与本质的关系。圣和所以成圣的道德心性本体是本质，理想的社会政治和秉持德政的王者是现象，因此，好的政治就是圣人为统治者。但是，历史事实表明，儒学所说的"三代"的理想政治只停留在理想中，现实政治是乱世多、治世少，暴君多而圣王根本无从所见。以致起先儒学本欲对不良政治产生制约，后来反倒成为对不良政治的美化，以致封建统治者无论有道无道常被称为"圣上"。这个现实的矛盾是儒学内圣外王理想的破产，而站在马克思主义哲学群众观立场看，就是伟大人物推动历史发展进步的神话的破产，历史的推动力量真正在于广大群众。

（三）凡人在社会利益关系中的地位和作用

如果说凡人在社会实践和在历史发展进步中的地位作用讨论的是凡人或群众在人类社会历史中的当然位置，那么凡人在社会利益关系中的地位和作用则讨论的是他们在人类社会历史中的应然位

---

① 中共中央马恩列斯著作编译局，编译．马克思恩格斯文集：第2卷[M]．北京：人民出版社，2009：591－592.
② 中共中央马恩列斯著作编译局，编译．马克思恩格斯文集：第2卷[M]．北京：人民出版社，2009：591－592.

置。这种应然位置的合理性主要存在于两方面。其一，既然人民群众是社会的实践主体、社会历史的创造者，社会利益存在的前提就是由人民群众创造的物质财富和精神财富，因此，人民群众理所应当成为这些财富的享有者，从而成为社会利益的主体。其二，利益是人们一切行为的最根本原因，只有人民群众享有应得的利益，其才会有从事社会生产的动力。

马克思说："人们为之奋斗的一切，都同他们的利益有关。"[①] 社会关系也无非是人们为了实现利益的需求而结成的人与人的关系，也就是说，正是利益使人成为社会的人。马克思说："'思想'一旦离开'利益'，就一定会使自己出丑。"[②] 因此，广大群众既然已为社会创造了财富、提供了利益，他们必须在这种财富和利益的分配中享有应得的权利。只有这样，他们才会有继续从事生产实践的积极性，社会的总体利益创造才有可能。马克思主义者从不隐瞒他们的观点，他们承认，他们所开展的一切斗争就是为了给无产阶级争取利益，共产党人就是广大群众根本利益的忠实维护者。

儒学中的一些思想家虽然承认人民群众的利益（比如，孟子倡导的仁政思想就是要体恤人民群众疾苦，给人民群众以利益），但是，一方面，他们把给人民群众利益作为对人民群众的施舍。正如封建时代常说的："普天之下，莫非王土；率土之滨，莫非王臣。"天下所有的土地财富都是统治者的，就连人民群众自身也属于统治者所有，因此，给人民群众利益不是他们所应得的，而是出于统治者的仁心。另一方面，他们即使给人民群众分配了一些利益，其出发点也不是为了让群众过上较好的生活，而是为了安抚人民、制造和谐，使群众不致起来反抗他们的统治，"水可载舟，亦可覆舟"才是统治者内心真实的想法，而儒学为统治者编造的一切漂亮言辞也不过如此。当然，以历史的眼光看待，不能否认，在统治者的横征暴敛下，儒学强调仁政，注重给人民现实的物质利益更加符合人道，也具有相当的进步意义。但是，在总体上的英雄史观下，他们是不可能在社会利益关系中给予群众应得位置的。

三、马克思主义哲学与儒学在凡圣关系上的异同

可以认为，马克思主义哲学群众观视域下的凡人与圣人的关系大致可为普通群众与伟大人物的关系。正如前文已经详细讨论的，在马克思、恩格斯的著作中，对于所谓的先知、英雄等伟大人物大多采取嘲讽的态度，而这种态度正可以显示马克思、恩格斯对群众和伟大人物或对凡人和圣人关系的认识。但这种认识大多时候是隐含的、不明显的。普列汉诺夫、列宁、毛泽东等马克思主义者坚持马克思主义基本原理，在具体的革命斗争实践中，对马克思、恩格斯的观点作了进一步的阐发。概括起来，在普通群众和伟大人物的关系上，马克思主义哲学的基本观点主要体现在以下两个方面。

其一，伟大人物是群众愿望和意志的集中体现者。在马克思主义哲学看来，世界上从来没有绝对神圣的东西，和群众相对的伟大而神圣的东西，恰好是荒谬可笑的。在《神圣家族》中，马克思戏谑地将青年黑格尔派鲍威尔兄弟及其追随者称为"神圣家族"，讽刺他们反对群众、脱离群众具

---

① 中共中央马恩列斯著作编译局，编译. 马克思恩格斯全集：第1卷（上）[M]. 北京：人民出版社，1960：187.
② 中共中央马恩列斯著作编译局，编译. 马克思恩格斯文集：第1卷[M]. 北京：人民出版社，2009：286.

体的历史的实践、抬高唯心主义思辨哲学及其代表者地位作用的荒唐。马克思和恩格斯给《德意志意识形态》一书加上的副标题是"对费尔巴哈、布·鲍威尔和施蒂纳所代表的现代德国哲学以及各式各样先知所代表的德国社会主义的批判",紧接着,他们又犀利地指出:"这些天真幼稚的空想构成现代青年黑格尔派哲学的核心……哲学英雄们自己在抬出这种哲学的时候,也一本正经地觉得它有颠覆世界的危险性和不怕被治罪的坚决性……本书的目的就是要揭穿同现实的影子所作的哲学斗争,揭穿这种投合耽于幻想、精神萎靡的德国民众口味的哲学斗争,使之信誉扫地。"① 在马克思和恩格斯看来,脱离唯物主义和群众现实斗争、自以为自己地位作用伟大的"先知""英雄",不过是些夸夸其谈、对现实产生不了多少积极影响的平庸之辈。马克思说:"(批判的批判)它一直是靠批判地贬低、否定和改变一定的群众性的对象和人物来取得自己的相对荣誉。现在它却靠批判地贬低、否定和改变普遍的群众来取得自己的绝对荣誉。"② 显然,凌驾于群众之上的自以为是的高明往往是荒唐可笑的。

马克思主义哲学认为,如果说有什么伟大人物,其伟大之处其实不过是他们的主张反映了历史发展的客观趋势,代表了广大群众的愿望和意志,影响和带动了广大群众的活动,恩格斯在《法兰西内战》一书中多处对公社战士的颂扬就体现了这一思想,其后的马克思主义者对此的论述就更加清晰了。普列汉诺夫说:"他们(指辩证唯物主义者)把社会环境的性质,首先理解为人们在他们的生产力发展的每一特定阶段所形成的那些社会关系的性质……伟大人物只是比较清楚、比较敏锐地在自己的头脑中反映了这些性质。而且正因如此,伟大人物才能跟'群氓'发生暂时的矛盾,但是在同一些社会关系影响下,'群氓'逐渐转到'英雄'方面来。"③ 这里所说的社会环境性质,笼统地说就是客观的历史现状,伟大人物的突出之处就在于他们较"群氓"——历史唯心主义者眼中的广大群众,更能敏锐地把握社会发展的客观形势。正因为他们较敏锐,他们较群众先认识,他们会和群众发生"暂时的矛盾",而最终群众会转到他们这边来。在列宁看来,英雄人物或领袖不过是承担起领导无产阶级进行革命斗争使命的人而已,"马克思主义教育工人的党,也就是教育无产阶级先锋队,使它能够夺取政权并引导全体人民走向社会主义,指导并组织新制度,成为所有被剥削者在不要资产阶级并反对资产阶级而建设自己社会生活的事业中的导师、领导者和领袖"④。

儒学从一定意义上说,也认同伟大人物是群众意愿的代表者,在先秦儒学就有"天听自我民听"的说法,认为统治者统治的权威来自天,而天又表达着人民的意愿,总而言之,圣人或王者的统治合法性还是来自广大群众,这也是中国历史文化中人所共知的"得民心者得天下"的由来。儒学主张维护现成的社会秩序,孟子认为统治者实行仁政,才能得到人民的拥护,而实行暴政,则人民有权利推翻他。但儒学所认为的统治阶级大人物应该代表人民群众的利益具有很大的虚假性,正如前面所说,他们不是真正代表人民群众意愿、反映人民利益,而是给群众必要的好处使其更加安分守己。儒学中的圣人不仅能够把握社会发展客观形势,而且掌握着永恒不变的天理,他们当然也是群众的领导者,但这个领导者不是在具体的历史活动中形成的,而是以天所赋予的超越平凡人的智慧能力、道德品性成为普通群众的必然领导者。

---

① 中共中央马恩列斯著作编译局,编译. 马克思恩格斯文集:第1卷[M]. 北京:人民出版社,2009:507-510.
② 中共中央马恩列斯著作编译局,编译. 马克思恩格斯文集:第1卷[M]. 北京:人民出版社,2009:282.
③ [俄]普列汉诺夫. 论个人在历史上的作用问题[M]. 王荫庭,译. 北京:商务印书馆,2016:85-86.
④ 中共中央马恩列斯著作编译局,编译. 列宁专题文集·论社会主义[M]. 北京:人民出版社,2009:198.

其二，伟大人物是从群众中走出的英雄。马克思主义者当然不会否认自然禀赋的差异使得英雄或伟大人物具有比普通人卓越的才能，但他们并不认为英雄人物因此与普通群众之间具有天然的差别，或者说，先天的才能是他们的根本区别。恰好相反，英雄人物起初总是混同于普通人之间的，但这种混同并不是儒学所说的蛰伏或隐居。在儒学看来，如伊尹那样的隐者，他们生来就是怀有盖世之才的英雄。马克思主义所认为的英雄混同于普通人，是说本来就没有所谓的英雄，英雄或伟大人物都是从革命实践中的普通小人物成长起来的。

在马克思和恩格斯的著作中，他们鲜有将某人直接定性为正面的英雄人物，他们肯定赞扬的大多是无产阶级这个群体所表现出的革命先进性和英雄气概。作为最优秀分子的真正的共产党人，他们的描述也不过是："各国工人政党中最坚决的、始终起推动作用的部分。"① 就身份地位而言，他们就是普通的群众。列宁、毛泽东等马克思主义者与马克思、恩格斯更多从冷静的理论指导不同，他们直接参与指挥革命战争，所以他们笔下的英雄人物就比较普遍，但同时也更显普通。比如，毛泽东所赞扬的很多英雄人物就是普通的战士或群众，就连革命战争时期中国共产党中的高级将领，也绝大多数是出身贫苦的农民。

儒学中的伟大人物特别是圣人，较之普通群众当然有着更为突出的智慧德性。但与其他许多哲学理论特别是西方宗教文化不同的是，儒学认为普通人与伟大人物或圣人之间并没有天然的鸿沟，凡人同样有成圣的可能。排在儒学第一位的圣人孔子，就自称自己幼时是普通人，说"吾少也贱"。从这一点来说，儒学与马克思主义哲学群众观是有共同点的。

马克思主义哲学群众观和儒学凡圣之辨关于凡人可以成圣，或者说普通群众可以成为伟大人物，两者的不同主要在于，儒学认为主要靠道德的修养，而马克思主义哲学群众观认为主要靠实践。儒学不仅将先验的道德原则作为人的生存行为准则，而且将其作为整个宇宙的本体。圣人是"天道"的化身，圣人完全体悟了"天道"，并且一切行止与"天道"完全吻合。凡人通过道德修养也可以达到这个境界，因此王阳明说："满大街都是圣人。"再进一步说，人何以能够具备这种道德修养的能力，是由于人都有"天之所与""不学而能"的良知良能，也就是道德意识，具体到孟子，良知良能就是"四善端"。而按照王阳明的解释，"吾性自足，不假外求"，凡与圣在本性上都是自足的，因此从一定意义上讲，凡就是圣，圣就是凡。而现实中凡之所以不是圣，就是因为凡人与圣人同样具有的性被外在之"欲"蒙蔽，凡人只要革除人欲致良知，则可同样成圣。

马克思主义群众观认为普通人可以成为伟大人物，这一过程同样需要通过实践，但实践既包括具体的物质实践，也包括道德的实践，主要是指无产阶级革命斗争中的斗争实践。当然，在这一切实践中，都有可能包括道德实践的因素，但这种实践不是抽象的、纯粹的道德实践，而是在物质实践中，培养出的勇敢、献身、友爱等体现英雄主义的精神。

四、结语

综上所述，站在马克思主义哲学群众观视域下，儒学的凡圣之辨体现的是一种英雄史观。在儒

---

① 中共中央马恩列斯著作编译局,编译. 马克思恩格斯文集:第2卷[M]. 北京:人民出版社,2009:44.

学看来，圣人不仅创造物质文明，而且创造精神文明，甚至人类的一切社会关系、人的理性发展，都是圣人教化的产物，圣人对人类社会发展进步起到了决定性作用。如果说凡人或普通群众有作用，也只不过是落实和执行了圣人之道而已，整个社会历史的发展无非是圣人之道的运行发展。但是，这种英雄史观又与西方宗教文化中神创造历史不同，儒学中的圣具有一定的神性，但说到底他是人而不是神，也不是西方的先知。他所体现的精神是"极高明而道中庸"[①]，他所生活的场域与普通人并无二致，只是他生活中的一切在道德上无不完美无瑕，用儒学的话讲就是无不合于"天道"。在这种圣人观下，历史前进的动力来自统治者（最理想的状态即统治者本身是圣）贯彻圣人之教，而历史上的一切人类活动，都是道德自我之体现。

然而，值得注意的是，儒学虽然认为圣人以尽伦之德性创造历史，且这种德性来自天，但这种德性凡人同样具备，因此，凡人也有成圣的潜质。这样，就为凡人走向伟大和崇高提供了一条途径，这种途径就是道德上的内在超越，这种超越精神落实在社会生活中，就是对个人道德品质的孜孜以求，儒学的人文教化功能由此得以充分体现。

参考文献：

[1] 中共中央马恩列斯著作编译局，编译. 马克思恩格斯文集：第1卷 [M]. 北京：人民出版社，2009.

[2] 中共中央马恩列斯著作编译局，编译. 马克思恩格斯文集：第2卷 [M]. 北京：人民出版社，2009.

[3] 中共中央马恩列斯著作编译局，编译. 马克思恩格斯选集：第1卷 [M]. 北京：人民出版社，2012.

[4] [俄] 普列汉诺夫. 论个人在历史上的作用问题 [M]. 北京：商务印书馆，2016.

[5] (宋) 朱熹. 四书章句集注 [M]. 北京：中华书局，2011.

[6] (清) 王先谦. 荀子集解 [M]. 北京：中华书局，2012.

---

① （宋）朱熹. 四书章句集注[M]. 北京：中华书局，2011：36.

作为一种"新世界观"的全人类共同价值

——基于《德意志意识形态》的文本分析

马喜宁*

【内容提要】全人类共同价值作为习近平新时代中国特色社会主义思想的重大理论成果，承载着凝聚人类不同文明的价值共识和创造人类美好未来的精神动力，前所未有地为诊治全球化背景下人类所面临的价值危机和时代病症提供了一剂良方，进而彰显了全面系统的价值超越性。本文基于《德意志意识形态》（以下简称《形态》）的文本分析指出：全人类共同价值坚持了历史唯物主义的哲学立场，是《形态》所包含的"世界历史"思想的理论确证，其历史使命在于全面深入推动人类命运共同体的历史实践，使各个民族、国家走向一个"真正的共同体"，这与历史唯物主义对人类理想社会的价值追求，以及关于人民主体性、文化多样性和文明共融性现实生成的逻辑诠释具有内在一致性。全人类共同价值是21世纪的"新世界观"，蕴含着促进人类价值思维方式深层变革、超越政治制度差异和意识形态对立、破解人类社会所面临的各种生存和发展困境的世界意义，为系统超越资本主义物质文明与精神文明，以及实现人类社会交往秩序的治理与重构提供了现实方案。

【关键词】历史唯物主义　"真正的共同体"　全人类共同价值　"世界历史"

由马克思和恩格斯创立的历史唯物主义以超越时空的无穷魅力深刻回应着人类价值思维方式实现深层变革的时代课题，为现时代处在价值观何去何从十字路口的各个民族、国家走向美好生活指明了方向。习近平主席在第七十届联合国一般性辩论时的讲话中首次提出"全人类共同价值"这一概念，并指出："和平、发展、公平、正义、民主、自由，是全人类的共同价值。"① 当前学界围绕推动构建人类命运共同体的战略语境对全人类共同价值进行了理论内涵和实践价值的解读和阐释，但从马克思主义经典著作视角对全人类共同价值展开历史唯物主义哲学研究的成果比较缺乏。本研究基于《形态》的文本分析，挖掘全人类共同价值的历史唯物主义哲学基础，在契合时代主题与顺应历史潮流的世界意义上深入探究全人类共同价值作为一种"新世界观"所内在蕴含的价值超越性。

---

* 马喜宁，男，宁夏师范学院政治与历史学院副教授，主要从事思想政治教育理论与实践研究。基金项目：本文系宁夏哲学社会科学规划一般项目"习近平总书记关于道德建设的重要论述研究"（项目编号：23NXBKS02）阶段性研究成果。

① 习近平. 携手构建合作共赢新伙伴同心打造人类命运共同体——在第七十届联合国大会一般性辩论时的讲话[N]. 人民日报，2015-09-29（002）.

一、顺应"世界历史"潮流：全人类共同价值的历史确证

15世纪到18世纪欧洲资本主义的地理大发现前所未有地开启了人类社会"一体化"序幕，自此，以市场在世界范围内的扩张和资源国际性优化配置为主要内容的经济全球化促成不同社会制度、意识形态、文化文明交往的扩大更加频繁，这也使得各个民族、国家在长期的历史文化积淀中所形成的多元价值观发生了碰撞和融合。

观照"世界历史"的研究是《形态》的一个鲜明特点。《形态》对"世界历史"的考察首先指出了"世界历史"得以形成的基本条件，即资本主义物质生产方式；其次强调了世界市场的形成和世界交往的普遍发展是"世界历史"发展的重要推动力；最后指出了"世界历史"的形成以共产主义的实现为归宿，因此是一个极其漫长的过程。马克思和恩格斯在《形态》中指出："各个相互影响的活动范围在这个发展进程中越是扩大，各民族的原始封闭状态由于日益完善的生产方式、交往以及因交往而自然形成的不同民族之间的分工消灭得越是彻底，历史也就越是成为世界历史。"① 这一关于"历史成为世界历史"的科学预言已经再次为21世纪"全球化"或"一体化"的"世界历史"发展的规律所印证。作为马克思主义基本原理有机构成部分的"世界历史"理论，其文本语境中内在地蕴含了作为生产方式和交往形式发展完善的"世界历史"、作为人类思想形态普遍交往融合的"世界历史"、区别于"地域局限性"或"民族局限性"的"世界历史"，因此成为我们理解全人类共同价值的理论内涵和实践本质无法绕开的哲学范畴。

《形态》作为"历史唯物主义"形成的标志性文献，包含了诸多有关"世界历史"理论的经典论述。分析这些经典论述蕴含的深层内涵对于我们运用方法论意义上的"世界历史"理论全面审视全人类共同价值具有非常重要的文献价值。首先，马克思和恩格斯在《形态》中积极地肯定了资本主义大工业的发展为推动"历史成为世界历史"创造了物质条件和实践基础的重要作用。正如《形态》所指出的，"历史成为世界历史"是以"生产力的普遍发展和与此相联系的世界交往为前提的"②，即"这种状况是以世界市场的存在为前提的"③，从而充分肯定了资本主义大工业发展对人类历史发展的推动作用。其次，马克思和恩格斯强调，尽管资本主义大工业极大地促进了地域性的普遍交往，使"交往成为普遍交往"，但资产阶级无法成为引领世界历史走向的真正主体，因为在资本主义生产方式主导下，"单个人随着自己的活动扩大为世界历史性的活动，越来越受到对于他们来说是异己的力量的支配（他们把这种压迫想象为所谓世界精神等的圈套）"④。"这些力量本来是由人们的相互作用产生的，但是迄今为止对于他们来说都作为完全异己的力量威慑和驾驭着他们。"⑤ 也就是说，只有无产阶级的解放和个人的自由全面发展才能作为世界历史性的存在而得以实现。最后，马克思和恩格斯在批判资本主义生产方式的基础上强调无产阶级力量和作用的张扬，

---

① 中共中央马恩列斯著作编译局，编译. 马克思恩格斯文集：第1卷[M]. 北京：人民出版社，2009：540－541.
② 中共中央马恩列斯著作编译局，编译. 马克思恩格斯文集：第1卷[M]. 北京：人民出版社，2009：539.
③ 中共中央马恩列斯著作编译局，编译. 马克思恩格斯文集：第1卷[M]. 北京：人民出版社，2009：539.
④ 中共中央马恩列斯著作编译局，编译. 马克思恩格斯文集：第1卷[M]. 北京：人民出版社，2009：541.
⑤ 中共中央马恩列斯著作编译局，编译. 马克思恩格斯文集：第1卷[M]. 北京：人民出版社，2009：542.

强调各个民族、国家的生存境遇、时空秩序不可避免地会在世界经济、政治、文化的普遍交往中发生重大变革，进而指出了无产阶级所肩负的是实现"现实的个人"及共同体，以及构建人类美好世界的历史使命。正如马克思和恩格斯指出的："使我有可能随自己的兴趣今天干这事，明天干那事，上午打猎，下午捕鱼，傍晚从事畜牧，晚饭后从事批判，这样就不会使我老是一个猎人、渔夫、牧人或批判者。"① 这是"世界历史"赋予无产阶级的神圣使命。全人类共同价值正是《形态》文本背景下"世界历史"思想的价值映射，这无疑在理论与实践的双重维度为实现全人类共同价值普遍认同的合理性与合法性基础提供了有力的历史论证。

人类社会发展的历史总是"惊人地相似"。如果说马克思"世界历史"思想是对全球化历史下人类生活状态在生产方式和交往方式上的宏大理论叙事，那么全人类共同价值则是全球化时代背景下人类生活理想状态在价值观维度的整体实践表征。全人类共同价值生成的历史背景如何？关于此，习近平主席在中华人民共和国恢复联合国合法席位50周年纪念会议上深刻指出，当前"地区争端和恐怖主义、气候变化、网络安全、生物安全等全球性问题正摆在国际社会面前"②，这一对全球化时代人类社会所共同面临的普遍性、系统性问题和矛盾的敏锐把握，构成了全人类共同价值提出的现实依据。在世界百年未有之大变局与世纪疫情复杂交织的时代背景下，如何找到利益上的共同点和价值上的共鸣点已成为人类普遍的现实呼吁，尤其是面对"世界怎么了，我们怎么办？"的时代之问和世界之问，世界各国如果不能清醒地认识到实现人类价值思维方式深层次变革的重大意义，那么人类社会所面临的普遍性、系统性问题和矛盾就无法得到有效解决，并且或将遭遇更多、更大的全球性危机。

21世纪各个民族、国家的价值观在全球化以来人类历史发展的浪潮中是将走向对话与融合，还是对立与分歧？站在价值观何去何从的十字路口，《中共中央关于党的百年奋斗重大成就和历史经验的决议》前瞻性地指出，要"推动建设新型国际关系，推动构建人类命运共同体，弘扬和平、发展、公平、正义、民主、自由的全人类共同价值，引领人类进步潮流"③。全人类共同价值以"世界历史"演进的客观规律为理论叙事，描绘了人类美好社会新图景，回应了当代人类共同的价值期待。

全人类共同价值是马克思"世界历史"思想的理论确证。深入《形态》的文本语境，我们不仅可以更好地理解马克思"世界历史"的丰富内涵和价值意蕴，而且对我们结合时代特征坚持和发展马克思主义基本原理具有重要意义。更重要的是，作为一种世界观和方法论的"世界历史"理论，通过它的运用我们可以准确透视由资本滥觞和全球扩张的时代弊病所导致的全球性、系统性负面问题和矛盾，更科学地做到全人类共同价值在学术解读和政治逻辑上的内在统一，从更深层次的价值观层面使孤立分散的民族性、地区性、地域性交往走向一个更加紧密相连、有机联动的"命运共同体"，进而在社会主义中国肩负起重建人类社会交往新秩序、引领人类文明进步潮流的历史使命。

---

① 中共中央马恩列斯著作编译局，编译. 马克思恩格斯文集：第1卷[M]. 北京：人民出版社，2009：537.
② 习近平. 在中华人民共和国恢复联合国合法席位50周年纪念会议上的讲话[M]. 北京：人民出版社，2021：7.
③ 习近平. 中共中央关于党的百年奋斗重大成就和历史经验的决议[N]. 人民日报，2021-11-17(001).

二、坚持"历史唯物主义":全人类共同价值的哲学立场

马克思曾在《莱茵报》的文章《第179号"科伦日报"社论》中精辟地指出:"任何真正的哲学都是自己时代的精神上的精华,因此,必然会出现这样的时代:那时哲学不仅在内部通过自己的内容,而且在外部通过自己的表现,同自己时代的现实世界接触并相互作用。那时,哲学不再是同其他各特定体系相对的特定体系,而变成面对世界的一般哲学,变成当代世界的哲学。各种外部表现证明,哲学正获得这样的意义,哲学正变成文化的活的灵魂,哲学正在世界化,而世界正在哲学化。"① 从大的历史时代及其特征来看,当今世界依然是一个"全球化"的时代,并且是"全球化"加速演进、内容多样、影响广泛的时代。"全球化"时代是"大科学""大实践"的时代,这一时代的特征又集中表现为经济全球化、信息全球化、政治多极化、文化多样化等。但无论如何,和平与发展依然是当今时代的主题,也是"全球化"时代精神的精华,是反映人与自身、人与自然、人与社会、人与世界关系最本质的特征。可以说,所谓"全球化",正是当代人类在世界观维度对马克思"历史成为世界历史"规律和"世界历史"理论的准确把握和提炼概括。

历史唯物主义认为,"全球化"在推动人类文明进步中发挥着巨大的积极效应,但其也认为资本主义生产方式所主导的"全球化"使人类社会面临诸多生存和发展困境。马克思和恩格斯在《形态》中指出:"单个人随着自己的活动扩大为世界历史性的活动,越来越受到对于他们来说是异己的力量的支配(他们把这种压迫想象为所谓世界精神等的圈套),受到日益扩大的、归根结底表现为世界市场的力量的支配,这种情况在迄今为止的历史中当然也是经验事实。"② 这种"力量的支配"可能导致一部分人的极端贫困,"而在极端贫困的情况下,必须重新开始争取必需品的斗争,全部陈腐污浊的东西又要死灰复燃"③。一个不争的事实是,当代世界资本主义在全球逐利所导致的各种负面效应带来了一部分人"吃、穿、住、行"实际生活利益受损的问题也是显而易见的。西方资产阶级在全球范围内一方面企图通过资本和技术上所占的相对优势获取不正当的利益,另一方面企图通过"普世价值"的兜售和文化渗透在全球进行文化殖民和精神统治,这与马克思和恩格斯在《形态》中所批判的对象和问题具有极大的相似性。

马克思和恩格斯在《共产党宣言》(以下简称《宣言》)中依据阶级斗争运动的理论逻辑和社会发展的历史逻辑得出"两个必然"的重要论断,即"资产阶级的灭亡和无产阶级的胜利同样是不可避免的"④。从历史大时代观之,当今世界范围内社会主义制度与资本主义制度并存竞争,全球范围内生产力与生产关系的矛盾具有许多"新的历史特点",因此,我们所处的时代在本质上依然是无产阶级反对资产阶级、社会主义逐步代替资本主义的历史时代。正如习近平总书记在2017年第十八届中央政治局第43次集体学习时指出:"尽管我们所处的时代同马克思所处的时代相比发生了巨大而深刻的变化,但从世界社会主义500年的大视野来看,我们依然处在马克思主义所指明的

---

① 中共中央马恩列斯著作编译局,编译.马克思恩格斯全集:第1卷[M].北京:人民出版社,1995:220.
② 中共中央马恩列斯著作编译局,编译.马克思恩格斯文集:第1卷[M].北京:人民出版社,2009:541.
③ 中共中央马恩列斯著作编译局,编译.马克思恩格斯文集:第1卷[M].北京:人民出版社,2009:538.
④ 中共中央马恩列斯著作编译局,编译.马克思恩格斯选集:第1卷[M].北京:人民出版社,1995:293.

历史时代。这是我们对马克思主义保持坚定信心、对社会主义保持必胜信念的科学依据。"① 以深邃的历史视野深刻洞悉"世界历史"发展规律、准确把握时代特征,是历史唯物主义基本原理表现在认识论和方法论维度的一个重要哲学立场。坚持这一哲学立场是准确透析当今世界发生巨大而深刻的变化,科学认识社会主义国家和资本主义国家长期共存竞争的现实,深刻反思当前全球性问题的复杂成因及多重价值意蕴进而努力探求人类走出生存和发展困境有效途径的必然要求。

"物质劳动和精神劳动"② 始终贯穿人类文明的全部历史直至现在,并不断地促进人类从低级逐渐走向高级,推动人类社会从野蛮走向文明。作为21世纪人类"物质劳动和精神劳动"的产物,全人类共同价值是人类探索文明和追求进步的必然结果,它不以个人的意志为转移,客观地存在于人类追求共同利益的基础之上,"而且这种共同利益不是仅仅作为一种'普遍的东西'存在于观念之中"③。也就是说,人类共同利益构成了全人类共同价值的现实基础,它不是对形成于一定历史文化条件下的各个民族、国家核心价值观及多元化价值观的简单否定,而是尊重各个民族、国家基于本国、本民族发展的具体实际所做出的正确价值判断和价值选择,在理论意义上强调一般性与个别性、普遍性与特殊性的辩证统一。

全人类共同价值在哲学立场上呈现出坚定的唯物主义本质属性,进而与西方资产阶级极力宣扬的"普世价值"进行了最为彻底、最为严格的区分。马克思关于资产阶级所谓"普世价值"的批判有一段经典的论述:"每一个企图取代旧统治阶级的新阶级,为了达到自己的目的不得不把自己的利益说成是社会全体成员的共同利益,就是说,这在观念上的表达就是,赋予自己的思想以普遍性的形式,把它们描绘成唯一合乎理性的、有普遍意义的思想。"④ 近代西方政治学家塞缪尔·亨廷顿指出,"普世文明是西方文明的独特产物","普世主义,是西方对付非西方社会的意识形态"⑤。诚然,产生于西方基督教文明体系下的"普世价值"在价值判断和价值选择上割裂了价值的一般性与个别性、普遍性与特殊性关系,主张特定的国家或民族在一定历史时期所形成的"特殊价值"是适用于任何时间、任何地点的"共同价值"。历史唯物主义是"实践的"哲学,强调社会历史是"现实的人"的感性活动,它反对以人的自然普遍性代替人的社会普遍性的"越界"现象。认识人类社会并不存在超越历史条件的"普世价值"。马克思和恩格斯在《宣言》中指出,唯物史观一般原理的运用"随时随地都要以当时的历史条件为转移"⑥。显然,作为一个典型的"历史唯心主义"命题,"普世价值"以先验的价值观与抽象的人性论为基础,它无法成为一种超越时空的、普遍永恒的价值体系或制度规范而适用于人类文明进步历史潮流的引领。

总之,全人类共同价值与历史唯物主义在逻辑结构上具有内在一致性。全人类共同价值以"人的解放"为旨趣,站在积极创造人类共同福祉、自觉维护人类共同利益和不断追求人类"自由而全面发展"的道义制高点上,回应了历史唯物主义的理论境界和价值旨归,实现了全人类主体性和创造性特质的理论升华与价值反思;以"现实的历史"为研究视域,科学运用"历史成为世界历史"

---

① 习近平. 习近平谈治国理政:第2卷[M]. 北京:外文出版社,2017:66.
② 中共中央马恩列斯著作编译局,编译. 马克思恩格斯文集:第1卷[M]. 北京:人民出版社,2009:556.
③ 中共中央马恩列斯著作编译局,编译. 马克思恩格斯文集:第1卷[M]. 北京:人民出版社,2009:536.
④ 中共中央马恩列斯著作编译局,编译. 马克思恩格斯文集:第1卷[M]. 北京:人民出版社,2009:552.
⑤ [美]塞缪尔·亨廷顿. 文明的冲突与世界秩序的重建[M]. 周琪,等,译. 北京:新华出版社,2010:56.
⑥ 中共中央马恩列斯著作编译局,编译. 马克思恩格斯选集:第1卷[M]. 北京:人民出版社,2012:376.

这一"世界历史"演变规律,准确把握了"全球化"时代人类社会发展的一般规律、历史逻辑和基本特征,提出了推动构建人类命运共同体的先进理念;以"改变世界"为目的,主张强化人类意识,超越政治制度的差异和意识形态的对立,实现价值思维方式的深层变革、人类社会面临各种生存和发展困境的破解,以及人类社会交往秩序的治理与重构。

三、走向"真正的共同体":全人类共同价值的价值超越

"共同体"是人类社会以族群方式生产生活的一种社会样态或组织形式,"共同体"也是历史唯物主义的核心概念和重要范式之一,揭示了人类社会不断由低级向高级迈进的运动过程。马克思对"共同体"问题的研究是同历史唯物主义的创立过程紧密结合在一起的。一方面,从研究视角来看,马克思以人的"类本质",即以人的社会性本质为逻辑起点指出:"人的本质不是单个人所固有的抽象物。在其现实性上,它是一切社会关系的总和。"① 也就是说,只有在"共同体"中,个人才能获得全面发展其才能的手段,才可能有个人自由。另一方面,从"世界历史"序列来看,马克思认为"共同体"的形成是随着生产力水平的提高和生产关系的变化而发展变化的,包括原始社会原初的"自然共同体"、资本主义生产方式下的"虚幻共同体",以及建立在共产主义社会基础上的"自由人联合体",即"真正的共同体"。建立这样的"共同体"的目的在于"使社会生产力及其成果不断增长,足以保证每个人的一切合理的需要在越来越大的程度上得到满足"②。马克思从人们的实际需要出发,提示了历史唯物主义对人类理想社会的价值追求,这也是历史唯物主义考察人类社会形态演进的终极目标所在。

马克思和恩格斯在《形态》中深刻剖析了建立在资本主义生产方式基础上的"虚幻共同体",即建立在"市民社会"基础上的"政治共同体"。在这种"政治共同体"中,面对以物的依赖性为基础的人的独立性与部分社会成员占有剩余产品之间的矛盾冲突,即面对共同利益与个人利益之间的冲突,资产阶级以社会公共利益的身份为代表,便获得了凌驾于社会之上的力量和"共同体"的外观。正如马克思和恩格斯指出的,"由于特殊利益和共同利益之间的这种矛盾,共同利益才采取国家这种与实际的单个利益和全体利益相脱离的独立形式,同时采取虚幻的共同体的形式"③。但是,马克思和恩格斯从以下四个方面揭示了"虚幻共同体"的运转本质:"虚幻共同体"保障少数人的利益。"把他们连接起来的唯一纽带是自然的必然性,是需要和私人利益,是对他们的财产和他们的利己的人身的保护。"④ "普遍利益"对于多数人而言是虚幻的存在。"普遍的东西一般说来是一种虚幻的共同体的形式。"⑤ "货币、资本共同体。"马克思和恩格斯指出,商业和手工业,即

---

① 中共中央马恩列斯著作编译局,编译. 马克思恩格斯选集:第1卷[M]. 北京:人民出版社,2012:135.
② 中共中央马恩列斯著作编译局,编译. 马克思恩格斯选集:第3卷[M]. 北京:人民出版社,2012:724.
③ 中共中央马恩列斯著作编译局,编译. 马克思恩格斯文集:第1卷[M]. 北京:人民出版社,2009:531.
④ 中共中央马恩列斯著作编译局,编译. 马克思恩格斯文集:第1卷[M]. 北京:人民出版社,2009:42.
⑤ 中共中央马恩列斯著作编译局,编译. 马克思恩格斯文集:第1卷[M]. 北京:人民出版社,2009:536.

"资本的联合"①,"把所有自然形成的关系变成货币的关系"②,就此而言,"货币本身就是共同体"③。被统治阶级获得的是"虚幻"的个人自由导致人的本质的裂变。"在过去的种种冒充的共同体中,如在国家等等中,个人自由只是对那些在统治阶级范围内发展的个人来说是存在的,他们之所以有个人自由,只是因为他们是这一阶级的个人。"④ 总之,马克思和恩格斯并没有否定"虚幻共同体"对传统的"自然共同体"的扬弃,以及对"真正的共同体"所产生的积极作用,但他们也明确指出"虚幻共同体"与"人的自由而全面发展"是相对立的。就此而言,人类社会要从"必然王国"走向"自由王国","虚幻共同体"也必须实现自我扬弃。

马克思和恩格斯在《形态》中通过对"虚幻共同体"的批判,从个体与类之间的矛盾关系展开,阐释了"真正的共同体"的本质和内涵,以及走向"真正的共同体"的条件与路径,从而完整地对"真正的共同体"的本质和内涵作了深刻阐释。在马克思和恩格斯看来,作为人类未来理想社会的"真正的共同体",首先,应该是可以解决人和自然之间、人和人之间的矛盾,造就人们"吃、穿、住、行"环境的"共同体"。其次,为每个人、所有人的全面发展创造了条件。即"只有在共同体中,个人才能获得全面发展其才能的手段,也就是说,只有在'共同体'中才可能有个人自由"⑤。最后,在"真正的共同体"中,普遍利益与个人利益之间的矛盾得以化解,且普遍利益与个人利益是相统一的,即"共产主义是对私有财产即人的自我异化的积极扬弃,因而是通过人并且为了人而对人的本质的真正占有……这种共产主义,作为完成了的自然主义=人道主义,而作为完成了的人道主义=自然主义,它是人和自然界之间、人和人之间的矛盾的真正解决,是存在和本质、对象化和自我确证、自由和必然、个体和类之间的斗争的真正解决"⑥。那么,如何走向"真正的共同体"?这一"历史之问"以超越时空的力量呼唤着21世纪的人类解答。为此,马克思和恩格斯似乎为我们提供了思想武器:"一切历史冲突都根源于生产力和交往形式之间的矛盾。"⑦"对于实践的唯物主义者即共产主义者来说,全部问题都在于使现存世界革命化,实际地反对并改变现存的事物。"⑧ 无产阶级和全人类的解放也"只有在世界历史意义上才能存在"⑨。也就是说,重建人类生产关系和交往关系,推动具有民族局限性和地域局限性的历史向世界历史转变,促进人类世界从分散无序走向凝聚有序,是全人类所共同肩负的历史使命。

历史唯物主义认为人类能否走向"真正的共同体"不仅取决于生产方式的变革与生产关系的调整,而且取决于各民族、国家"精神交往""精神劳动"和"精神生产"相互联系、相互影响与相互作用的关系实现程度。"各民族的精神产品成了公共的财产。民族的片面性和局限性日益成为不可能,于是由许多种民族的和地方的文学形成了一种世界的文学。"⑩ 全人类共同价值在本质上所反映的是"全球化"时代各个民族、国家的"精神交往""精神劳动"和"精神生产"相互联系、

---

① 中共中央马恩列斯著作编译局,编译. 马克思恩格斯文集:第1卷[M]. 北京:人民出版社,2009:579.
② 中共中央马恩列斯著作编译局,编译. 马克思恩格斯选集:第1卷[M]. 北京:人民出版社,2012:194.
③ 中共中央马恩列斯著作编译局,编译. 马克思恩格斯全集:第30卷[M]. 北京:人民出版社,1995:175.
④ 中共中央马恩列斯著作编译局,编译. 马克思恩格斯文集:第1卷[M]. 北京:人民出版社,2009:571.
⑤ 中共中央马恩列斯著作编译局,编译. 马克思恩格斯文集:第1卷[M]. 北京:人民出版社,2009:571.
⑥ 中共中央马恩列斯著作编译局,编译. 马克思恩格斯全集:第3卷[M]. 北京:人民出版社,2002:297.
⑦ 中共中央马恩列斯著作编译局,编译. 马克思恩格斯文集:第1卷[M]. 北京:人民出版社,2009:567-568.
⑧ 中共中央马恩列斯著作编译局,编译. 马克思恩格斯文集:第1卷[M]. 北京:人民出版社,2009:527.
⑨ 中共中央马恩列斯著作编译局,编译. 马克思恩格斯文集:第1卷[M]. 北京:人民出版社,2009:539.
⑩ 中共中央马恩列斯著作编译局,编译. 马克思恩格斯选集:第2卷[M]. 北京:人民出版社,2012:404.

相互影响与相互作用的内在关系，是对历史唯物主义"精神交往"理论的概括与升华。

立足当下世界百年未有之大变局与世纪疫情复杂交织的客观现实，以及人类面临"建设什么样的世界、如何建设这个世界"这一关乎人类前途命运的重大时代课题，特别是面对源于西方哲学领域"意识形态终结论""历史终结论""文明冲突论"及"普世价值论"等在全球制造意识形态对抗和价值观对峙的挑战，我们一方面需要作出相应的理论分析与学理批判；另一方面需要通过理论叙事阐明时代主题和历史潮流的理论逻辑、历史逻辑、实践逻辑和价值逻辑，用全人类共同价值凝聚各个民族、国家的价值共识，寻求实现人类价值思维方式深层次变革的现实方案。当代人类世界"已经成为你中有我、我中有你的命运共同体，利益高度融合，彼此相互依赖"①，人类历史正在走向"世界历史"。作为21世纪人类的实践载体和表现样态，"人类命运共同体"是"真正的共同体"的价值形态，它前所未有地展现了人类实现"和平发展、合作共赢"的新视野、新理念。与此同时，全人类共同价值对人类"共同价值"的价值叙事不再依赖于西方发达资本主义国家的理论话语和解释框架，已有力跳出了"普世价值"的话语陷阱。无论是对人民主体性、文化多样性和文明共融性现实生成的逻辑诠释，还是放眼人类和超越时空的历史视野、理论境界、利益关切和道义担当，全人类共同价值都具有极强的价值超越性。总之，全人类共同价值正矗立于现代人类文明进步之巅，向全世界各个民族、国家展示着全面系统超越资本主义物质文明与精神文明的光明前景。

四、结语

马克思曾在《关于费尔巴哈的提纲》一文中指出："哲学家们只是用不同的方式解释世界，而问题在于改变世界。"② 诚然，全人类共同价值"改变世界"的实践指向也是极其明确的。一方面，当今世界正处在大发展大变革大调整时期，新兴国家与发达资本主义国家在世界历史舞台上竞相角逐，国际秩序的功能失调让全球治理赤字问题越来越凸显，"世界历史"潮流正在面临"逆全球化"危机。另一方面，恐怖主义、网络安全、重大传染性疾病、气候变化等非传统安全问题仍然影响着人类共同利益和共同福祉的创造与实现，并且霸权主义和强权政治依然是威胁世界和平与发展的主要障碍。全人类共同价值之所以成为一种"新世界观"，是因为它为全人类携手共同建设更加美好的新世界提供了新的理念指引，为解决人类共同面临的全球性、系统性问题基于深层次的价值观领域开辟了新的解决路径，为打破"普世价值"的神话并科学引领人类文明进步潮流提供了新的思想武器。因此，我们必须切实把全人类共同价值的人类情怀与世界意义体现在化解这些问题和挑战的具体实践中，向世界贡献更多具有中国特色的全球公共产品，让全人类共同价值从价值共识走向价值认同再走向价值实践。我们看到，《形态》问世至今也已经170多年，但她所蕴含的时代思维、历史视角、人类情怀和道义担当依然是我们今天观察和分析全球性问题和矛盾的有力注脚，是实现世界发展方式与全球治理体系变革的锐利武器。因此，今后我们必须不断深入《形态》的文本

---

① 习近平. 论坚持推动构建人类命运共同体[M]. 北京：中央文献出版社，2018：405.
② 中共中央马恩列斯著作编译局，编译. 马克思恩格斯文集：第1卷[M]. 北京：人民出版社，2009：506.

分析，为构建起全人类共同价值的哲学体系、理论体系和话语体系夯实理论根基，以此不断提升全人类共同价值的解释力、说服力和引领力。

参考文献：

[1] 习近平. 习近平谈治国理政：第3卷 [M]. 北京：外文出版社，2020.

[2] 习近平. 论坚持推动构建人类命运共同体 [M]. 北京：中央文献出版社，2018.

[3] 张军. 价值哲学的存在论基础 [M]. 北京：人民出版社，2018.

[4] 孙春晨. 全人类共同价值是构建人类命运共同体的伦理基础 [J]. 马克思主义与现实，2022（1）.

[5] [美] 塞缪尔·亨廷顿. 文明的冲突与世界秩序的重建 [M]. 周琪，等，译. 北京：新华出版社，2010.

[6] WENDELL BELL. Humanity's common values seeking a positive future [J]. The Futurist：A Journal of Forecasts, Trends, and Ideas about the Future, 2004.

论新时代中国的劳动文化：
概念辨析、发展障碍及振兴对策

张文富*

【内容提要】 新时代条件下中国的劳动文化建设亟须加强。但是受制于种种障碍，如劳动价值论遭遇边缘化、文化生产领域资本逻辑的影响、消费主义文化的冲击、劳动关系的紧张化、重要社会阶层缺乏劳动认同感等，当前我国的劳动文化处于相对衰落状态。必须通过抵制错误经济学思潮和消费主义文化、改革文化生产体制、巩固公有制经济的主体地位、保护劳动者的权益、强化党政干部及知识分子等重要社会群体的生产劳动实践等途径来实现新时代劳动文化在中国的振兴。

【关键词】 劳动文化建设　概念辨析　价值特征　发展障碍　振兴对策

习近平总书记历来十分重视社会主义先进文化建设，强调中华民族精神谱系的传承，将此作为实现文化强国和中华民族伟大复兴事业的必要步骤，而劳动文化建设是社会主义先进文化建设的一个重要方面。他在一次讲话中指出，"全社会要崇尚劳动、见贤思齐，加大对劳动模范和先进工作者的宣传力度，讲好劳模故事、讲好劳动故事、讲好工匠故事，弘扬劳动最光荣、劳动最崇高、劳动最伟大、劳动最美丽的社会风尚。要开展以劳动创造幸福为主题的宣传教育，把劳动教育纳入人才培养全过程，贯通大中小学各学段和家庭、学校、社会各方面，教育引导青少年树立以辛勤劳动为荣、以好逸恶劳为耻的劳动观，培养一代又一代热爱劳动、勤于劳动、善于劳动的高素质劳动者"[1]。这段讲话提出了一项战略性任务，即我们要通过宣传和教育工作在全社会弘扬劳动文化，使人们形成崇尚劳动、热爱劳动的精神氛围。然而，劳动文化这一文化形式一段时间以来处于衰落状态，而且其概念本身也模糊不清，导致谬种流传。我们有必要澄清劳动文化概念，分析在新时代条件下振兴劳动文化所面临的主要障碍和问题，以便寻找正确对策。

---

* 张文富，男，贵州师范大学马克思主义学院教授，主要从事马克思主义理论、当代思潮和文化研究。基金项目：本文系国家社会科学基金一般项目"'中国故事'话语体系构建研究"（项目编号：20BKS132）的阶段性研究成果。

[1] 习近平. 在全国劳动模范和先进工作者表彰大会上的讲话[N]. 人民日报,2020 - 11 - 25(002).

一、劳动文化的定义、价值特征及相关概念辨析

(一) 厘清劳动及劳动文化的概念

"劳动"一词是马克思主义哲学和政治经济学的核心词汇。按照马克思主义经典作家的界定，劳动就是劳动力（体力和脑力）的使用或者消费。它是人以自身的活动来引起、调整和控制人与自然之间的物质变换过程，通过人的有目的的活动来改变自然界和人类社会的面貌以适应自己的需要。劳动也是人类最重要的一种社会实践，人类的众多精神文化成果皆来源于此。正是因为劳动对于人类的极端重要性，我们才可以说："劳动是人类的本质活动，劳动光荣、创造伟大是对人类文明进步规律的重要诠释。"①

本文的核心词"劳动文化"中的"劳动"，是一个有着特定社会历史意义的词汇，有着马克思主义语境的哲学话语，特指对社会进步有积极意义的生产性劳动、能够创造社会价值的劳动，不包括非生产性劳动、奴役性劳动、灰色产业劳动（如制毒贩毒、色情服务等）和异化的劳动等。生产性劳动和非生产性劳动的划分依据是看该劳动带来何种社会效应。资本主义条件下，能够为资本家带来剩余价值的劳动就是生产性劳动，而不能为其带来剩余价值的劳动就是非生产性劳动。所以马克思说："一个自行卖唱的歌女是**非生产劳动者**。但是，同一个歌女，被剧院老板雇用，老板为了赚钱而让她去唱歌，她就是**生产劳动者**，因为她生产资本。"② 社会主义条件下，我们判断某种劳动是生产性的还是非生产性的，其标准与资本主义条件下的标准有所不同，我们认为，只要是能创造某种使用价值，用来直接满足整个社会和人民物质与文化需要的劳动，就是反映社会主义生产关系本质的生产劳动，而不能直接满足这种需要的劳动就是非生产劳动。也就是说，判断该问题的关键在于考察这种劳动是否改变了客观世界、是否对客观世界的发展产生了积极的作用，即要看这种劳动是否产生了有利于社会进步的价值（包括经济的、政治的和文化的价值）。

马克思告诉我们，资本主义条件下的工人劳动服务于资本增殖的目的，劳动者成为一种生产要素，变成可以买卖的商品，他们所进行的劳动违背人作为人的本质要求，对工人的身心健康造成严重摧残，因此这种劳动是一种异化的劳动。此阶段的劳动文化受到资本力量的压制和束缚，生存和发展空间被限制，难以在社会上占据优势地位。而与其对立的资本文化依靠雄厚的物质技术支持具有压倒性的传播优势，所以它能够渗透于社会的角角落落。资本文化的疯狂发展，扩大了资本的影响力，进一步压制了劳动文化的发展，这也导致劳动者的精神力量处于萎缩状态。

只有在社会主义历史阶段，压迫性劳动和劳动异化的条件被排除、劳动回归其人的本质要求时，自由劳动才会实现，体现劳动者精神和利益诉求的劳动文化才能大量产生和发展。正如恩格斯所讲的："当社会成为全部生产资料的主人，可以在社会范围内有计划地利用这些生产资料的时候，

---

① 习近平. 在庆祝"五一"国际劳动节暨表彰全国劳模和先进工作者大会上的讲话[N]. 人民日报, 2015 - 04 - 29 (002).
② 中共中央马恩列斯著作编译局, 编译. 马克思恩格斯文集:第8卷[M]. 北京:人民出版社, 2009:406.

社会就消灭了迄今为止的人自己的生产资料对人的奴役……生产劳动给每一个人提供全面发展和表现自己的全部能力即体能和智能的机会,这样,生产劳动就不再是奴役人的手段,而成了解放人的手段,因此,生产劳动就从一种负担变成一种快乐。"① 根据产生一定文化的社会历史条件,笔者认为可以对劳动文化这一概念作这样的定义,即它是一种产生于社会化大生产时代、代表着劳动者的经济利益和政治利益诉求,体现该社会群体的时代精神的、以一定的生产方式及社会意识形式(如文学艺术形象)表现出来的先进文化。它是"文化的劳动化或向劳动的回归,是一种伸张劳动的价值和地位、伸张劳动者的尊严和权利的文化,是一种弘扬劳动者的经济政治主体、精神文化主体和社会历史主体地位的历史观和价值观"②。与劳动文化相对立而存在的另一种性质的文化类型,是鼓吹浪费合理和炫耀性消费的消费主义文化,这种文化体现资本的利益诉求,贬低劳动的价值,事实上是一种资本文化。

(二)劳动文化的价值特征

文化的核心是价值观,劳动文化内在地包含以下价值理想和原则。

其一,平等主义。追求民主和平等是广大劳动者天然的诉求,这种诉求体现在其意识形态架构中。所以劳动文化包含以下原则:按劳分配和共同富裕的阶级平等原则;反对剥削的原则;劳动解放和全人类解放的原则;等等。其二,理想主义。工人阶级是一个具有远大理想和抱负的新兴阶级,他们在自己的先锋队组织教导下形成了阶级意识,为了自身的解放和全人类的解放而奋斗成为其远大的志向,其劳动行为体现出超越现实、超越物质主义和追求未来美好生活的高尚价值观,"愚公移山、改造山河"的红旗渠精神就是这种文化的写照。其三,劳动至上。劳动文化内在地包含劳动主义意识形态,该意识形态反对资本逻辑,将崇尚劳动、劳动者的利益高于一切、全心全意为劳动者服务作为根本原则和信仰,也可以理解为以劳动者为本、以劳动者的利益为出发点和立足点。其四,集体主义。集体主义原则要求工人阶级首先考虑本阶级的整体利益和根本利益,从长远的、全局的、战略的角度考察个人与集体的关系。舍小我追求大我是广大工人阶级的传统,他们明白团结起来力量大的道理,这也是多年来国际工人运动留下的重要政治智慧。

(三)与劳动文化相关的几个概念辨析

劳动文化与劳模文化、职工文化、企业文化、工匠精神及劳动精神等概念所包含的内容有部分重合之处,但是从整体上看,它们是具有不同含义的概念。第一,劳模文化。在当代中国语境下,劳动模范成为劳动文化的人格载体,劳动模范身上具有的种种精神特质如开拓创新、勇于拼搏、爱岗敬业、无私奉献意识体现了劳动文化的价值意蕴。因此,劳模文化在一定程度上成为劳动文化的重要组成部分和表现形式。但是这两个概念是有区别的,因为劳动文化相对于劳模文化是一个更大的范畴,其构成主体不仅有劳动模范,还包括其他劳动者,其内容和表现形式也更加丰富多样。第二,职工文化。在现实生活中,职工文化也在一定程度上成为劳动文化的一项重要内容和表现形式。职工文化是在各种企业或者事业单位工会组织主导下的,以各种团队建设活动、集体文娱活

---

① 中共中央马恩列斯著作编译局,编译. 马克思恩格斯文集:第9卷[M]. 北京:人民出版社,2009:310-311.
② 北京市总工会,编. 劳动文化研究[M]. 北京:北京出版社,2013:20.

动、日常社交活动为载体的多种形式的文化活动的总称，能够起到联系职工间的感情、增强协作精神、满足职工特定的文化需求等作用。这种文化是广大职工自己作为舞台主角来表现自己，所以能够反映其喜怒哀乐及其他思想感情，但是在市场经济条件下，这种文化活动的开展往往由商业化文化公司来组织，所以其功利色彩很明显。第三，企业文化。企业文化就是公司文化，其本质是一种管理文化，它所秉持的价值观或者精神体现企业管理者的思想理念，如提倡团队意识、效率意识、奋斗精神等，目的是激发企业员工的干劲，使他们遵守管理者定下的各种规章制度，从而为企业增加利润，所以企业文化的真正主体并不是工人群众，而是企业管理者。第四，工匠精神。工匠精神的本义是在工作中要做到一丝不苟和精益求精，高度重视产品的质量问题，它一方面体现出工人的敬业精神，另一方面也体现出他人（尤其是企业管理者）对产品生产者的高度期望，因此这种精神可以归入公司文化或者管理文化的范畴，也可以作为劳动文化的一个组成部分。第五，劳动精神从属于劳动文化，它是体现劳动文化思想内核的东西，如劳动光荣、劳动伟大、尊重劳动、尊重创造等观念和原则。这种精神也是一种与社会主义原则相一致的先进文化精神，是对劳动群众追求和践行的高尚行为规范的高度概括。

二、当前劳动文化建设面临的主要困难及其原因

当前，作为中国特色社会主义文化建设的重要组成部分和文化强国的重要内容，劳动文化亟须发展，劳动精神需要在全社会培养，这是时代给我们的一项紧迫性课题。完成这项课题的有利因素在于，新时代下党中央高度关注先进文化的发展，出台了一系列相应的规章制度，这为我们振兴劳动文化提供了极为重要的政策环境和巨大机遇。不利因素在于，中国已经全面融入经济全球化进程中，文化发展所处的内外环境极为复杂，有许多新旧矛盾在阻碍着先进文化的发展。

具体而言，繁荣发展新时代劳动文化所面临的主要困难表现在以下三个方面。第一，劳动者的物质利益尚未得到有效保障。劳动文化的生成和发展有赖于劳动者经济地位的提升。若劳动至上的原则得不到充分认同，劳动者的经济政治地位不高，劳动的价值被低估，劳动者的利益得不到有效保护，则体现其利益诉求的文化和意识形态就没有物质根基。现实生活中，产业工人在一些地方甚至沦为所谓的"弱势群体"；八小时工作制在众多私营企业被搁置，"九九六"工作制（早上九点上班，晚上九点下班，周六加班的工作模式）则大行其道；低工资现象大量存在；严重拖欠农民工群体工资的事情屡屡发生；等等，这些因素都在阻碍劳动文化的发展。第二，异质文化与包括劳动文化在内的社会主义先进文化抢夺发展空间，阻碍了后者的传播。当前，国内各种非主流文化，如封建保守主义文化、西方堕落文化、资本文化、宗教文化以及江湖流氓文化等都在中国社会抢占领地，加剧了全社会范围的思想秩序紊乱，严重影响了民众顺利接受劳动光荣和劳动伟大等先进的社会意识。实际上，由于以上各种非主流文化的不良影响，体力劳动被一些人歧视、无私奉献者被嘲笑等情况还大量存在于社会上。第三，劳动文化的各种载体（如文艺作品）遭遇"市场选择"这样的自发性力量的限制。各种文化艺术产品如电影、电视剧、曲艺节目等歌颂劳动者的题材从数量到质量都不尽如人意，这导致整个劳动者群体的声音发不出来或者发出来却因为声音偏小导致社会听不到他们的声音。

通过分析，我们发现当前劳动文化建设之所以遭遇以上诸多障碍和困难的挑战，其中有思想文化、经济和社会政治等几个方面的原因。

（一）思想文化原因

这里的思想原因，主要是指西方经济学思潮渗透我国教育和文化系统造成的不良后果。西方经济学一段时间以来被一些人炒作为"主流经济学"，并且被神圣化。它包含着大量资产阶级意识形态说教，混淆了马克思主义政治经济学与资产阶级经济学之间的区别，导致劳动价值论等经典马克思主义学说被边缘化。该思潮在众多经济学书刊、各个大学讲坛、网络空间等平台传播，严重误导了各阶层人民甚至部分党政干部，使许多人产生了轻视劳动、崇拜资本的错误价值取向。

这里的文化原因，除封建主义文化中歧视生产劳动的思想作祟，西方堕落文化、宗教迷信及流氓文化干扰之外，主要是指人们被消费主义意识俘虏所带来的文化冲击。与劳动文化不振的局面相反，消费文化或消费主义文化在中国社会俨然成为一种时尚生活方式。这种文化渗透性强、冲击力大，它引起的社会心理变化已经成为压制劳动文化发展的一股暗流。消费主义本质上是一种资本文化，它适应了资本利用意识操纵谋取剩余价值这一隐蔽的战略需要，反映了资产阶级的意识形态和生活方式。在消费主义泛滥的社会大气候下，人们眼中的英雄形象不再是勤劳勇敢的劳动者，而是"有品位的"消费者，是那些穿着时尚、开豪车、大把大把花钱的人。劳动和劳动者既然已经失去光环，劳动文化自然也被视为一种奇怪的、过时的东西而遭到众人的轻视，甚至无视。

（二）经济原因

文化作为一种观念上层建筑，其生成离不开一定的经济和政治土壤。历史唯物主义告诉我们，一个社会的生产方式、经济体制、经济运行状况等是造成一个社会某种文化思潮和文化生态的基本原因。正如马克思和恩格斯曾讲的，"人们的观念、观点和概念，一句话，人们的意识，随着人们的生活条件、人们的社会关系、人们的社会存在的改变而改变，这难道需要经过深思才能了解吗？"① 因此，当前中国劳动文化面临的问题，归根结底与中国人经济生活领域发生的变迁有关。

1. 劳动关系紧张化

"劳动关系是最基本的社会关系之一"②，它从属于生产关系，是生产过程中劳动者与资本方、劳动者与用人单位之间结成的雇佣与被雇佣和管理与被管理的关系，是决定一定社会文化结构的基本因素。改革开放以来我国企业的劳动关系总体比较和谐，但是由于近年来大量企业私有化改制导致公有制主体地位削弱，同时西方现代企业制度（公司制）输入并被大规模推广，不少企业特别是私营企业还在采用港台封建家族制管理模式进行管理，这导致许多地方的劳动关系（劳资关系）趋于紧张化，劳资矛盾激化导致的社会冲突屡屡发生。西方公司制管理模式号称"科学管理"，但其本质是一种官僚主义体制（科层体制），泰罗制和福特制是最典型的两种模式，它机械地将工人固化为生产线上的一颗螺丝钉，以最大限度地榨取工人的剩余价值作为最优业绩标准，所以实行这种

---

① 中共中央马恩列斯著作编译局，编译. 马克思恩格斯文集：第 2 卷［M］. 北京：人民出版社，2009：50 - 51.
② 习近平. 在庆祝"五一"国际劳动节暨表彰全国劳模和先进工作者大会上的讲话［N］. 人民日报，2015 - 04 - 29（002）.

管理模式的工厂往往就是"血汗工厂",劳动者在这样的工厂里劳动,必然得不到健康的身心发展。正如人本主义哲学家弗洛姆所说,"我们的经济体系,从它运用科学技术方面来看,是越来越合理化了;但它所产生的社会效用越来越不合理了。经济危机、失业和战争支配着人们的命运"①。美国著名左翼经济学家哈里·布雷弗曼则认为,当代资本主义劳动关系的特点是技术分工更加精细、劳动纪律更加严格、管理更加琐碎化,然而工人的自由更少了,这是资本主义统治的更高级形式。②港台管理模式带有封建人身依附性质,管理人员作风粗暴,经常不考虑工人的合理诉求,甚至侵犯工人的合法权益,其压迫性是不言而喻的。在以上管理模式下进行生产的工人缺乏自主性和创造性,劳动强度高而工资待遇低,内心压力很大,他们没有时间进行娱乐和学习,也没有足够的收入进行高层次的精神生活,久而久之,他们的精神就会萎靡,丧失工作和生活的兴趣。有些不甘心接受资方严厉管理手段的年轻工人就以辞职、罢工、暴力讨薪甚至自杀等极端行为进行对抗。这种紧张的劳动关系会产生辐射效应,它会给整个社会带来不良的影响,阻碍积极的社会意识形式出现。由此可知,当社会上数量众多的非公有制企业劳动者处于血汗工资制度和不和谐劳资关系支配的语境下,"劳动最光荣、劳动最崇高、劳动最伟大、劳动最美丽"的劳动价值观必然被湮没,劳动文化的生成和发展就会举步维艰。

2. 资本逻辑渗透文化生产领域

文化生产又称精神生产,是人类社会生产的一个重要方面,它承担着为人类构建精神家园的重大责任。与一般物质经济的运行方式不同,文化生产与文化消费有其独特的规律,如在评价生产和消费效果上不能量化和定量分析、文化产品常常不能在短时期内看到实际效果、产品的社会效益须高于经济效益等。一旦人们将物质经济的运行模式照搬到文化生产领域,就会造成一种社会价值观扭曲、思想秩序混乱的局面。在市场经济条件下,资本成为经济体系中最重要的一个要素,资本逻辑也压倒一切地成为一股隐形的巨大社会力量,左右着社会系统中一系列问题的发展趋势。资本逻辑就是资本永不停歇地追逐利润最大化、持续地进行资本积累,它不仅是市场经济的内在规律,也是资本的最高行事准则。在极端市场化条件下,资本的触角伸向一切领域,包括文化生产领域。当文化生产领域被资本渗透,资本逻辑必然会发挥其作用,这就引起诸多违反精神文化生产规律的事情。例如,文化产品生产者和经营者会趋向于漠视道德价值、抛弃社会责任,导致一些文艺作品的质量下降、红色文化产品遭遇市场"瓶颈"等。有些宣传革命历史传统、讴歌劳动者精神的红色影视剧和红色文艺作品被电影院线、电视台或者其他媒体部门弃之如敝屣,其原因就是所谓的产品缺乏市场前景、难以带来可观的商业利润等,电影《时传祥》《雷锋》和《古田军号》等红色影片在影院遇冷的情况就是如此。此外,由于受到市场力量的胁迫和生存压力不断加大,不少本来为劳动者发声的作家和艺术家也纷纷被收编为市场的"奴仆",他们要么转行,要么停止为劳动者发声。换言之,劳动文化产品的生产者群体因为资本逻辑发挥作用而趋于萎缩。

(三) 社会政治原因

从一定意义上,广大党政干部、文艺工作者和知识分子群体是陈述当代"中国劳动故事"的关

---

① 陈学明,等. 痛苦中的安乐——马尔库塞、弗洛姆论消费主义[M]. 昆明:云南人民出版社,1998:163.
② [加]本·阿格尔. 西方马克思主义概论[M]. 慎之,等,译. 北京:中国人民大学出版社,1991:454-455.

键角色,这部分人掌握着优势的文化话语权,他们对劳动的态度是尊重还是鄙视会极大地影响劳动文化建设的工作。也就是说,如果这些重要社会阶层亲近劳动者并热爱劳动,那么他们可能成为劳动文化发展的支持者和传播者;否则他们可能因为轻视或者反对劳动的态度而成为劳动文化发展的阻碍者,以致再好的劳动故事也不能传播出来。毛泽东同志特别强调干部和知识分子要参加劳动锻炼、要接近工农、要与这些基层劳动群众打成一片,并指出这是培育不同社会阶层的共同价值观的有效路径。他说道,"我们的国家工作人员、文学家、艺术家、教员和科学研究人员,都应该尽可能地利用各种机会去接近工人农民。……如果我们的知识分子读了一些马克思主义的书,又在同工农群众的接近中,在自己的工作实践中有所了解,那么,我们大家就有了共同的语言,不仅有爱国主义方面的共同语言、社会主义制度方面的共同语言,而且还可以有共产主义世界观方面的共同语言"①。但是一段时间以来,由于种种原因,如缺乏一定的管理机制加以约束和引导,以上这些拥有文化话语权的人员越来越疏于参加生产劳动,也鲜有机会与劳动群众建立密切联系,这使他们越来越不熟悉广大劳动群众的生活,缺乏与后者的共同语言,甚至有的人还产生了鄙视劳动、不尊重劳动者、可以任意欺压劳动群众的错误观念,如此情况所带来的社会影响必然是十分消极的。现实生活中,我们发现一些掌握话语权的社会阶层对劳动文化建设这一事业缺乏足够的知识和热情,造成这一课题处于"空转"状态,即党中央十分重视而各个层次的相关行政管理部门与文化理论工作者不能跟上节拍或者处于无动于衷的状态。这就要求我们深刻反思振兴劳动文化的战略设计问题。

三、振兴劳动文化的对策和建议

(一)增强文化生产领域的政府主导性,抵制否定劳动价值论的错误经济学思潮和消费主义,营造健康的思想文化氛围

我国文化建设的基本方针是大力发展和繁荣公益性文化事业和经营性文化产业,前者更加强调政府主导,后者则更加强调市场主导。但是事实上,文化生产领域的产业化和市场化思路与社会主义先进文化建设的出发点存在矛盾,即我们很难在文化建设过程中做到将社会效益与经济效益统一起来。文化建设与经济建设的规律有所不同,让市场发挥决定性作用必然带来诸多负面影响。因此,必须在文化发展问题上摒弃市场主义思维,增加文化建设的政府主导和社会效益考量。这是新时代发展劳动文化及其他先进文化的不二法门。其一,由于以追逐利润为基本导向的市场力量并没有动力去从事劳动文化的构建工作,因此政府应该对精神文化产品的生产和消费加大干预力度,在人、财、物等方面大力支持,以便形成劳动文化建设的直接推动力。其二,鼓励和支持反映劳动者生产和生活的文化产品(如影视剧、小说、曲艺等)的生产和消费,引导全社会亲近劳动,把更多目光投向劳动群众,倾听他们的声音,了解他们的思想感情。其三,抵制西方经济学思潮和消费主义文化。只有从思想层面认识否定劳动价值论的西方经济学思潮和消费主义的危害并抵制其影响,使人们认识到劳动创造价值的道理和劳动成果来之不易、浪费可耻、节约光荣的理念,才会形成对

---

① 毛泽东. 毛泽东文集:第7卷[M]. 北京:人民出版社,1999:272-273.

劳动者友善的、良好的社会环境，才有利于使劳动文化及其价值主张得以伸张。

（二）维护公有制经济的主体地位，缓和劳动关系，保护劳动者权益，创造条件使劳动者实现知识化

经济决定政治，经济也决定文化。劳动者话语权的大小取决于其与生产资料的占有关系，而公有制是保障劳动者话语权的物质基础。有了劳动者话语权，劳动者的利益得以伸张，劳动文化的繁荣发展才具备前提条件。因此，首先，我们要毫不动摇地巩固和发展公有制的主体地位，使广大劳动者在生产资料所有制方面享有平等权，这样才能在分配领域实现以按劳分配为主体的原则和落实劳动至上的价值目标。在实际工作中我们要坚决反对种种削弱公有制经济主体地位的思想和行为，落实好习近平总书记关于公有制经济要继续做强做优做大的指示精神。其次，必须走加强劳动者保护立法落地和节制资本的道路。《中华人民共和国宪法》《中华人民共和国劳动法》及《中华人民共和国工会法》等法律中保护劳动者利益和规制资本行为的条令还有待于加强落地实践。针对劳动者的利益保障问题，习近平总书记曾做出指示："要坚持社会公平正义，排除阻碍劳动者参与发展、分享发展成果的障碍，努力让劳动者实现体面劳动、全面发展。"[①] 在这里，"体面劳动、全面发展"是劳动者权益的重要体现。对于公有制企业，要加强党的领导，认真落实党的有关方针政策。对于非公有制企业，要加强管理和引导，制止资本无序扩张，切实地保护广大劳动者群体的利益。这就要求有关执法部门加强劳动执法，对肆意拖欠和压低工人工资、过度剥削及强制性劳动等资方违法问题说不。同时，政府也要鼓励和引导非公有制企业遵纪守法、改善工作环境、提高工人福利，主动缓和劳资关系。在体制机制上，我们要厉行改革，使宪法中有关维护公有制主体地位的条文更加具体化和具有可操作性，采取措施加强和完善各级各类企事业单位的工会组织建设，努力使工会真正成为劳动者的联合组织和利益守护神。最后，要创造条件使广大劳动者成为有文化的人，即落实毛泽东同志提倡的"劳动人民要知识化"这一原则。劳动者有了文化知识，精神世界发展了，他们就会自己创造出丰富多彩的劳动文化形式。因此，笔者建议各级党委、政府常态化地组织有资质的文化教育人员包括民间志愿者深入工矿企业和农村，为后者提供他们所需要的科学技术知识、法律知识、哲学和理论知识等，使他们得到有效的思想理论教育。政府要通过制定一定的政策法规推动城乡各个企业、集体经济组织、社区等设立（或者恢复）常设文化教育机构（如夜校、职业大学、俱乐部等），为自己单位的工人、居民提供文化服务。

（三）大力倡导和推动各级党政干部、知识分子尤其是广大学生、文艺工作者等群体进行生产劳动实践

实践是认识的来源，实践也是认识得以发展的动力。劳动文化作为一种体现特定时代劳动者的社会意识，其产生的根源是劳动人民的社会实践，特别是他们进行生产劳动的实践。因此，要发展和繁荣新时代的劳动文化，就必须使劳动实践进入更多人的视野，成为其日常生活中的一部分。正如前文所讲，党政干部和公务员、广大知识分子、文艺工作者等社会群体承担着劳动文化生产与管理的重任，有更多的文化话语权。因此，要大力倡导和推动以上群体经常性地参加生产劳动实践、

---

① 习近平. 在同全国劳动模范代表座谈时的讲话[N]. 人民日报,2013-04-29(002).

接近和了解劳动群众的生产和生活，即实现这些重要社会阶层的"劳动化"。这些重要社会群体的劳动化必然为新时代劳动文化的繁荣发展带来强大的助力。这是一个重要的战略和策略设计。2020年3月，中共中央和国务院出台《关于全面加强新时代大中小学劳动教育的意见》这一重要文件，它提升了全社会对劳动教育问题的重视，从政策层面提升了劳动的价值和地位，有利于推动广大学生接近生产劳动实践，培育其劳动精神。各级政府和相关管理部门应该切实创造条件让更多的脑力劳动者尤其是广大学生学习一定的劳动知识和技能，参加力所能及的各种体力劳动，如参与工作和学习场所的日常环境美化活动、做家务、社区劳动、工矿企业生产体验、农田劳动等。唯有如此，劳动伟大、劳动光荣的价值观才能在我们下一代人的头脑中产生并扎根，劳动文化才能犹如一股活水般长流不息地生成和发展。而劳动文化的发展反过来有利于形成我们进行劳动教育的适宜的社会环境，推动整个社会走向尊重劳动、热爱劳动、勇于创新的健康轨道。

参考文献：

［1］刘永佶．经济文化论［M］．北京：中国经济出版社，1998．

［2］何炼成，何林．社会主义劳动和劳动价值论新探［M］．北京：社会科学文献出版社，2010．

［3］余斌．45个十分钟读懂《资本论》［M］．北京：东方出版社，2011．

［4］张有奎．资本逻辑与虚无主义［M］．北京：中国社会科学出版社，2017．

［5］田鹏颖，姜耀东．劳模文化哲学论纲［M］．北京：社会科学文献出版社，2018．

［6］刘明华．《共产党宣言》对工人阶级精神发展的逻辑阐释［J］．世界马克思主义研究，2021（2）．

马克思视域资本"由来去往"的辩证论析

陈广亮　魏淑萍*

【内容提要】 在马克思的资本学说框架中，资本是附着于一定社会关系下不竭追逐剩余价值的经济形式，它既具有特定的内容规定，也具有严格的形式规定。古老形式资本、现代资本是资本形态历史演变的两大阶段。现代资本是人类实现自由全面发展的基础中介元素，社会主义需要运用它激发生产力、改进社会关系。当资本本身成为它进一步发展的最大阻碍时，退出历史舞台就是它的必然宿命。资本的出现是世界范围历史性的现象，因此，将它彻底消除也必须依靠全世界力量的协同配合。

【关键词】 马克思　资本　"由来去往"　辩证论析

一、研究背景

资本是现代社会运演的基础动力，也是社会主义市场经济的重要生产要素。学界在对其高度关注、频繁使用的同时，对它的误读和滥用更是十分普遍——譬如在对资本关系性内涵解读上，迄今仍存在将其指称为资本主义社会生产关系的现象，窄化马克思政治经济学经典文本对资本概念的辩证界定①，在资本退场认识上，国内存在忽视或无视资本与资本主义区别、把资本主义界限当作资本界限的现象②。论述资本形成、发展和消亡时，总是自觉不自觉地把它等同于资本主义的形成、发展和消亡。新时代，在社会主义市场经济条件下规范和引导资本发展"既是一个重大经济问题也

---

* 陈广亮，男，北京科技大学马克思主义学院副教授、硕士生导师，主要从事马克思资本理论及其当代发展研究；魏淑萍，女，北京科技大学硕士研究生，主要从事马克思主义资本理论研究。

① 在改革开放已逾40年、党和国家已创造性地、成功地进行公有资本实践的新时代，在2021年年末中共中央经济工作会议已明确提出社会主义市场经济中必然会存在各种形态的资本思想，在理论界已有意识地区分对私有资本逻辑的迷信和对公有资本逻辑的误解时，国内仍有不少学者机械、狭隘地把资本认之为资本主义的生产关系，即从资本形态上，把它横向上矮化为只有私人资本的形态、纵向上只存在现代资本一种形态，不能不说是一种遗憾。

② 张珣，吕立志. 马克思资本概念的国内论争：焦点、省思与展望[J]. 理论导刊，2021(11)。

是一个重大政治问题，既是一个重大实践问题也是一个重大理论问题"①。"历史地、发展地、辩证地认识和把握"② 资本及其作用就是科学破解这一问题的突破口。立足马克思的资本分析框架，历史地、辩证地剖析马克思对资本由来去往的科学论断，有助于党和国家有力驳斥"中国特色资本主义"或"国家资本主义"等错误论调，更好地认识资本现实运演并引导资本助力全面建设社会主义现代化国家和实现中华民族伟大复兴。

二、资本是突然出现在现代社会的吗？

（一）资本的"本来面貌"

资本既是与现代社会发展密切相关的经济元素，也是马克思终其一生不懈钻研的对象。随着资本话语在社会上的广泛传播、流行，对资本的误解、滥用也成为一种较为普遍的现象，譬如不少人仍常把资本视为资本主义的同义语，依据是马克思在《雇佣劳动与资本》中提出，"资本也是一种社会生产关系。这是资产阶级的生产关系，是资产阶级社会的生产关系"③。未注意它主要是马克思在给德意志工人协会演说时就资本主义的资本而言的，且这时马克思尚未实现对资本全面的、系统的认识，未注意到在《资本论》中，他已把资本当作了"一定的、社会的、属于一定历史社会形态的生产关系"，并未再狭隘地把其与资本主义等同起来。马克思强调资本表现为谋求价值增殖的生产要素或者说经济运行，不单纯是物质的和生产出来的生产资料的总和。"资本是已经转化为资本的生产资料，这种生产资料本身不是资本，就像金或银本身不是货币一样。"④ 资本以生产要素形式追求价值增殖的经济运行过程表现为下述两种形式：最初以商人资本或高利贷资本形式呈现。

从整体来看，在马克思的资本阐释框架中，它本质上是一种以物为中介的人和人之间的社会关系，是兼具内容规定和形式规定的矛盾统一体。从内容上而言，马克思强调资本表现为谋求价值增殖的生产要素或经济形式，不单纯是物质的和生产出来的生产资料的总和。"资本是已经转化为资本的生产资料，这种生产资料本身不是资本，就像金或银本身不是货币一样。"⑤ 资本以生产要素形式追求价值增殖的经济运行过程表现为下述两种形式，最初以商人资本或高利贷资本形式呈现，它们都是凭借对社会交换环节或流通环节的支配，主要从外围凭借中介的角色剥削已有的生产方式，并不自行组织生产。后来当这种追求价值增殖的经济运行实现对生产与流通的统一支配时，资本就开始凭借生产旨在为了交换的经济运行谋求价值增殖。资本在这一阶段之所以能够实现价值增殖，在于实现了劳动力的商品化。商品化的劳动力劳动能够被区分为必要劳动和剩余劳动，进而可以结晶必要价值和剩余价值。这就是马克思所说的资本的生产过程、劳动过程，"又在资本内部表现为在资本的物质内部进行的过程、构成资本内容的过程"⑥。因为后一类资本赢取增殖的方式，

---

① 依法规范和引导我国资本健康发展 发挥资本作为重要生产要素的积极作用[N]. 人民日报,2022-05-01(001).
② 依法规范和引导我国资本健康发展 发挥资本作为重要生产要素的积极作用[N]. 人民日报,2022-05-01(001).
③ 中共中央马恩列斯著作编译局,编译. 马克思恩格斯文集：第1卷[M]. 北京：人民出版社,2009：724.
④ 中共中央马恩列斯著作编译局,编译. 马克思恩格斯文集：第7卷[M]. 北京：人民出版社,2009：922.
⑤ 中共中央马恩列斯著作编译局,编译. 马克思恩格斯文集：第7卷[M]. 北京：人民出版社,2009：922.
⑥ 中共中央马恩列斯著作编译局,编译. 马克思恩格斯全集：第30卷[M]. 北京：人民出版社,1995：263.

实际上就是把前一种形式上尚未介入的生产环节给吸收了进来，是实现了资本的生产与流通统一的形式。如果把前一种价值增殖的资本形式称为"古老形式"，后一种就是资本的"现代形式"。

从形式上而言，马克思界定资本既是一种驻足于流通领域、倚剥削实现价值增殖的社会关系，更是在流通与生产辩证统一上凭异化或自我分立谋求增殖的社会关系。一方面，资本是驻足于流通领域、倚剥削实现价值增殖的社会关系，这主要是就"古老形式"资本而言。这种形式的资本主要存在于流通领域，扮演的是各共同体间的产品交换的中介角色，"靠对两个生产国家进行剥削"①，"从外部同这种生产方式发生关系"②。另一方面，资本是在流通与生产辩证统一上凭异化或自我分立谋求增殖的社会关系。这主要是就"现代形式"资本而言，这时资本已经取得劳动条件所有权（占有权）、使用权的生产关系。资本能够凭借对生产与流通的支配赢取价值增殖，或者表现为在劳动客观条件与劳动者被动分离中由劳动的客观条件雇佣并占有劳动者剩余劳动创造的剩余价值；或者表现为劳动客观条件与劳动者主动分离中由作为劳动客观条件的一方雇佣并占有作为劳动者一方剩余劳动创造的剩余价值，这是劳动者或劳动者阶级"自己分裂为两重身份，结果就是他作为资本家来使用他自己这个工人"③。就拥有劳动客观条件的工人阶级而言，"工人作为联合体是他们自己的资本家，也就是说，他们利用生产资料来使他们自己的劳动增殖"④。

（二）资本的"现代形式"

在对现代资本起源的认识上，直接把资本认知为商品生产与货币交换不断发展致劳动力渐变成一种商品的必然结果，仿佛现代资本对应的天然表现形式就是资本家凭借对雇佣工人剥削赢取价值增殖的形态。

其实，现代资本并不是天上掉下来的，而是从古老形式资本⑤发展而来的。判断一个经济运动是否属于资本运动，根本点不在于是否存在剥削，也不在于是否是生产性的，而在于是否能够实现价值增殖。在古代世界广泛存在的商人资本和高利贷资本，之所以被马克思称为资本的"古老形式"，在性质上属于资本，根本点就在于它们能够符合价值增殖的资本内容规定。其中，作为资本古老形式之一的商人资本是"靠在商业和一般经济不发达的各共同体间的产品交换中起中介作用，靠对两个生产国家进行剥削"⑥ 实现价值增殖；高利贷资本则是靠"第一是对那些大肆挥霍的显贵……第二是对那些自己拥有劳动条件的小生产者放的高利贷"⑦ 赢取价值增殖的。古老形式资本之所以能够在古代存在，是因为生产力发展使社会出现了三大分工，出现了商业和货币，为商业资本和高利贷资本支配社会流通环节提供了条件。因为古老形式资本是古代世界社会流通的中介润滑

---

① 中共中央马恩列斯著作编译局，编译．马克思恩格斯文集：第7卷[M]．北京：人民出版社，2009：366．
② 中共中央马恩列斯著作编译局，编译．马克思恩格斯文集：第7卷[M]．北京：人民出版社，2009：689．
③ 中共中央马恩列斯著作编译局，编译．马克思恩格斯文集：第8卷[M]．北京：人民出版社，2009：414．
④ 中共中央马恩列斯著作编译局，编译．马克思恩格斯文集：第7卷[M]．北京：人民出版社，2009：499．
⑤ 所谓古老形式资本，在马克思看来，主要是指凭借在前资本主义社会的流通领域的中介作用，靠剥削已有的生产方式实现自身增殖目的——因不同于资本发展的现代形式（靠剥削雇佣劳动力的生产实现增殖，或自由劳动者凭借自身的二重分化，一重资本身份雇用另一重工人身份增殖），故而马克思把现代资本之前的资本称为古老形式资本，参见中共中央马恩列斯著作编译局．马克思恩格斯文集：第3卷[M]．北京：人民出版社，2009：688；或作者相关文章：陈广亮．马思资本学说的建构过程、逻辑理路和当代审视[J]．政治经济学研究，2022(2)．
⑥ 中共中央马恩列斯著作编译局，编译．马克思恩格斯文集：第7卷[M]．北京：人民出版社，2009：366．
⑦ 中共中央马恩列斯著作编译局，编译．马克思恩格斯文集：第7卷[M]．北京：人民出版社，2009：672．

剂——虽然是"生活在生产的缝隙中,就像伊壁鸠鲁的神生活在世界的空隙中一样"①——它在使追求"满足"为标志的古代生产力不断萎缩的同时,也为自己从支配社会的流通环节向支配流通与生产的统一培植了条件。当资本达到对社会流通与生产的统一支配时,它就由古老形式转向了现代形式。阉割了资本的古老形式,形而上地认知马克思视域下的资本,就会把资本错解为天上掉下来的。

同时,资本的现代形式也并非只有资本家剥削工人赢取价值增殖一种形式。现代形式资本的根本特质在于通过支配生产和流通实现价值增殖,是否通过剥削赢取并非资本的必要构件。资本主义社会的资本家凭借对生产资料的占有,雇佣工人进行商品生产,剥削工人在剩余劳动时间内创造的剩余价值以实现价值增殖,是现代资本赢得价值增殖的一种典型样式,但并非唯一样式。这是因为,现代资本作为一个矛盾,其对象化即二重化演绎,既可以表现为劳动的客观条件与劳动者被动分离的形式,资本主义社会资本家剥削工人赢取价值增殖的形式就属于这种类型;也可以表现为拥有劳动客观条件的劳动者阶级主动通过自身身份的分化,即一重身份担当资本,另一重身份担当劳动者,由作为资本身份的一方雇佣作为劳动者身份的一方。在前面阐述资本的形式规定时已经提到,马克思明确指出,拥有生产资料的工人阶级可以按照资本方式运营,他们作为资本运营的联合体就是工人资本家。忽视现代资本与资本的"他者"多元可能,机械地把现代资本的主体一元化、资本主义化,就容易把马克思对资本多元主体的论断狭隘化。

三、资本"现代形式"之于现代社会的意义

(一)资本"现代形式"与现代社会的耦合

在资本何以会在现代社会出现甚至支配后者的生产认识上,人们仅看到资本有助于生产力发展、提升人的主体性等个别性作用,并未把马克思系统、宏观论断资本伟大文明作用揭示出来,甚至还把资本在场的暂时必然性和资本主义的文明作用混同起来。

在马克思的资本分析框架中,人类社会的发展基本遵循以下逻辑:首先是受人的依赖关系的社会形式引领,譬如因生产力低下必须采取集体劳动的原始社会成员是被"锁"在原始共同体中的,奴隶社会奴隶是作为会说话的工具附属于奴隶主的,封建社会农民或农奴对地主具有一定程度的依附。其次是处于以物的依赖为基础的社会形式支配下,然后才进入自由全面发展其个性的第三阶段。资本何以会出场,第一个方面在于,它是使人类社会从受人的依赖阶段走向受物的依赖阶段的必然形式。受人的依赖性支配发展阶段,无论是原始社会,还是奴隶社会、封建社会,本质上都是建立在自然血缘关系或统治从属关系上,从人类活动的空间角度而言,"人的生产能力只是在狭小的范围内和孤立的地点上发展着"②。从人类活动的时间角度而言,日出而作日落而息,整体上受自然时间的支配。最主要的是,这一阶段还归属于寻求既定满足和一切闭锁形式的发展阶段。"古

---

① 中共中央马恩列斯著作编译局,编译. 马克思恩格斯文集:第7卷[M]. 北京:人民出版社,2009:677.
② 中共中央马恩列斯著作编译局,编译. 马克思恩格斯全集:第30卷[M]. 北京:人民出版社,1995:107.

代世界是从狭隘的观点来看的满足。"① 人要实现从受制于自然到自由全面地支配自然和社会自身，不是靠别的什么元素，恰在于资本。以追求价值增殖为根本内容的资本从其在古代世界出现和充当其社会流通环节的中介润滑剂那一刻开始，它的逐步成长、发展的历程，就是使寻求既定满足和一切闭锁形式的古代世界生产力逐步走向萎缩的过程。因而，当资本由古代世界流通环节的中介角色发展为对流通与生产的统一支配时，对人的依赖阶段就转向了对物的依赖阶段。第二个方面在于，资本是支配现代世界发展的"普照的光"。物的依赖阶段的社会就是马克思论断的现代社会。这一阶段社会发展的目标图景是，实现社会成员对自然界和社会联系本身的普遍占有。如何才能达到这一目标呢？必须使整个社会的发展建立在资本生产基础上。资本的生产，会促使这一阶段的社会成员或被动或主动地把他们自己的社会关系作为对象同他们自己相对立，于是，所有个人对生存、发展资料的赢取、使用都必须通过商品交换、货币交换和参加资本支配下的劳动的形式才能实现。只有经过"这种生产才在产生出个人同自己和同别人相异化的普遍性的同时，也产生出个人关系和个人能力的普遍性和全面性"②。简言之，正是由于对人类社会发展的以上宏观把握和资本作用论断，马克思才精准地把脉了资本在场的暂时必然性。

（二）资本"现代形式"同社会主义的结合

在资本何以能够被社会主义引入和运用上，有人从资本具有促进生产力发展的作用方面提出，社会主义若要解放和发展生产力，就必然需要引入资本。但这类观点又认为，虽然商品经济是不可逾越的历史阶段，社会主义也需要一定数量的私有经济存在。但只要社会主义存在资本，那么，所有的资本经济就都是一种存在剥削的经济形式！很明显，这是一种对中国特色社会主义运用资本情况的简单化认识和理解。

从党的十三大提出我国还处于社会主义初级阶段的论断到党的十九大明确新时代的中国还处于发展中国家的定位，坚持我国是在生产力落后、商品经济不发达条件下建设的社会主义，需要上百年时间进行社会主义现代化建设，一直都是全党共识和国家意志。马克思指出，在现代社会条件下，"劳动生产力的任何提高——我们撇开它为资本家增加使用价值这一点不谈——都是资本的生产力的提高，而且，从现在的观点来看，这种提高只有就它是资本的生产力来说，才是劳动的生产力"③。中国要实现百年来确定的民族复兴中国梦、达成"两个一百年"奋斗目标，充分使社会主义的生产力不断得到解放和发展，离不开对资本的驾驭式运用和活力激发。因而，对资本的引入和运用，是处于社会主义初级阶段的中国实现发展的必然选择。

但是，社会主义中国运用资本是否等于所有的资本经济都是私有经济和剥削经济呢？答案是否定的！不能因社会主义引入了资本和允许资本经济发展，就轻率地断言社会主义的资本经济就是私有经济；不能因为社会主义创造性发展资本经济，就说一切资本经济都存在剥削！对于社会主义何以能够运用资本和发展资本经济，我们从前面马克思对资本的唯物辩证阐释中就可以知道，资本作为一个矛盾，其现实的展开，既可以采取劳动的客观条件与劳动者被动分离的形式，也可以由拥有生产资料的劳动者主动通过自身身份的二重分化，由作为资本的一方雇佣作为工人的一方。"工人

---

① 中共中央马恩列斯著作编译局，编译. 马克思恩格斯全集：第30卷[M]. 北京：人民出版社，1995：480.
② 中共中央马恩列斯著作编译局，编译. 马克思恩格斯全集：第30卷[M]. 北京：人民出版社，1995：112.
③ 中共中央马恩列斯著作编译局，编译. 马克思恩格斯全集：第30卷[M]. 北京：人民出版社，1995：305.

作为联合体是他们自己的资本家，也就是说，他们利用生产资料来使他们自己的劳动增殖。"① 因而在居于社会主义经济主体地位、采用了资本运营的广大公有制经济中，譬如国有资本企业和集体资本企业中，因为生产资料是分别被工人阶级的国家全民所有、被归属同一集体所有，他们创造的剩余价值在根本意义上并不存在剥削。"公有资本还是资本，是能自行增殖的价值……但它与私有资本不同，不再表现为阶级剥削关系，而是表现为劳动者集体意志对个人的支配，表现为公有资本所有者迫使劳动者个人为社会无偿提供剩余劳动的经济关系。"② 只有在社会主义市场经济中居于从属地位、按照资本运营的非公有制经济中，才存在一定的剥削行为。不过因为社会主义在本质上是解放、发展生产力，以期逐步消灭剥削和最终达到共同富裕，社会主义初级阶段运用非公有资本经济以激发生产活力，不仅同时强调了对它的社会主义法治、政治、思想导引，也指明了它的未来方向。其与资本主义的私有资本运营也存在明显的不同。因而，对于社会主义创造性引入资本和运用资本的行为，不能做简单论断、轻率表达。

四、资本"现代形式"必然被扬弃③的根本缘由

在资本何以必然被扬弃认识上，有人把资本内在不可摆脱的痼疾当作生产社会化与生产资料的资本主义私有制之间的矛盾。正是资本主义存在的这种根本性矛盾，促使了资本退场成为时代课题。这里，显然把资本退场的根本原因同资本主义不可摆脱的内在痼疾勾连了起来，但资本退场的历史必然性与资本主义必然被扬弃并非一回事。如果仅根据资本主义的结构性矛盾和冲突，直接推论资本必然退场，就显而易见地犯了以偏概全的错误。

在马克思的资本分析框架中，资本存在的必然性源于它是劳动的人类社会从受制于自然到实现与其共生共赢蜕变的重要形式。"如果抛掉狭隘的资产阶级形式，那么，财富不就是普遍交换中产生的个人的需要、才能、享用、生产力等等的普遍性吗？财富不就是人对自然力——既是通常所谓的'自然'力，又是人本身的自然力——的统治的充分发展吗？财富不就是人的创造天赋的绝对发挥吗？"④ 不过，由于成熟形式资本的价值增殖依托于对作为商品的劳动力的购买、运用，它实际上就是以劳动为中介的发展形式。"有些人证明说，归于资本的一切生产力是劳动生产力的倒置、换位，这些人恰恰忘记了，资本本身在本质上就是这种倒置、这种换位，而雇佣劳动本身以资本为前提，因而从劳动方面来看，它也是这种变体。"⑤ 既然资本牵引的价值增殖，不是建立在被动地进行雇佣劳动生产的基础上，就是建立在需要拥有生产资料的劳动者主动通过身份的二重分化进行雇佣劳动生产的基础上。资本的雇佣劳动性就始终受着生产和价值增殖之间矛盾的限制。这就是说，资本的生产力并不是和人类社会发展相始终的绝对形式。

---

① 中共中央马恩列斯著作编译局,编译. 马克思恩格斯文集:第7卷[M]. 北京:人民出版社,2009:499.
② 荣兆梓. 生产力、公有资本与中国特色社会主义[J]. 经济研究,2017(4):9.
③ 所谓资本被扬弃,是说资本作为一种历史中产生的经济形式,它的消亡必然是一个主客观双向作用的历史结果,而非任何单方面的主观人为结果,即只有在人们发现资本的二重效应并充分利用它释放其历史能量中,才能逐步消灭它。
④ 中共中央马恩列斯著作编译局,编译. 马克思恩格斯全集:第30卷[M]. 北京:人民出版社,1995:479-480.
⑤ 中共中央马恩列斯著作编译局,编译. 马克思恩格斯全集:第30卷[M]. 北京:人民出版社,1995:268.

资本在促进现代社会发展时，也具有自身无法克服的界限：一则活劳动能力的交换价值是资本实现引领生产力的一个界限。活劳动能力的交换价值是工人在必要劳动时间创造的价值。尽管资本去支配生产的目的是获得更大的价值增殖，并且会尽可能地把必要劳动创造的价值压榨到最低，但它却不能彻底取消给活劳动能力交换价值的支付，否则劳动力就将不复存在。二则对剩余价值的追逐是资本实现引领生产力的另一个界限。剩余价值的生产是凭借雇佣劳动的。资本对剩余价值的不竭追逐和尽可能赢取，意味着创造剩余价值的劳动者的必要劳动价值会被尽可能压低。由于劳动者同时是商品市场上资本产品的消费者，劳动者必要劳动价值的无限趋小化，必然将制约剩余价值在商品市场上的实现。资本产品无法在市场上实现，资本循环会被中断。资本循环中断则将无法实现对社会扩大再生产的持续推动。三则对货币的依赖是资本实现引领生产力的再一个界限。货币的本质是一般等价物。资本对货币的依赖，意味着资本对剩余价值的完整获取必须要把资本驱使劳动力生产的产品转化为一般等价物的形式。如果资本无法把生产的剩余价值转化为货币或一般等价物，资本追逐的不竭再循环同样会被中断，进而无法再继续引领生产力的发展。四则使用价值生产受交换价值限制。资本经济本质上是一种商品经济，同样要进行使用价值和价值的生产。尽管使用价值是价值的物质承担者，但由于资本关心的是价值而非使用价值，只有能更多地获得剩余价值才是其生产的唯一目的，不能更好地带来剩余价值的生产，即使具有使用价值，也不会吸引其进行生产。交换价值的生产导向与人的需要之间的不一致发展到人类社会真正开始全面围绕人的需要进行生产时，资本就从引领生产力蜕变为阻碍生产力的根本因素。正是因为资本具有无法克服的界限，资本的存在本质上就只是一种暂时的必然性，一旦资本发展接近其界限，资本退场就将到来了。

尽管资本退场是一种历史的必然，但资本退场与资本主义被扬弃不是一回事。一方面，在马克思那里，资本是附着于一定社会关系下不竭追逐剩余价值的经济形式，是"历史地形成的社会生产过程的因素之一"[①]；资本主义则是以资本为运转轴心的社会发展道路。"资本是资本主义这辆高速行进中的列车的动力装置，资本主义是包括动力装置在内的整辆列车的全部。"[②] 作为社会运行经济形式的资本和作为社会发展道路的资本主义并不等同。另一方面，资本主义被炸毁的根源在于生产社会化与生产资料的资本主义私人占有之间的矛盾。资本主义基本矛盾导控的资本主义可能会在资本达到其历史界限时才被炸毁，也可能在资本尚未达到其历史界限时就被炸毁——因为存在这种可能，马克思才强调，资本主义被炸毁后建立的新社会形式可能还需要进行"原则和实践在这里已不再互相矛盾"的资本生产。既然二者的被扬弃并不是必然地一致，便不能直接把资本主义危机和冲突引致的资本主义被扬弃简单地说成是资本的被扬弃。

此外，人们未能全面辩证地看待资本对中国经济社会发展的利弊。一则中国允准资本参与激发社会主义生产力发展的实践自其起始，并不存在"纯粹依靠资本拼出来的GDP"发展阶段。1993年，党的十四届三中全会通过的《中共中央关于建立社会主义市场经济体制若干问题的决定》中，第一次引入了资本范畴，同时明确健全社会主义的宏观调控体系。党的十五大创造性地提出发展公有资本，并注重社会主义的法治疏导。党的十六届三中全会允许非公有资本进入法律法规未禁止的基础设施、公用事业等领域，同时，更突出对政府职能的转变和完善的改革。党的十八届三中全会

---

① 中共中央马恩列斯著作编译局,编译. 马克思恩格斯文集:第7卷[M]. 北京:人民出版社,2009:922.
② 邵腾. 资本的历史极限与社会主义[M]. 上海:上海大学出版社,2005:37.

更是把全面激发资本活力放置在了党的全面领导下，也就是说，中国特色社会主义整体上不存在单纯凭资本的发展，而是始终在探索如何更好实现按劳分配和按生产要素分配的结合。二则是否可因社会主义驾驭资本实践存在问题，就断言现时资本必须退场？答案是否定的。因为资本是利弊同时存在的。判断当代中国要摒弃资本还是继续驾驭式运用资本，关键要通盘考察当代中国驾驭资本的实践对社会整体上是弊大于利还是利大于弊。新时代的中国仍处在奋力实现社会主义现代化征程中，是仍需要充分发挥资本动力的时期，故不能因只注意资本的负面效应就轻言资本退场。忽视社会发展的正反两面性以及究竟正反两面何者为主导，片面地根据资本局限性就断言资本退场，既不符合现实实践，也不符合历史唯物主义的辩证法。

五、历史唯物主义分析框架中资本趋向"未来"理路

在如何使资本历史地退场上，突出中国特色社会主义对资本的驾驭既要在发展和限制之间做好平衡，也要在产权、分配等制度上做好安排，更要坚定共产主义必将消灭资本、私有制的信念，这非常重要！但这还不够——资本是一种世界范围的历史性现象，把探讨如何实现资本退场仅放在地域性的中国上，既无法相对科学地阐明资本如何世界性地退场，也与马克思主义倡议的世界性扬弃资本理念不相符合。

资本是一种早在资本主义之前就已产生的经济形式。它由其古老形式向现代形式嬗变的过程，既是自身由处于古代社会的缝隙中走向成为现代世界"普照的光"的过程，也是世界各大洲和地区由彼此孤立、隔绝状态走向彼此日益密切联系、频繁交往状态的过程。"过去那种地方的和民族的自给自足和闭关自守状态，被各民族的各方面的互相往来和各方面的互相依赖所代替了。物质的生产是如此，精神的生产也是如此。"① 既然资本是一种世界历史性现象，如果仅从中国或社会主义视角阐述资本退场的路径选择，不仅充分暴露了对如何扬弃资本的狭隘理解，而且无法从更广阔的世界和历史视域中对中国或社会主义怎样现实地展开扬弃资本给予科学的、针对性的指引。目前学界的研究状态是：一则有学者对"发展"资本与限制资本的平衡认识，仅是对中国特色社会主义如何导控资本的一般认识。如果是在中国特色社会主义进行驾驭资本探索的初期，这确实是应该关注的焦点。但在中国特色社会主义探索驾驭资本实践已经迈过30余年的时期，探究的焦点已深入到如何推进对公有资本和非公有资本相向而行的活力激发，对如何通过党和国家机构的整体性深层次改革创建和完善驾驭资本的现代化治理能力和治理体系上时，却并未论及。二则推动中国特色社会主义落实扬弃资本的实践，确实要坚持共产主义必将消灭资本和私有制的理念，但关键是如何在具体的中国特色社会主义驾驭资本的现实实践中创造性地贯彻这一理念。最终消灭资本是要使新时代的实践走上资本运用日渐缩小的轨道，还是要允许资本继续存在甚至可能会扩大存在；如果中国特色社会主义指向的现代化，必须拓展对资本的运用，需要从哪些层面拓展对资本的运用；如何在拓展对资本的运用时，制度性、规范性地对资本进行法治驾驭，并未论及。三则未更精准地把脉到新中国成立以来，社会主义中国对如何世界性地对待资本的摸索，已经走过了"和世界"（and the

---

① 中共中央马恩列斯著作编译局,编译. 马克思恩格斯文集:第2卷[M]. 北京:人民出版社,2009:35.

world)时期基本摒弃资本的认知,"在世界"(in the world)时期创造性探索驾驭资本的认识,现在已处于"与世界"(with the world)阶段着力内外联动中共同驾驭资本的发展,仅从产权、分配等层面阐述中国特色社会主义对资本退场的扬弃,并未正确把脉到新时代中国特色社会主义驾驭资本中扬弃资本的根本点。

既然从根本上做到对作为世界性现象存在的资本的扬弃,需要世界性的共同行动,那么,怎样展开这种世界性扬弃资本的实践呢?实际上,早在与恩格斯合著《德意志意识形态》以及《共产党宣言》时,马克思就深刻认识到,资本驱动的现代大工业"首次开创了世界历史……它把自然形成的性质一概灭掉(只要在劳动的范围内有可能做到这一点),它还把所有自然形成的关系变成货币的关系"①。在资本世界化中诞生的无产阶级如果想根本地扬弃资本,就必须世界性地推进对资本的扬弃,或者至少是世界上占统治地位的各民族的同时行动。"联合的行动,至少是各文明国家的联合的行动,是无产阶级获得解放的首要条件之一。"② 从马克思到列宁再到毛泽东,由于时代的主题主要是战争与革命,在这样的时代背景下思考无产阶级如何扬弃资本的课题,马克思主义经典作家相当程度地赞同成立统一的无产阶级国际组织,由其帮助、指导世界各国筹建无产阶级政党,再由各国无产阶级政党组织和锻炼所在国的无产阶级,最后通过世界性无产阶级对资本主义革命的方式,逐步实现对资本的扬弃。"共产主义革命就是同传统的所有制关系实行最彻底的决裂;毫不奇怪,它在自己的发展进程中要同传统的观念实行最彻底的决裂。"③

20世纪后半期以来,随着第三次科技革命兴起使资本积累方式由主要依靠暴力——血和剑方式,向主要凭借科技进步嬗变,以及这一时期纷纷赢得民族独立的广大发展中国家对和平、发展的追求,美苏冷战的结束等,时代主题已经逐步由战争与革命转向和平与发展。因为时代主题的转换,无产阶级推动世界性扬弃资本的理念也相应地进行了战略性的调整:邓小平同志在科学剖析时代主题转换上,明确了无产阶级领导的社会主义必须积极引入资本和创造性驾驭资本,以助力社会主义生产力的极大解放和发展,根据"一球两制"将长期存在的态势和社会主义目前劣势的现状,做出世界性扬弃资本需要在社会主义和资本主义的和平共处、竞争发展中实现的论断。江泽民同志和胡锦涛同志在坚持邓小平世界性扬弃资本新论断的基础上,既注意坚定社会主义共产主义必将扬弃资本和取代资本主义的科学信念,更通过国内对驾驭资本的深化实践、国际上与资本主义的竞争博弈,稳固了社会主义与资本主义在竞合中共驾共消资本的实践。习近平总书记根据当前世界所处的百年未有之大变局境况,集大成地把邓小平建构,江泽民、胡锦涛发展的社会主义与资本主义"两制"共驾共消资本的世界性理念明确为共商共建共享人类命运共同体倡议,高扬全球发展倡议,提出共建全球发展命运共同体,不仅内在地契合了世界求发展求共赢的时代主旨,也最大限度地调动和顺应了世界性驾驭资本、扬弃资本的力量,极大地推进了和平扬弃资本的现实道路。

资本是人类社会在特定历史时期进行经济生产的暂时必然形式,它的存在(即使在马克思的《资本论》里)并非只有现代形式一种形态,而是历时性地存在"史前资本""现代私有资本""现代公有资本"等形态,这些历时性产生的不同资本形态,可能会在特定的社会形态以一种形态呈现,也可能会以两种或三种甚至更多种形态存在。资本本身固有的追求历史普遍性与制造限制的痼

---

① 中共中央马恩列斯著作编译局,编译.马克思恩格斯文集:第1卷[M].北京:人民出版社,2009:566.
② 中共中央马恩列斯著作编译局,编译.马克思恩格斯文集:第2卷[M].北京:人民出版社,2009:50.
③ 中共中央马恩列斯著作编译局,编译.马克思恩格斯文集:第2卷[M].北京:人民出版社,2009:52.

疾，由此决定了一旦人们发现彻底消灭它的根本路径在于充分运用中瓦解，并且全世界的人们能够协同起来共商共治它，资本历史性消亡的时刻也就会加速到来。中国倡议的共商共建共享、人类命运共同体在百年未有之大变局时期创造性地建构了一条联合全世界各方力量共商共治资本的新路。

参考文献：

[1] 程恩富，段学慧.《资本论》中关于共产主义经济形态的思想阐释（上）[J]. 经济纵横，2017（4）.

[2] 程恩富，段学慧.《资本论》中关于共产主义经济形态的思想阐释（下）[J]. 经济纵横，2017（5）.

[3] 张雄. 政治经济学批判：追求经济的"政治和哲学实现"[J]. 中国社会科学，2015（1）.

[4] 鲁品越. 鲜活的资本论[M]. 上海：上海人民出版社，2016.

[5] 荣兆梓. 生产力、公有资本与中国特色社会主义[J]. 经济研究，2017（4）.

新时代深化文明交流互鉴的学理阐释

——兼论文明冲突论的谬误

刘新伟[*]

> 【内容提要】新时代文明交流互鉴观主张尊重世界文明的多样性,平等对待其他文明,主张以文明交流超越文明隔阂,以文明互鉴超越文明冲突,以文明共存超越文明优越。新时代文明交流互鉴观坚持了马克思主义世界历史理论,弘扬了中华优秀传统文化中的"和合"文化,回应了世界文明发展中的重大现实问题,有力回击了文明冲突论。文明冲突论持文明决定论立场,夸大了文明因素在国际冲突中的作用,未能准确揭示国际冲突的实质。文明冲突论持文明优越论立场,认为西方文明优于其他文明,对西方文明以外的其他文明持有偏见,不能平等看待其他文明。新时代文明交流互鉴观有原则高度地超越了文明冲突论,为世界文明发展提供了中国方案。我国必须坚持新时代文明交流互鉴观,摒弃文明冲突论。
>
> 【关键词】新时代文明交流互鉴观 文明冲突论 文明优越论 文化自信

党的十八大以来,习近平总书记在国际国内多个重要场合,就文明交流互鉴做出一系列重要论述,回应了国际社会中关于世界文明发展的错误观点,回答了新时代中国坚持什么样的文明观,形成新时代文明交流互鉴观。本文将全面阐发新时代文明交流互鉴观的核心要义、生成逻辑及其对文明冲突论的批判和超越。

一、新时代文明交流互鉴观的核心要义

新时代文明交流互鉴观深刻地回答了为什么要尊重世界文明的多样性,为什么要平等对待不同文明,为什么要开展文明交流互鉴,怎样践行文明交流互鉴。这一文明交流互鉴观内容丰富、内涵深刻,必须完整、准确理解其核心要义。

---

[*] 刘新伟,男,南华大学马克思主义学院讲师,主要从事马克思主义文化理论与文化软实力研究。基金项目:本文系湖南省社会科学成果评审委员会课题"习近平总书记关于协同推进两个伟大革命重要论述研究"(项目编号:XSP21YBC118)的阶段性研究成果。

(一) 世界文明是多种多样的，要承认和尊重世界文明的多样性

习近平总书记指出："文明是多彩的，人类文明因多样才有交流互鉴的价值。"① 当今世界，影响范围比较大的文明系统有中华文明、基督教文明、伊斯兰文明、佛教文明等。这些世界主要文明的影响范围大致是从该文明的发源地向四周扩散和传播的。世界上之所以有多种多样的文明系统，主要是因为不同地区人们的生产生活方式、历史传统、宗教信仰、地理环境等因素，即社会存在的不同所致，承认了这一点，在文明的多样性问题上也就坚持了历史唯物主义的观点。世界各地形成了不同的文明系统，即使是同一文明系统，也往往形成各具特色的地域文化。例如，在中华文明圈内，就有齐鲁文化、燕赵文化、河洛文化、湖湘文化、吴越文化等类型；在基督教文明系统内部又有天主教、新教、东正教等文明类型。世界因差异而丰富多彩，文明因差异和多样可以互学互鉴。世界文明的多样性是客观存在的，我们要承认世界文明多样性的客观事实，尊重差异，尊重世界文明的多样性。妄图取代其他文明甚至消灭其他文明的做法，是对人类文明多样性的粗暴破坏，是文化霸权的蛮横做法，必须坚决反对文化霸凌主义，坚决维护世界文明多样性。

(二) 不同的文明之间是平等的，要平等对待其他文明

习近平总书记指出，"各种人类文明在价值上是平等的，都各有千秋，也各有不足"②，"认为自己的人种和文明高人一等，执意改造甚至取代其他文明，在认识上是愚蠢的，在做法上是灾难性的"③。文明的确有先进与落后之分，但没有高等与低等之别。由于发展基础、发展阶段、发展水平等原因，不同国家和地区的文明，就其发展程度而言，的确有先进和落后之分，但切不可把文明的先进或落后归结为种族的高等或低等，切不可把文明的先进或落后等同于文明的高等或劣等。自视自身文明或种族高人一等，认为其他文明是劣等文明、其他种族是劣等种族，这是典型的文明优越论和种族优越论立场，这一立场在道义上和理论上都是站不住脚的。文明发展的先进或落后不是一成不变的，当今物质文明和精神文明高度发达的西方曾经长期处于中世纪黑暗统治之下，当今一些落后地区也曾经创造出灿烂辉煌的文明。先进的文明也会衰落，落后文明也是可以迎头赶上，甚至后来居上、实现跨越式发展的。生活在文明发展程度相对落后地区的人们切不可妄自菲薄，相反地，要更加虚心学习先进文明。在现实中，有些国家和地区，其文明发展的落后是有原因的。当年西方殖民者的侵略和压榨，是当前众多欠发达国家和地区文明发展落后的重要原因，切不可把文明的落后归结为种族的低等，把文明的先进归为种族的高等。当今部分狭隘的西方人士不仅不应当自视自身文明和种族优越，反而要认识到当今西方之所以有较高的文明程度，与其当年对亚非拉人民的殖民掠夺和殖民统治是密不可分的，与其较早完成资本原始积累、率先实现工业化和现代化密不可分，而不是因为他们文明的优越或种族的优等。西方文明优越论者，他们不仅不应当鄙视当今文明发展相对落后的地区，反而有义务帮助文明落后地区的发展。

---

① 习近平. 文明交流互鉴是推动人类文明进步和世界和平发展的重要动力[J]. 思想政治工作研究, 2019(6):7.
② 习近平. 习近平谈治国理政[M]. 北京:外文出版社, 2014:259.
③ 习近平. 深化文明交流互鉴 共建亚洲命运共同体[N]. 人民日报, 2019-05-16(002).

(三) 文明因开放包容而长存，要吸收学习其他文明的先进成果

习近平总书记指出："文明也是一样，如果长期自我封闭，必将走向衰落。"① 世界上的万事万物是普遍联系的，包括一种文明系统，如果长期与其他文明隔绝，不能适应外界的变化，就会逐步被淘汰，逐步丧失生命力，甚至走向灭亡。文明唯有交流互鉴，方能长久传承。中华文明能够绵延五千年而不绝，一个重要原因就是中华文化有开放包容的基因，能够积极吸收学习其他文明成果，不断为中华文化注入新鲜血液。以佛教的中国化为例，佛教虽发源于南亚，但是佛教传入中国后，数百年来，中国的佛学家在坚守中华文化立场的基础上，不断积极吸收学习佛教文化，用中华文化改造佛教文化，最终在唐代由六祖慧能成功完成了佛教中国化。佛教的传入和佛学的中国化，极大地丰富了中华文化，为中华文化注入了新鲜血液，为中华文化增添了新的活力。同时，一种文明只有在更广阔的空间范围内传播和传承，才更有生命力，才能更好地繁荣兴盛。文明之间的交流互鉴，有利于扩大自身文明的传播范围，有利于增强自身文明的生命力。当今世界三大宗教，其覆盖人口和传播范围远超出了当时的发源地。试想一下，如果基督教仍局限于其发源地，是不可能成为当今世界第一大宗教的，是不可能影响全世界众多人口的。文明的发展如同生物的进化，越是生存空间封闭的物种，进化越缓慢，生命力越脆弱。文明越是封闭，就越经不起与其他文明的碰撞与交汇，也就越脆弱；文明越开放和包容，就越能博采众长，生命力也就越强大。习近平总书记指出，"任何一种文明，不管它产生于哪个国家、哪个民族的社会土壤之中，都是流动的、开放的。这是文明传播和发展的一条重要规律"②。因此，对待其他文明，要持开放包容的心态，要在坚守自身文明的立场之上，不忘本来，积极吸收外来文化，博采众长，坚持为我所用、洋为中用。

(四) 文明交流互鉴是人类发展进步的重要推动力

习近平总书记指出，"人类始终在不同民族、不同文化的相遇相知中向前发展"③。世界各国、各地区之间的发展不是同步的，也不是均衡的。对于落后国家和地区而言，积极学习吸收他国的先进文明成果，是加快自身发展的重要方式。不同文明之间的交流互鉴是推动世界文明发展进步的重要动力。唐朝时期，日本多次派遣唐使和留学生来中国学习先进的中华文明，这些来华的遣唐使和留学生回到日本后直接推动了对日本历史进程有重大影响的大化改新，极大地促进了日本文明的进步。我国的火药、指南针、印刷术这三大发明传到欧洲，对西方近代文明的发展进步起到巨大推动作用，马克思曾对此做出高度评价，"火药、指南针、印刷术——这是预告资产阶级社会到来的三大发明。火药把骑士阶层炸得粉碎，指南针打开了世界市场并建立了殖民地，而印刷术则变成了新教的工具"④。中国先进知识分子学习和接受马克思主义更是近现代以来世界文明交流互鉴的典范。如果没有马克思主义传播到中国，没有中国的先进知识分子对马克思主义的主动学习和接受，或许中国仁人志士的救国之路要更曲折一些。正是因为马克思主义传播到中国，中国才找到了正确的革

---

① 习近平. 深化文明交流互鉴 共建亚洲命运共同体[N]. 人民日报,2019-05-16(002).
② 习近平. 在纪念孔子诞辰2565周年国际学术研讨会暨国际儒学联合会第五届会员大会开幕会上的讲话[N]. 人民日报,2014-09-25(002).
③ 习近平. 习近平向太湖世界文化论坛第五届年会致贺信[N]. 人民日报,2018-10-19(001).
④ 中共中央马恩列斯著作编译局,编译. 马克思恩格斯文集:第8卷[M]. 北京:人民出版社,2009:338.

命指导思想，极大地促进了中国社会的进步。习近平总书记指出，"不同文明、制度、道路的多样性及交流互鉴可以为人类社会进步提供强大动力"①。因此，文明交流互鉴是人类发展进步的重要推动力，拒绝文明交流互鉴就是拒绝发展进步，各国应顺应世界文明发展大势，积极开展文明交流互鉴。

二、新时代文明交流互鉴观的生成逻辑

新时代文明交流互鉴观的生成既是对马克思主义理论的坚持和发展，也是对中华优秀传统文化的创造性转化，同时是对世界文明发展这一时代之问的正面回答。新时代文明交流互鉴观坚持和发展了马克思主义世界历史理论，弘扬和创新发展了中华"和合"文化，顺应了世界文明发展大势，积极回应了世界文明发展的重大现实问题，体现了理论逻辑、历史逻辑和实践逻辑的高度统一。

（一）理论逻辑：坚持和发展了马克思主义世界历史理论

马克思、恩格斯在《德意志意识形态》一书中指出，它（资本主义大工业）首次开创了世界历史，因为它使每个文明国家以及这些国家中每一个人的需要的满足都依赖于整个世界，因为它消灭了各国以往自然形成的闭关自守的状态②。在马克思、恩格斯看来，资本主义之前的人类历史是不足以称为世界历史的，因为整个世界几乎是封闭隔绝状态的，世界各地区几乎是孤立地存在的；只有进入资本主义社会后，人类才真正进入世界历史，整个世界才真正成为一个密切联系的整体。马克思、恩格斯进一步指出，"各民族的原始封闭状态由于日益完善的生产方式、交往以及因交往而自然形成的不同民族之间的分工消灭得越是彻底，历史也就越是成为世界历史"③。在马克思、恩格斯等经典作家看来，随着生产力的发展，随着各地区之间交往的扩大，过去封闭的状态已经不可能，世界各地由过去封闭隔绝状态逐渐成为一个相互联系的整体，各地区的物质产品和精神产品（文明成果）已经成为全世界的公共产品。交往越是扩大，历史越是成为世界历史，因此各国应该顺应这种趋势，积极与其他文明交流互鉴。后来，马克思、恩格斯在《共产党宣言》中再次表达了类似的观点，"各民族的精神产品成了公共的财产。民族的片面性和局限性日益成为不可能，于是由许多种民族的和地方的文学形成了一种世界的文学"④。可以看出，新时代文明交流互鉴观的基本主张与马克思主义世界历史理论的基本观点是高度一致的，而且，新时代文明交流互鉴观还可以用于处理国与国之间的关系，可以作为一种国际关系理论，在这一点上发展了马克思主义世界历史理论。

（二）历史逻辑：创新发展了中华优秀传统文化中的"和合"文化

"和合"文化是中华优秀传统文化中的重要内容。历史上，中华优秀传统文化形成了求大同、

---

① 习近平．坚持可持续发展 共建亚太命运共同体[N]．人民日报，2021-11-12(002)．
② 中共中央马恩列斯著作编译局，编译．马克思恩格斯文集：第1卷[M]．北京：人民出版社，2009：566．
③ 中共中央马恩列斯著作编译局，编译．马克思恩格斯文集：第1卷[M]．北京：人民出版社，2009：540-541．
④ 中共中央马恩列斯著作编译局，编译．马克思恩格斯选集：第1卷[M]．北京：人民出版社，2012：404．

尚和合、天下一家的理念；中华优秀传统文化主张"和为贵""和而不同"，主张"各美其美，美人之美，美美与共，天下大同"①，主张"他山之石，可以攻玉"；中华文化崇尚"王道"，反对"霸道"，主张"得道多助，失道寡助""己所不欲，勿施于人"，主张和平、止战，主张"国虽大，好战必亡"，主张"夫兵久而国利者未之有也"；等等。中华文化中没有侵略扩张、称王称霸的基因，没有取代包括西方文明在内的任何其他文明的兴趣和冲动。中华文化具有极强的包容性，中华民族具有海纳百川的广阔胸襟，中华"和合"文化滋养下的中华民族是践行文明交流互鉴的典范。历史上，玄奘西行取经，鉴真东渡传佛法，近代以来我国积极学习西方先进科学技术和思想文化、学习和接受马克思主义，都是中华民族开展文明交流互鉴的佳话。新时代文明交流互鉴观吸收了中华优秀传统文化中的"和合"文化，主张用文明交流互鉴超越文明冲突和隔阂，创新和发展了"和合"文化。

（三）实践逻辑：主动回应世界文明发展的重大现实问题

任何重大理论体系的创立都是在回应时代之问，都是对那个时代重大课题的解答，新时代文明交流互鉴观的形成和创立也不例外。当今世界处于百年未有之大变局，逆全球化思潮和贸易保护主义有所抬头，文明冲突论和文明优越论等错误论调沉渣泛起。在近年来的中美经贸摩擦期间，美国一些政客曾叫嚣，美国与中国之间的经贸摩擦是两个不同文明和不同意识形态之间的冲突。2019年5月，美国国务院政策规划事务主任基伦·斯金纳（Kiron Skinner）甚至公开宣扬"这是与一个完全不同的文明和不同意识形态进行的作战，美国以前从未经历过这样的事"；"中国构成了独特的挑战，因为北京政权不是西方哲学和历史的产物"②。基伦·斯金纳等西方政客的观点并没有什么新意，不过是塞缪尔·亨廷顿早已提出的文明冲突论的翻版。此类现象的出现给世界文明的健康发展带来巨大阻碍，呼唤更有解释力、更有理论高度和道德高度的新的文明观的出现。习近平总书记从全人类共同命运的高度，从构建新型国际关系的大局出发，主张维护世界文明的多样性，主张平等对待各文明，反对文明优越和种族优越，反对文明隔阂和文明冲突，主张文明共生共存和交流互鉴。习近平总书记在回应和回答国际社会关于人类文明发展和走向的重大问题中，形成了文明交流互鉴观，深刻回答了新时代为什么要坚持文明交流互鉴、怎样做到文明交流互鉴，向世界发出了中国声音，为世界文明发展提供了中国方案。

三、新时代文明交流互鉴观对文明冲突论的批判和超越

美国学者塞缪尔·亨廷顿提出的文明冲突论在国际社会中有巨大影响力，对国际关系产生了不可忽视的影响，在一定程度上影响了美国等国家外交政策的制定③。文明冲突论在根本观点、根本立场上与新时代文明交流互鉴观背道而驰，要树立和坚持新时代文明交流互鉴观，必须认清文明冲

---

① 费孝通. 反思·对话·文化自觉[J]. 北京大学学报（哲学社会科学版），1997(3):22.
② 美国国务院研究应对"中美文明冲突"[N]. 参考消息，2019-05-03(016).
③ 陈纳，范丽珠. "文化断层线"的谬误——亨廷顿"文明冲突论"再批判[J]. 文化纵横，2017(2):128.

突论的谬误，必须对文明冲突论进行彻底批判。

（一）文明冲突论的主要观点

冷战结束后，国际交往不再以社会制度和意识形态来划分敌我阵营。在这种时代背景下，美国学者塞缪尔·亨廷顿试图从文明视角解释国际冲突，试图为国际政治提供一种新的解释框架，这是文明冲突论产生的重要时代背景。1996 年，亨廷顿出版著作《文明的冲突与世界秩序的重建》，在该著作中，亨廷顿系统阐述了其文明冲突论的主张，其核心观点概括起来有以下三点。

1. 未来世界最普遍、最重要的冲突是文明的冲突

亨廷顿指出，"全球政治是文明的政治，文明的冲突取代了超级大国的竞争……在这个新的世界里，最普遍的、重要的和危险的冲突不是社会阶级之间、富人和穷人之间，或其他以经济来划分的集团之间的冲突，而是属于不同文化实体的人民之间的冲突"①。"世界秩序要么将建立在文明的基础上，要么将成为空中楼阁。"② 在亨廷顿看来，文明的因素将是国际冲突的决定性因素，相较于冷战期间，未来世界的冲突将不再以社会制度和意识形态来划分敌我阵营，未来的冲突主要来自不同文明的集团和国家之间的冲突。

2. 未来世界的冲突主要发生在文明间的断层地带

亨廷顿认为，"重新划分的政治界线越来越与种族、宗教、文明等文化的界线趋于一致，文化共同体正在取代冷战阵营，文明间的断层线正在成为全球政治冲突的中心界线"③。在亨廷顿看来，不同文明之间的交界地带将是未来世界冲突的主要发生地，不同文明之间的断层线将是全球冲突的界线。亨廷顿认为，冷战后的世界是一个包含了七个或八个主要文明的世界，这几个主要文明分别是中华文明、西方文明、印度文明、日本文明、伊斯兰文明、东正教文明、拉丁美洲文明和可能的非洲文明④。未来的冲突将主要发生在上述七大文明或八大文明之间的断层地带，未来的国际政治将由上述七大文明或八大文明类型中的核心国家主导。

3. 西方文明优于世界其他文明

亨廷顿有着强烈的西方文明优越论的立场，他认为"西方是而且在未来的若干年里仍将是最强大的文明"⑤。在论及西方文明与其他文明的关系时，亨廷顿认为，"在所有的文明之中，唯独西方文明对其他文明产生过重大的，有时是压倒一切的影响"⑥。西方文明进程的重大事件，包括宗教改革、文艺复兴、新航路的开辟、启蒙运动等历史事件都深受中华文明的影响，何以在亨廷顿的笔下就成了只有西方文明对其他文明产生过重大影响？从亨廷顿的论述中可以看出，其西方文明优越论的立场暴露无遗。也正是因为其顽固的西方文明中心主义和西方文明优越论立场，亨廷顿对西方以外的其他文明有严重的偏见，甚至是贬损。亨廷顿对伊斯兰文明有严重的偏见，亨廷顿认为，

---

① ［美］塞缪尔·亨廷顿. 文明的冲突与世界秩序的重建[M]. 周琪，等，译. 北京：新华出版社，2013：6.
② ［美］塞缪尔·亨廷顿. 文明的冲突与世界秩序的重建[M]. 周琪，等，译. 北京：新华出版社，2013：136.
③ ［美］塞缪尔·亨廷顿. 文明的冲突与世界秩序的重建[M]. 周琪，等，译. 北京：新华出版社，2013：105.
④ ［美］塞缪尔·亨廷顿. 文明的冲突与世界秩序的重建[M]. 周琪，等，译. 北京：新华出版社，2013：7.
⑤ ［美］塞缪尔·亨廷顿. 文明的冲突与世界秩序的重建[M]. 周琪，等，译. 北京：新华出版社，2013：7.
⑥ ［美］塞缪尔·亨廷顿. 文明的冲突与世界秩序的重建[M]. 周琪，等，译. 北京：新华出版社，2013：161.

"伊斯兰文明是唯一使西方的存在受到过威胁的文明"①;"伊斯兰文明和西方文明之间的根本冲突在未来将继续决定他们之间的关系"②。对于亨廷顿的西方文明优越论的观点,我们必须旗帜鲜明地进行驳斥和反对。

(二) 新时代文明交流互鉴观对文明冲突论的批判和超越

习近平总书记在论及文明交流互鉴时,在多个场合旗帜鲜明地反对文明冲突论,多次一针见血地指出文明冲突论的谬误。新时代文明交流互鉴观虽非专门为批判文明冲突论而创立,但是文明交流互鉴观在理论建构过程中事实上完成了对文明冲突论的批判和超越。要树立新时代文明交流互鉴观,必须揭露和批判文明冲突论的谬误。

1. 国际冲突归根结底是利益的冲突,而不是文明的冲突

历史上,不同文明类型的国家或地区之间的确发生过冲突,甚至是大规模的战争,但是,归根结底仍然是利益之争,而非文明之争。

国际关系的核心是国家利益,一切的国际交往或国际关系,包括国家间的冲突,都是围绕国家利益而展开的,最根本的诉求都是国家利益的最大化。国际关系中的冲突,不是由不同的文明类型决定的,而是由国家利益决定的。当双方利益无法达成一致时,冲突也就产生了,区别在于冲突的激烈程度有所不同罢了。各种类型的冲突的发生,文明或文化的因素不可避免地要起作用,但任何时候与国家利益相比,都不得不居于次要地位,古代如此,近现代亦如此。第二次世界大战期间,资本主义制度的美、英、法等国家,何以能够与不同社会制度、不同意识形态的苏联携手起来共同抗击德意日法西斯?无他,共同的敌人或共同的利益。第二次世界大战后,美国等国家敌视和遏制苏联,不仅是因为苏联是社会主义国家,更主要是因为苏联的强大有可能损害到美国等国的国家利益。同样的案例还有,美国能够与伊斯兰文明的沙特阿拉伯结为盟国,却频频发动对其他伊斯兰文明国家,如伊拉克、阿富汗、伊朗等国的战争或制裁。无他,亦是国家利益使然。可见,冲突的本质在于利益争端,而非文明,文明至多只是次要因素,而不是居于支配地位的因素。把文明因素归为国际冲突的决定性因素,这是错误的归因。无论是冲突的最激烈形式之战争,还是普通的冲突形式之贸易战、舆论战等;无论是国家之间的冲突,还是个人之间的冲突,归根结底都是利益的冲突。文明冲突论者把文明视为国际冲突的决定因素,其实质是文明决定论③,无非是为自身的霸权行为进行辩护,无非是为自己制造的国际冲突寻找理论依据。文明冲突论充满了霸权逻辑,迎合了西方的强权政治,我们必须认清其本质。

2. 不同的文明可以和谐共生,文明交流互鉴是世界文明发展的主流,文明的碰撞、隔阂、摩擦是支流

文明冲突论的一个重要观点是国际冲突主要发生在文明间的断层地带(交界地带),这一观点在历史上和现实中都已经被证伪。历史上,我国和印度长久以来就是邻国,同样作为东方文明古国,属于不同的文明体系,但是这两个不同文明系统的国家在过去数千年间几乎没有发生大规模军

---

① [美]塞缪尔·亨廷顿. 文明的冲突与世界秩序的重建[M]. 周琪,等,译. 北京:新华出版社,2013:186.
② [美]塞缪尔·亨廷顿. 文明的冲突与世界秩序的重建[M]. 周琪,等,译. 北京:新华出版社,2013:188.
③ 周善和. 对"文明冲突论"的诠释与评价[J]. 哈尔滨市委党校学报,2011(2):18.

事冲突。虽然在20世纪60年代初，我国和印度在边境问题上发生过小规模军事冲突，可是双方从未就边境冲突表示这是文明的冲突，事实上那也不是文明的冲突。在过去的数千年间，我国和印度虽属不同文明类型，却能长久共生共存、互学互鉴。可见，不同文明类型的国家是可以长期和平相处的。如果不同文明类型之间的冲突不可避免，欧美等发达国家为什么还要不遗余力地吸引中华文明、伊斯兰文明、印度文明等国家的人民移民到他们国家？如果不同类型的文明必然会导致冲突，为什么诸多跨国公司还要跨文明系统积极布局全球呢？就人类的发展历史而言，国际冲突中，的确有文明因素的存在，不同文明之间也的确碰撞、隔阂和摩擦，但是，这毕竟不是主流。不同的文明之间和谐相处、互学互鉴、共生共存才是主流，我们必须正视和承认这一点，否则就是歪曲事实。

3. 同一文明系统的国家，也会有冲突，甚至是最激烈的冲突形式之战争

按照亨廷顿文明冲突论的逻辑，冲突将主要发生在不同文明之间的断层地带，而相同文明类型的国家将较少发生冲突。亨廷顿的这一判断是武断和缺少事实根据的。以基督教文明类型的国家为例，在世界近代史上，英国在崛起道路上，与西班牙多次发生战争，而它们同属西方基督教文明。美国在独立过程中，与其宗主国英国也发生过长达数年的战争，它们同样同属西方基督教文明。第一次世界大战中，冲突的激烈程度就更不用说了，而最主要的参战国就是英国、法国、德国、意大利、奥匈帝国、俄罗斯和美国等国，它们同属西方基督教文明系统，都以基督教信仰为主。估计亨廷顿也不会认为第一次世界大战是文明的冲突的结果。同属伊斯兰文明系统的逊尼派和什叶派，它们长期冲突不断。如果按照亨廷顿文明冲突论的逻辑，上述同一文明系统内的冲突又如何解释呢？文明冲突论根本就没有深入冲突的本质，文明冲突论者只看到了有文明因素存在的冲突，夸大了文明因素的作用，还有很多冲突无关文明因素，他们却视而不见！即使他们看到了部分冲突中的文明因素，但是，把文明因素归为冲突的主要原因，这是文明冲突论的又一错误所在。

4. 文明冲突论者，就其底层思维而言是对抗性思维，必须摒弃

文明冲突论的产生有着深刻的思想根源。西方基督教文明有强烈的敌人思维或对抗性思维，在基督教文明看来，基督教以外的其他宗教都是异教，基督徒以外的其他教徒都是异教徒，也就是敌人，文明冲突论受到基督教对抗性思维的显著影响。文明冲突论者，简单地以文明类型划分敌友，是典型的对抗性思维，也即把事实上不对自身生存发展构成威胁的一方看成自己的敌人，认为彼此势不两立，而看不到两者之间的共生共存关系。亨廷顿本人在其著作中，毫不隐讳地认为伊斯兰文明是要加以防范的，是西方文明潜在或现实的威胁①。特别是"9·11"事件在美国发生后，少数狭隘的西方人士认为，打击恐怖主义势力就是西方文明与伊斯兰文明之间的战争。文明冲突论者奉行对抗性思维，这并不是风险意识高，而是为自己设置假想敌，这是极其狭隘的，是对世界文明多样性的否认和不尊重，是现代文明社会不文明的体现，必须摒弃。

欧美等西方国家曾经长期领跑世界，确实创造出了比较先进的物质文明和精神文明，对自身文明有一定的优越感，这是可以理解的，但是，这是极其狭隘和要不得的。世界在变化，欧美国家也在变化，当欧美等发达国家对世界的领跑优势逐渐减弱，甚至在某些方面被赶超，欧美等发达国家

---

① [美]塞缪尔·亨廷顿. 文明的冲突与世界秩序的重建[M]. 周琪,等,译. 北京:新华出版社,2013:186.

的人士必须正视这一事实。没有什么是一成不变的，包括一个国家的实力和地位，包括一种文明的国际影响力。西方有些人士持文明冲突论，也折射出他们担心自身文明被取代的心理，这种心理是错误和要不得的，需要树立文明交流互鉴观来矫正。

四、结语

新时代文明交流互鉴观主张尊重世界文明的多样性，主张平等对待其他文明，主张不同文明之间交流互鉴。这些主张摒弃了对抗性思维，坚持了中华文化"和合"理念，坚持了马克思主义世界历史理论，有力批驳了文明冲突论，在真理和道义高度都超越了文明冲突论，具有重大的理论和现实意义。当下中国主张共商共建共享建设"一带一路"，主张构建人类命运共同体，主张构建新型国际关系和大国关系，这些都是我国践行新时代文明交流互鉴观的生动实例，是在实践上对文明冲突论的坚决回击。文明冲突论本身就是一种错误的解释国际关系的学说，只看到国际冲突中文明因素的存在而忽略了冲突的本质，即国家利益。文明冲突论者自视自身文明优于其他文明，为自己设置假想敌，臆想自身文明受到威胁，这些主张都是极其错误的，是不利于世界文明交往的。在世界处于百年未有之大变局下，我国要积极践行新时代文明交流互鉴观，反对文明冲突论，大力提高我国的文化软实力，扩大中华文化影响力，努力为世界文明发展做出新的更大的贡献！

参考文献：

[1] 高福进，孙冲亚."文明交流互鉴论"的主要意涵及其构建路径［J］.上海交通大学学报（哲学社会科学版），2021（6）.

[2] 王婷.文明交流互鉴的理论逻辑与实践路径［J］.中国石油大学学报（社会科学版），2021（2）.

[3] 张荣军，王健.马克思世界历史理论视域下文明交流互鉴思想探析［J］.贵州社会科学，2020（9）.

[4] 张宏亮，李林泽.文明交流互鉴的历史唯物主义基础［J］.思想政治教育研究，2021（2）.

[5] 马立志.深入把握"人类文明交流互鉴"的四点内涵［J］.理论探索，2021（4）.

国外马克思主义研究

马克思与当今的全球史

[德] 马提亚斯·米德尔[*]

【内容提要】长久以来，马克思被公认为经济学家、哲学家、资本主义分析者，然而他的历史研究却未得到困于民族国家研究范式中的历史学界的认可。当前，新兴的全球史学使马克思的历史研究被重新认识。从马克思所处的时代背景看，马克思全球史研究以19世纪中叶为界形成前后两个不同阶段，其中在第二阶段即"全球条件"形成时期形成了两个值得关注的问题，第二个问题已被全球史学者广泛讨论，但第一个涉及革命的问题尚未被重视。由于我们正处于与马克思相似的百年未有之大变局的时代，加强对马克思的历史研究尤其是关于革命的研究也许对于我们应对当前的全球化挑战有所启迪。

【关键词】马克思 全球史 世界体系

自2018年起，人们对马克思的研究兴趣迅速上升，把他作为经济学家[①]、哲学家[②]、资本主义分析者[③]来研究的文章层出不穷，但是我们不确定这股热情在他诞辰200周年过后能持续多久。历史学家也把马克思奉为历史领域的经典，但是马克思不以民族国家为叙事框架的研究方法使他无法真正被接受为历史学科的一部分。这种局面为20世纪90年代发展起来的全球史所改变。目前看

---

[*] [德]马提亚斯·米德尔，男，德国莱比锡大学全球与欧洲研究学院院长、教授，全球史期刊 Comparativ 主编，主要从事史学史、全球与跨区域史、跨文化迁移史研究。本文首发于 BENJAMIN ZACJAROAH, LUTZ RAPHAEL, and BRIGITTA BERNET ED. What's left of Marxism: historiography and the possibilities of thinking with marian themes and concepts[M]. De Gruyter Oldenbourg,2020:291 – 308. 已授权发表。

① HENRIK MÜLLER. Der kapitalismus geht zugrunde. Was kann uns Karl Marx heute noch sagen? [EB/OL]. [2018 – 04 – 29]. http://www.spiegel.de/wirtschaft/soziales/karl – marxund – das – ende – des – kapitalismus – kolumne – a – 1205335. html.

② VOLKER GERHARDT. Die asche des marxismus: Über das verhältnis von marxismus und philosophie [J]. Marxismus: Versuch einer Bilanz, ed. Volker Gerhardt, Magdeburg. Scriptum, 2001:339 – 376.

③ JÜRGEN NEFFE, KONTROLLVERLUST. Der Mensch ist zum Objekt seiner wichtigsten Schöpfung geworden – des Kapitalismus. Karl Marx war dessen hellsichtigster Analytiker. Selbst unsere digitale Gegenwart lässt sich noch in "seinen Begriffen fassen"[M]. Die ZEIT, 26, 2018:22 – 23.

来，即便在大视角的史学史领域，卡尔·马克思也将永久地占有一席之地。① 一位自称马克思主义者的作者出版了全球史的第一套丛书，同时回顾并表达了对"短暂的20世纪"的不满。艾瑞克·霍布斯鲍姆（Eric Hobsbawm）认为在过去这个短暂的世纪里，苏联几次拯救了西方的自由民主制——其在军事上战胜了希特勒的国防军，并把西方拖入长达几十年的优化社会福利体系的竞争之中。② 由此进入新史学编纂的一个更加开放的领域，通过对几个新兴的世界体系的研究，构成了对全球发展的全新解释。沃勒斯坦（Immanuel Wallerstein）的观点已被广为接受，他认为至少从15世纪起，西方主导世界的根本一直是并且已经固化为系统性全球不平等，而且形成了他称之为中心和外围的世界体系。读沃勒斯坦这套伟大丛书的前两卷时③，我们可以感受到马克思及其《资本论》第二十三章和第二十四章的影响；沃勒斯坦更进一步地以依附理论（发端于20世纪六七十年代）批判地参与到前辈的讨论中。

有趣的是，在世界体系学派中至少两个互相关联的基本问题已经被提了出来：沃勒斯坦的世界体系理论在多大程度上是创新的，又在多大程度上是西方的？尽管安德烈·冈德·弗兰克（André Gunder Frank）和巴里·K. 吉尔斯（Barry K. Gills）都认同沃勒斯坦有关现代世界体系的分析，但他们质疑世界体系的历史究竟是500年还是5000年，这其中很多过程都可以在美索不达米亚时期观察到，所以并不是什么新事物。④ 该论点很有策略性，将欧洲中心主义作为西方知识和政治主导权的强有力的武器。但仅仅几年后，弗兰克转向了经验论证，他在《白银资本：重视经济全球化中的东方》（*ReOrient*）一书里认为，东亚尤其是中国只是相对地、短暂地被西方边缘化了，并且他们能够恢复——正如最近的经济表现所展示的那样。⑤部分讨论延续了此前马克思主义和非马克思主义历史学家间关于从封建主义到资本主义巨大转变的讨论，⑥ 但是这些讨论并未完全跳出马克思在19世纪中叶就已经发现或讨论的问题。

然而，大部分全球史研究发生了转向：从关注社会经济问题转而关注文化模式⑦或地缘政治的

---

① DANIEL WOOLF. Global History of History (Cambridge: CUP, 2011), somehow surrenders to the "complex and prolific" character of the way Marx and Engels wrote history (384). There arelarge subchapters on Marx and Marxism in Weltgeschichte der Historiografie von 1750 bisheute, ed. Georg Iggers, Edward Wang and Supriya Mukherjee (Göttingen: V&R, 2013), 120 – 123, 248 – 252. See also Matthias Middell, "Karl Marx", in Klassiker der Geschichtswissenschaft, ed. Lutz Raphael[J]. Munich: Beck, 2006(1):123 – 141.

② E. J. HOBSBAWM. Age of extremes: The Short Twentieth Century, 1914 – 1991 (London, New York: Michael Joseph, 1994). While the shortness of the past century, opening with World War I andending with the disappearance of the Soviet Union, was at the heart of Hobwsbawm's book, GiovanniArrighi insisted on a much longer perspective of about 700 years to understand the recalibrationbetween capital accumulation and state formation: GiovanniArrighi, The Long Twentieth Century: Money, Power and the Origins of our Times[M]. London: Verso, 1994.

③ IMMANUEL WALLERSTEIN. The Modern World – System I: Capitalist Agriculture and the Origins of theEuropean World – Economy in the Sixteenth Century, New York, London: Academic Press, 1974; Immanuel Wallerstein, The Modern World – System II: Mercantilism and the Consolidation of theEuropean World – Economy, 1600 – 1750[M]. New York et al.: Academic Press, 1980.

④ ANDRÉ GUNDER FRANK, BARRY K. GILLS, eds. The world system: five hundred years or five thousand?, London, New York: Routledge, 1993.

⑤ ANDRÉ GUNDER FRANK. ReOrient: global economy in the asian age, Berkeley: UCP, 1998.

⑥ S. H. RIGBY. Marxism and History: A critical introduction[M]. Manchester, New York: MUP, 1998.

⑦ JERRY H. Bentley, Old world encounters: cross – cultural contacts and exchanges in pre – modernTimes[M]. New York: OUP,1993.

流行。① 这也许与全球史与区域研究相互融合的新趋势有关,② 该趋势受到文化和空间转换的影响。③然而,这并不意味着马克思的观点被完全抛弃了。相反地,当某些人批判马克思分析英国、法国尤其是印度(基于他所处时代的二手资料)资本主义发展是欧洲中心主义时,④原来的问题再次成为全球史研究的焦点:全球不平等问题、资本主义生产方式的特殊动力特征、不同形式的劳动力其相应的反抗形式。

对马克思所提出问题的新的兴趣的主要意义不在于马克思的对与错,或者在历史政治的内部论战中他能否成为有力的盟友。目前他受到关注主要是由于他敏锐的观察力,他观察到在他所处的时代,全球环境正慢慢地形成,相互联系、相互依赖的世界迅速产生。马克思已经能够历史地叙述这一特殊时刻,不是将其作为一个绝对的起始时刻,而是看成从旧有全球化到现代全球化转变过程中的重要一环。

毫无疑问,马克思与当代全球史的多维关系可以从不同的角度切入。全球史叙事中有一个流派公开宣称是马克思主义者。但是,即使在这些马克思主义者之间,对应该引用哪些马克思的著作也存在不同的看法甚至争议。马克思著作的丰富程度足以支撑这些多样的研究,与此同时,在他逝世(1883 年)以后,来自世界各地的社会、政界以及知识分子们在不断地使这些趋势更加多样化。当然,由于政治和观念的原因,一个被所有人都接受的马克思主义是不存在的。大量著作的作者都辩护称他们的版本是正统马克思主义,抨击其他作品的非正统性,到目前为止还没有一个能令人满意的关于这些马克思主义解读的综述。一个令人痛心的事实是:一些无良的知识分子——马克思主义者中的修正主义者利用修辞混淆观点交流与政治决策。在大多数研究中,修正主义总体上似乎是积极的、多产的,这不同于一直以来修正主义在社会主义和共产主义运动中的负面的不忠的政治话语。20 世纪八九十年代兴起的全球史在很多方面都是公开的修正主义:其在一种或某种程度上批判普世主义、欧洲中心主义以及建立在西方基础上的旧的世界史或全球史。⑤ 这种本质上多面性的全新的全球史,到目前为止,避开了争夺正统的主要风险,⑥ 同时使得在更广阔的领域内辨识马克思主义者变得更加困难。因此,全球史的主流应该追随马克思的观点,作为对当代全球条件出现的卓越观察者,其观点已经并将持续地给我们强有力的指引。马克思对资本主义所导致的新型式的全球

---

① PAUL M. KENNEDY. The rise and fall of great powers:economic change and military conflictfrom 1500 to 2000 [M]. Lexington, MA: Knopf Doubleday Publishing Group, 1987.

② DOMINIC SACHSENMAIER. Global perspectives on global history:theories and approaches in a connected world [M]. Cambridge, New York: CUP, 2011.

③ As an overview to the diversity of approaches among global historians, see Sven Beckert, Dominic Sachsenmaier, eds. Global history,globally: Research and practice around the world(London: Bloomsbury Publishing, 2018); Matthias Middell, ed. The practise of global history:european perspectives (London: Bloomsbury Publishing,2019).

④ For an analysis of the recent debate about Marx and the colonial question, see Kolja Lindner. Globale herausforderungen: marxismus und pluralismus im 21. Jahrhundert[M]. in Kommunismusjenseits Des Eurozentrismus, eds. Ulrich Mählert et al. Berlin: Metropol Verlag, 2019:255 – 271.

⑤ PATRICK MANNING. Navigating world history: Historians create a global past (New York:Springer, 2003) based upon a strong link to the area studies as well as to subaltern studiesand postcolonial studies. See for the latter: Dipesh chakrabarty, provincializing europe: postcolonialThought and historical difference (Princeton: PUP,2000).

⑥ For an interesting debate about this feature of recent global history, see the debate between Jürgen Osterhammel and Pierre – Yves Saunier in eds. Marek Tamm, Peter Burke, Debating NewApproaches to History[M]. London, New York: Bloomsbury Publishing,2018:21 – 48.

不平等的分析，以及他对前工业世界向工业世界的缓慢转变的兴趣都对当前的全球史研究产生了回响。这种关联性也能从他对全球意识形态（社会主义和自由主义）的建构中观察到。那句"全世界无产者联合起来"的口号包含着更复杂的社会、文化、政治历史进程，试图超越民族国家主义的方法论的樊篱。然而，经历了漫长的过程后，这句口号才以一种全新的方式成为学者们关注的重心。相应地，从新全球劳动力史的视角提出的问题，比如怎样在各方面都存在差异的劳动者中建立团结、怎样看待无偿劳动者，这些在19世纪及20世纪大部分时间里不被重视的问题，都已被马克思作为典型着重研究过。① 还有一项重要研究涉及马克思已经做了很多贡献的工人阶级的国际主义，研究它是如何被转变成国家社会主义的合法基石的，如斯大林的苏维埃。②

于尔根·奥斯特哈默（Jürgen Osterhammel）提出的"超越狭隘民主国家范畴的历史叙事"，③与马克思在19世纪后期的文稿不谋而合。与一些后殖民主义理论家相同，他们惊讶于马克思分析框架的简单——诸如英国、法国、印度等类似的单元分析框架，这似乎与当今对社会、经济、政治的空间建构的关切并不相容。然而，他们必须认识到马克思也运用浓厚的历史性意识来解构几乎所有事物的空间建构，如德国、西班牙、意大利和俄罗斯，这些国家在他写作的过程中都还处在政权形成过程中，而不是早已形成。作为19世纪欧洲史的主题，从帝国到民族国家的伟大转变比以往所认为的要复杂得多。像大英帝国的名字所昭示的那样，包括法国和美国，他们都是自18世纪末期开始经历民主化、立宪以及民族化等一系列改革，从而形成了辽阔的疆域。但是，需要指出的是，伴随这一过程的是其他区域的殖民化，如美国西部、阿尔及利亚和马格里布地区，以及后来成为法国殖民地的印度尼西亚和菲律宾，成为美国殖民地的波多黎各。同样的尝试也发生在西班牙、葡萄牙和俄罗斯，在那里，国王实行了带有帝国特征的自由改革。④ 这些例子再加上后来19世纪末20世纪初形成的更多的民族化与殖民地化相结合的全新的混合空间形式（我们称其为民族国家帝国⑤），共同说明了大西洋革命的产物不是民族国家。实际上，它是一个由形成于19世纪20世纪之交的社会科学掌控的中央智囊组织，它试图掩盖其主导空间形式的帝国成分，因此把当时国家主义的统治方法推到了台前。⑥

从时间线上看，尽管后来的全球史学家将方法国家主义与马克思联系在一起，但其实它与马克

---

① Marcel VAN DER LINDEN. Workers of the world: essays toward a global labour history [M]. Leiden, Boston: Brill, 2008.

② For a nuanced report on the different faces of red globalization, see James Mark and Tobias Rupprecht, "The socialist world in global history. From absentee to victim to co-producer", in european perspectives on global history, ed. Matthias Middell (London: Bloomsbury, 2019), as well as James Mark, Péter Apor, "Socialism goes global: decolonization and the making of a new culture of internationalism in socialist hungary, 1956–1989", Journal of Modern History, 87 (2015), 852–891; Oscar Sanchez-Sibony, Red Globalization, The Political Economy of the Soviet Cold War from Stalin to Khrushchev (New York: CUP, 2014).

③ JÜRGEN OSTERHAMMEL. Geschichtswissenschaft jenseits des nationalstaats [R]. Studien zu beziehungsgeschichteund Zivilisationsvergleich, Göttingen: V&R, 2001.

④ See, for example, the interesting comparative study by JOSEP M. FRADERA, The Imperial Nation: Citizens and Subjects in the British, French, Spanish, and American Empires, Princeton, Oxford: PUP, 2018.

⑤ MATTHIAS MIDDELL. The category of spatial formats: to what end? [M]//in Re-spatializationsunder the global condition: Towards a typology of spatial formats, eds. Matthias Middell, SteffiMarung. Berlin: de Gruyter, 2019: 15–47.

⑥ JEREMY ADELMAN, ED. Empire and the social sciences. Global histories of knowledge [M]. London, New York: Bloomington, 2019.

思没有太大关联。因为它是1900年以后出现的,那时民族国家已经成为社会研究的主导范畴,并与其他空间形式(区域、城市以及各种国际组织)一起构成了民族国家目的论的逻辑。相反地,马克思面对的是一个既有实际意义上的民族国家,又有具备不断壮大的帝国成分的民族国家,以及国际组织开始出现的混合时代。以上观察的结论很明显,却也常常被忽略,那就是我们应该历史化马克思,把他放到他所能够考察的世界中。期待马克思来回答我们在21世纪初遇到的问题,一方面,至少不能算是真正的马克思主义者;另一方面,如果不涉及当前的挑战,即使是诞辰200周年的契机我们也将不会对他感兴趣。

为了从马克思的逻辑和意愿出发读懂他,我们必须认真对待他自身的知识结构,首先要牢记他从黑格尔哲学角度批判宗教的出发点,其次把资本引入他宏大的多卷本探讨经济与政权关系的历史著作中。我们不能忘记,与恩格斯不同,马克思在曼彻斯特了解了19世纪的资本主义,在大规模的生产和消费尚未在这一地区建立以前就开始写作,以反对莫塞尔地区农民所处的前现代的社会状况和顽固的手工业。他早期文章的主要目的在于揭露歪曲导致痛苦的社会关系的动机、特征和结果,他认为大多数穷人痛苦的根源在地上不在天上。宗教显著的"精神鸦片"特征与这种扭曲的解释能够被接受有关。真正的答案在于因缺乏实质性改变社会机遇和福利的动能所导致的社会结构的固化。马克思创作早期的社会背景是他所在的地区仍处于前工业化经济和原始工业经济阶段,[①] 他的知识背景主要来源于对法国革命的历史观察。[②] 毕舍(Buchez)和鲁克斯(Roux)[③] 的四十卷本著作里的史料和论述的所有细节都使马克思反对将土地集中到富裕的种植园主、大农场主和资产阶级实业家手中,一方面,他们对土地和办公场所进行投资;另一方面,平均主义的共产主义把一部分土地用于社会福利并从在革命过程中重新分配教堂和移民的土地中获利。马克思学会了处理成熟的原始工业化的不同方法:或者效仿他后期《资本论》里提到的理想模型——集中财富同时征用前土地所有者的英国模式;或者保护财产权(部分共享的)和乡村社区的政治权利。后者成为雅各宾派激进民主项目的基石,它增加了对克服残忍旧制度和坚定地阻止其卷土重来的必备的信心,这得到了马克思的认可。与此同时,马克思指出平均主义方法是现代共产主义来源中的一种,但平均主

---

① Since the early discussions of an industrialisation before the industrial epoch [Peter Kriedte, Hans Medick and Jürgen Schlumbohm, "Industrialisierung vor der Industrialisierung: gewerbliche Warenproduktion auf dem Land in der Formationsperiode des Kapitalismus" (Göttingen: Vandenhoeckund Ruprecht, 1977)], there has been a broad historiographical tradition investigating thevarious features of proto-industries and their relationship with coal-based industry during thenineteenth century. It has inspired a series of central debates not only in global history but also in developmental studies. The recent discussion about the Anthropocene and the unlikelinessof the possibility to repeat 19th-century emission-intensive industrialization in other partsof the world have given the debate a new push. See David Christian, "Big History: The Big Band, Life on Earth, and the Rise of Humanity" (Chantilly: Carl Hanser Verlag, 2008); Christophe Bonneuil and Jean-Baptiste Fressoz, "The Shock of the Anthropocene: The Earth, History and Us" (London: Verso, 2016).

② The remaining authority on this is the precise reconstruction by Hans-Peter Jaeck, Die französischebürgerliche Revolution von 1789 im Frühwerk von Karl Marx, Berlin: Topos, 1979.

③ Histoire parlementaire de la re'volution franc‚aise, ou, Journal des assemblée nationalesdepuis 1789 jusqu'en 1815, la narration des événement; les débat des assemblée; les discussionsdes principales société populaires, et particulièrement de la société des jacobins: lesprocès-verbaux de la Commune de Paris, les séances du tribunal révolutionnaire le compterendudes principaux procés politiques; le détail des budgets annuels; le tableau du mouvementmoral, extrait des journaux de chaque époque, etc.; précédé? ed'une introduction sur l'histoire de France jusqu'à la convocation des Etats-Géné raux par Philippe-Joseph-Benjamin Buchez et Prosper-Charle Roux-Lavergne, Paris 1834-1838.

义压根就不是共产主义。① 马克思梳理了从雅克·鲁（Jacques Roux）到泰奥菲尔·勒克莱尔（Théophile Leclerc）再到弗朗索瓦·诺埃尔·巴贝夫（François Noel Babeuf）的发展，清楚地表明法国大革命时期激进的左翼世界与马克思面对的19世纪中期的资本主义（至少是学理上的挑战，不一定与他所处的社会现实相关）无关。18世纪末期法国的资本主义与19世纪40年代英格兰中部地区及比利时一些地方的资本主义有很大的不同。钢铁生产的进步促使蒸汽动力的使用以及机械化织造厂的技术取得了决定性的提升。但是工业化尚处于开始阶段，不能把对未来的预测与对现实的描述混为一谈。《共产党宣言》中预言的穷人将被迅速并彻底地转变成没有任何财产的无产阶级的社会后果，在当时就已经为一些读者作为有洞察力的预言所接受，后来为更多的人所接受。然而，这些社会后果并不是必然与某些新机械的例子直接相关，而是与更复杂的源于农业、手工业、贸易和社会福利的重组的社会难题相关。② 马克思观察到了这一复杂过程的首要因素，并将其解读为两种大致的社会走向，这并不全错，但被证明比他所希望的更不确定。其中，第一个趋势是资本主义的技术进步和利润导向相结合的动力源泉。马克思相信这两种因素互相驱动，以致生产将会扩大并且将不可阻挡。第二个趋势是第一个趋势的必然结果，越来越多的人被迫出卖劳动力，到资本主义商业中工作。对穷人和低级军官在法国大革命中激进地参与的研究使马克思得出结论：不断增长的人数有助于他们的成功，同时资本主义不断扩大的生产将使共产主义观念的胜利成为可能。1796年，巴贝夫与其同党作为少数的理想主义者，因无法说服大量的民众相信他们的乌托邦而失败，与他们不同，马克思期望他的辩证思维能够保证未来的共产主义运动必胜，因为它们能克服当代资本主义的矛盾特性。因此，在1848—1849年的法国、德国失败后，他花费几十年时间进行新的知识探索，更多地关注他那个时代最发达的经济。

一、全球条件：目前的状况始于何时？

在恩格斯提供的雪茄和关于英国中部的数据的帮助下，加上在大英图书馆的阅读，马克思描绘了迷人的新兴的工业资本主义。当然，他仍然批判剥削，但是最重要的是他看到了全新的大生产的双重潜力：机器既导致旧有的社会阶层为现代阶级建构过程中出现的新的阶层所取代，又引导社会跨越阶级划分的局限。蒸汽船、铁路、以世界棉花市场为基础的纺织品生产和世界黑土区大麦的出

---

① For a detailed interpretation of how Jacques Roux, as the representative of the Enragés, the perhaps most radical group within the egalitarian spectrum, made it into the early writings of Marx, such as The Holy Family by Marx where he gives a sort of genealogy of the modern communist movement he dreamed of, see Walter Markov, Jacques Roux und Karl Marx, Berlin: AkademieVerlag, 1965.

② It was the Soviet historian Anatolij Ado who not only brought research on alternative ways to capitalism together in his great monograph on peasants and their upheavals during the French Revolution, but also reminded the scholarly community of the many traces these realities had left in Marx' early writings. Anatoli Ado, Paysans en Révolution: Terre, Pouvoir et Jacquerie 1789–1794 (Paris: Société des études robespierristes, 1996). (The first edition of his work was published in Russian already in 1971 and made known by a short summary in French written by Albert Soboul in 1976, the second Russian edition from 1987 became then translated into German in 1996, and finally from there into French. If it needs proof for the sometimes complicated and delayed perceptions between the various sorts of Marxist interpretations across borders of countries, blocs, and academic schools, then we have here an excellent one.)

口成为马克思研究的世界的特点,与莫塞尔地区的小葡萄酒农场主形成了鲜明对比。马克思所描绘的图景已经成为当代全球史写作参考的主要论点。19世纪中叶是大量丛书的研究重点①,也是专题著作研究的主题。一个逐渐形成的共识是那时全球化条件出现了。②有些人称它为当代全球化,以区别于古代的全球化;③也有人认为它是世界市场的首次形成,因此称得上名副其实的全球化。④洲际、区域以及帝国间跨边界的联系网络的密度及功能迅速增长,交流更加便捷。⑤与大多数人一样,马克思也从这个交流体系的新的可能性中获益:19世纪50年代他成为职业全球导向的记者⑥,收集英国、美国报纸上发表的信息将其作为分析的材料。

世界范围联结的加强激发了全球史学者回应由社会科学领域学者,尤其是经济学家所提出的全球化的定义:全球化是物人资本和文化模式跨越经济社会国家的樊篱不断流动的结果。此定义的优点在于相对容易的可操作性——以图标的形式展示贸易、移民、外国直接投资等数据。马克思至少部分地同意该定义。他强调资本主义的无所不包和飘忽不定的特征,他忽视和克服了国界并创造国际市场的能力。这是《资本论》中的一部分。但是关于现代资本主义的研究也存在于很多其他政治事务的文本中,例如,从写于1854年8月到12月的一系列作品⑦到1856⑧年在《纽约每日论坛报》上发表的关于始于19世纪初的西班牙革命,再到关于19世纪60年代的美国内战的报告文学⑨;从对法国的波拿巴主义⑩的研究到1881⑪年第一次因薇拉·查苏利奇(Vera Zasulich)对俄国事务产生兴趣,以及关于印度在英国殖民统治下的文章。⑫除了世界上的一些地区,马克思把正在建构中的全球化的世界知识放到一起,他以一名记者和历史学家的身份提供了这一全球视角。他重

---

① CHRISTOPHER A. Bayly, The birth of the modern world, 1780 – 1914. Global connections and comparisons (Malden, MA: Wiley, 2004); Jürgen Osterhammel, Die Verwandlung der Welt. Eine Geschichte des 19. Jahrhunderts (Munich: C. H. Beck, 2009).

② CHARLES BRIGHT and MICHAEL GEYER. Benchmarks of globalization: The global condition 1850 – 2010[M]//in A companion to world history, ed. Douglas Northrop ,Malden. MA, Oxfordand Chichester: John Wiley & Sons,2012:285 – 302.

③ CHRISTOPHER A. BAYLY. "Archaic" and "modern" globalization in the eurasian and africanarena, c. 1750 – 1850", in globalization in world history, ed. Anthony G. Hopkins,London: Random House, 2002:47 – 73.

④ KEVIN H. O'ROURKE AND JEFFREY G. WILLIAMSON. When did globalisation begin? [J]. European review of economic History,2002(6): 23 – 50; Christof Dejung and Niels P. Petersson, eds. [J]. The foundations of worldwide economic integration:power, institutions, and global markets,1850 – 1930[M]. New York: CUP, 2013.

⑤ ROLAND WENZLHUEMER, "Connecting the nineteenth – century world: The telegraph and globalization" (Cambridge, New York: CUP, 2013); "Deep kanta lahiri choudhury, telegraphic imperialism:crisis and panic in the Indian empire, c. 1830 – 1920" (New York: Springer, 2010); SIMONE M. MÜLLER, "Wiring the world: the social and cultural creation of global telegraph networks" (New York: Columbia UP, 2016).

⑥ JÜRGEN HERRES. Karl Marx als politischer Journalist im 19. Jahrhundert[C]//in Beiträge zur Marx – Engels – Forschung. Neue Folge 2005, Berlin 2005: 7 – 28; Giesela Neuhaus and Manfred Neuhaus. Karl Marx und friedrich engels als auslandskorrespondenten der einflußreichsten progressivenbürgerlichen zeitung am Vorabend des nordamerikanischen Bürgerkrieges: Zur Geschichte der Mitarbeit der Klassiker des Marxismus an der "New York Tribune" [C]// In Marx – Engels – Forschungsberichte,H. 1, Leipzig 1981:12 – 62.

⑦ KARL MARX AND FRIDERICH ENGELS. Werke (in the following MEW),Vol. 10[M]. Berlin: Dietz, 1961:433 – 485.

⑧ MEW Vol. 12, 43 – 48.

⑨ For example MEW Vol. 15, 486 – 495.

⑩ MARX. Der achtzehnte Brumaire des Louis Bonaparte[J]. in MEW,Vol. 8, 111 – 207.

⑪ Teodor Shanin. 1881 Letters of Vera Zasulich and Karl Marx", The Journal of Peasant Studies 45, No. 2018(7):1183 – 1202.

⑫ MEW 9, 127 – 133.

视两个问题：第一个问题是现代资本主义转变的矛盾性。与资本主义的隐秘本质——把生产力从传统的社会关系中解放出来（相应地也解放他自身）完全相反，这一过程伴随着战争、革命、准永久性的政治危机、内战和政变。马克思高度评价了该过程中的暴力，这在《资本论》的某些段落中作为资本的文明使命和邀请重新思考正在发生的转变出现过。作为政治理论家，马克思以不同的思考方式回应当代资本主义的挑战。人们不是简单地置身于一个不断纠缠的强有力的机制中，也试图掌控它。掌控的方式可以是传统的，也可以是非常创新的。

这促使马克思去研究第二个问题：传统结构在发展适合控制全球流动的工具中的意义。他的主要兴趣体现在资本主义的过渡上，但结果是他把这一转变历史化了，正如《资本论》第一卷中关于原始积累的长篇大论所展现的。这里马克思退回到了他自己所处的大体上还处于前工业化地区的社会现实与他意识到未来的发展趋势是现代工业之间的矛盾。这激起了马克思主义者和非马克思主义者之间的全面辩论，它始于20世纪40年代末多布—斯威齐（Dobb-Sweezy）关于早期的现代转型对后来现代工业取得突破性成功所起的作用的争论。现代化理论对政治的兴趣主要集中在第三世界追赶或不追赶以及为什么不追赶西方的相关问题。这在今天关于"大分化"的讨论中仍占有一席之地。①

把1820年以前或1800年以前与后面时期区分开的是，以农业为主体的社会只有紧密的地区内部联系，而缺少跨区域的联结。毫无疑问，交流——大洋间思想交换以及把劳动力资本和不同地区肥沃土壤连接到一起的加勒比地区种植园经济模式是存在的。然而，布罗代尔（Braudel）强调不同的经济区仍相对彼此独立并主要遵循其自身的逻辑这一事实。也许，马克思包括他的追随者没能正确地估算1800年以前殖民地对于欧洲在世界经济中优越地位的形成中所做的贡献。这也不排除暴利的殖民地贸易对某些欧洲海洋热点地区产生的重大社会影响。②

19世纪中叶形势急剧变化，社会经济竞争的深度发展更倚重于融入劳动力分工和专业化相互交织的世界。马克思坚信新技术能推动生产力增长，并最终形成一个无国界的世界。同时，他也充分意识到这是与一切国际主义者和世界主义倾向相对立的（例如，他公开欢迎印度忽略英国宗主国的不公平、保护主义以及不正当的行为，作为其克服传统地域狭隘的方法③），他所处的时代仍然是国界形成疆域化过程完成的时期。④ 这些不断增长的联结与通过领土化不断更新对这些联结的控制的辩证关系构成了马克思提出的核心问题，但并未在其作品中完全解答。这既是因为《资本论》尚未完成，也是因为关于国家和社会政治组织的部分完全缺失。的确，他的一些思想是在其他研究中形成的，例如对法国阶级斗争的研究⑤，以及之前提到的关于19世纪50年代西班牙和19世纪60年代北美的一系列文章。但是他侧重于对现代资本主义经济的分析强化了人们对他首先用普世理论

---

① ROY BIN WONG and JEAN-LAURENT ROSENTHAL. Before and Beyond Divergence: The politics of economic change in China and Europe[M]. Cambridge, Mass: CUP, 2011.

② On this controversy, see, especially, the contributions by Patrick O'Brien, who estimates thecolonial resources at 3 to 6 per cent of the European GDP. Patrick K. O'Brien, "Colonies in a Globalizing Economy 1815-1948", in Globalization and Global History, eds. Barry Gills and William Thompson, London: Routledge, 2004 (GEHN WP 08/04).

③ PRASANNAN PARTHASARATHI. Why Europe grew rich and Asia Did Not. Global economic divergence, 1600-1850[M]. Cambridge, New York: CUP, 2011.

④ CHARLES S. MAIER. Once within borders: territories of power, wealth, and belonging since 1500, Cambridge, MA: CUP, 2016.

⑤ MEW Vol. 28, 503-509.

解释资本主义生产模式的印象。只有深入地研究《资本论》和他的其他作品，我们才发现他描述了通往现代资本主义的多种路径和现代资本主义的多种变体，并不是普世的叙述。对于当今的全球史来说，全球化不仅是一种准自然的过程，而且是多种既相互联系又相互竞争的全球化同时进行。① 相对于不同的全球化，我更愿意进一步地提出全球化工程，它侧重于全球流动反应的政治层面及这些反应的意图。

马克思的学术生涯始于其对法国的兴趣，并把法国的发展与他没有实现的德国政治现代化的理想进行对比，他去伦敦不只是因为那里有更好的工作条件，也是为了到资本主义起源的中心去分析它。这给人们留下了马克思一直对英法德大三角感兴趣的印象，对于欧洲的历史学家们及欧洲以外的欧洲主义者们来说，这成了他们要研究的历史变体的经典。但是，马克思的经验来源更为广泛，尤其是他对西班牙的研究更不仅限于已知的地区差异。马克思将西班牙中产阶级为了将来扩张到美洲中部和南部在15世纪通过殖民伊比利亚半岛开启他们的全球化项目，与西班牙工业化的停滞和其在帝国间竞争的接连失败进行了对比。马克思一系列的长篇论文，尽管是写于他为《资本论》做大量笔记期间，显然不仅限于对社会经济的思考。其关于19世纪50年代英国印度冲突和美国内战的系列文章也是这样。

因此，我们认为马克思在寻找对现代资本主义的普遍的解释，但这只是他对他那个时代复杂的政治事务感兴趣的一部分，虽然是很重要的一部分，他将其作为对正在出现的全球条件的反应进行分析，并且是作为不同的全球工程而不是作为由经济决定的世界社会走向来分析的。其经验来源比经典的英法德大三角更广，当然，不如当今的全球史广泛。当今全球史不同流派都对马克思感兴趣主要出于以下三个原因：马克思关于把全球条件作为全球或跨区域流动及主要以领土化为手段对其进行控制的辩证法的研究、马克思对全球化工程及包括工人阶级在内的不同参与者的兴趣，以及他大量的经验积累。

二、没有革命的全球史？

然而，革命作为马克思研究的中心问题，至少到近期为止仍然为全球史学者所忽略，这使我们想知道该如何解释这种不同。分析社会的革命潜力时，比如1848年，马克思把法国革命作为案例。他把革命称为"世界史的火车头"②，这个短语在他的作品中无处不在，尽管代表不同的含义，甚至有很多歧义。对于后世为什么视19世纪为革命时代，他进行了一系列的论述（译者注：霍布斯鲍姆）。相反地，尽管看起来对革命的作用没有特别的兴趣，当前的全球史关注全球联结和冲突的多重维度，革命被视为非必要的社会撕裂（通过及时的改革来避免）和暴力的发端。即使如"和平革命"或"丝绒革命"这些在1989年德意志民主共和国和捷克斯洛伐克事件中创造的新词，也未把革命的形象变得更好。

---

① JÜRGEN OSTERHAMMEL. Die Flughöhe der Adler: Historische essays zur globalen Gegenwart, Munich: C. H. Beck, 2017: 12-41.

② KARL MARX. Die klassenkämpfe in frankreich 1848 bis 1850[M]// in Karl Marx and Friedrich Engels, Werke, Bd. 7, Berlin: Dietz Verlag, 1960: 85.

目前有两种研究趋势：第一种趋势考察以往民族革命的全球踪迹。一些人如贝利·斯通（Bailey Stone）在1992年从英法两帝国竞争的角度分析了法国革命，或者如林·亨特（Lynn Hunt）重视国际金融（那时是日内瓦而不是华尔街）在革命危机爆发中的作用，他们与那些完全重新研究圣多明各革命（Saint-Domingue）与法国大都会之间关系的学者们殊途同归。我们认为，革命从来不是孤立的事件，而是大规模全球危机的一部分，是对国家和国际精英的全球化战略的回应。第二种趋势对革命建立新的社会基础的可能性不感兴趣，反而认为它们是全球工程失败和它们深度矛盾的指示器（相当于战争、内战、政治危机及政府的违宪变更）。[1] 正如彼得·莱恩堡（Peter Linebaugh）和马库斯·雷迪克（Marcus Rediker）所阐述的，有人认为革命是一些反对全球工程规则化、领土化的社会组织的反抗方式。[2]

但是，必须承认这些研究主要来自专门史领域，在这些领域里革命的历史仍然拥有强大的传统。例如，对1770—1830年的动乱和反抗的跨大西洋联结的研究[3]，又如，对20世纪初的一系列革命的研究。[4]

我们从这些研究中领悟到了革命复合体的全球化的风貌。1955年，罗伯特·帕尔默（Robert Palmer）和雅克·戈德肖（Jacques Godechot）发现，大西洋的革命不仅波及了马格里布和撒哈拉以南非洲，也波及了印度洋，甚至对大西洋也产生了影响。1917年的俄国革命也不再仅局限于对中欧的影响，而逐渐变成1890—1920年对全球流动控制的不满及重构世界史的一部分。[5] 其他同时期的例子是分别发生在1956年、1968年和1989年的动乱。

这激起了全球时刻的研究，其定义包含以下三个方面：在一个短暂的时间段里世界不同地区都发生了动荡和骚乱；不同地区的人公认某个时刻对于人类发展非常重要；被认为在全球空间秩序裂变中重要的一系列事件。[6]

但这不能掩盖长久以来全球史学者忽略了马克思提出的革命在现代资本主义全球史中所起的作用的事实。作为历史社会学家而不是全球史学者的西达·斯考切波（Theda Skocpol）[7]、曼弗雷德·

---

[1] CHARLES BRIGHT and MICHAEL GEYER. Globalgeschichte und die einheit der welt: weltgeschichteals globalgeschichte – überlegungen zur einer geschichte des 20. Jahrhundert[J]. Comparativ: Leipziger Beiträge zur Universalgeschichte und vergleichenden Gesellschaftsforschung 4, No. 1994(5): 13–46.

[2] PETER LINEBAUGH AND MARCUS REDIKER. The many-headed hydra: sailors, slaves, commonersand the hidden history of the revolutionary Atlantic, Boston: Verso, 2001.

[3] For the rediscovery by global historians of a topic that was dealt with in other historiographies for more than half a century, see David Armitage and Sanjay Subrahmanyam, eds., "The Age of Revolutions in Global Context, c. 1760–1840", Houndmills et al.: Macmillan International Higher Education, 2010.

[4] "As one example from the huge production of the commemorative industries in 2017: 1917 andits Aftermath from a Global Perspective", eds. Stefan Rinke and Michael Wildt, Frankfurt: Campus Verlag, 2017.

[5] CHARLES S. MAIER. Leviathan 2.0. Die Erfindung moderner Staatlichkeit[M]//in Geschichte der Welt 1870–1945: Weltmärkte und Weltkriege, eds. Akira Iriye, Jürgen Osterhammel and EmilyS. Rosenberg, Munich: C. H. Beck, 2012:33–286.

[6] MATTHIAS MIDDELL. Was ist ein globaler Moment? Überlegungen anhand des Jahres 1989[M]// in Leipziger Zugänge zur rechtlichen, politischen und kulturellen Verflechtungsgeschichte Ostmitteleuropas, eds. Dietmar Müller and Adamantios Skordos, Leipzig: Leipziger Universitätsverlag, 2015:103–115.

[7] THEDA SKOCPOL, STATES AND SOCIAL REVOLUTIONS. A comparative analysis of France, Russia, and China[M]. Cambridge: CUP, 1979.

科索克（Manfred Kossok）[①]、查尔斯·蒂利（Charles Tilly）[②]和杰克·A.戈德斯通（Jack A. Goldstone）[③]的书已经成为空前绝后的经典。在此不探讨其原因，我只想强调与马克思所经历的相似的双重考验，也许能再次激发关于革命的研究。第一，我们将要进入一个全新的技术（如数字化）将极大地改变资本主义特性的时代。第二，我们将面对一个与马克思在19世纪末所观察到的相似的全球化项目政治化的过程。科技诱发的过程将大致形成增长的福利惠及全球每一个人，更好世界的观点正不断地受到越来越多人的质疑，他们对其他人所描述的幸运发展感到极度不满。对这一现象的其他称呼获益于全球精英认为没有其他共识性的话语能替代全球化。全球史将不得不回应这一挑战性的知识和政治环境，或许马克思也能再一次成为这方面的知识来源。

（王雪 董前程 译）

参考文献：

[1] KARL MARX, Friedrich Engels. Werke [M]. Berlin：DietzVerlag, 1961.

[2] WALTER MARKOV. Jacques roux und Karl Marx [M]. Berlin：Akademie Verlag, 1965.

[3] MATTHIAS MIDDELL ED. The practise of global history：European perspectives [M]. London：Bloomsbury Publishing, 2019.

[4] ROY BIN WONG, JEAN-LARUENT ROSENTHAL. Before and beyond divergence：the politics of economic change in China and Europe [M]. Cambridge, Mass：CUP, 2011.

[5] SIMONE M. MÜLLER. Wiring the world：the social and cultural creation of global telegraph networks [M]. New York：Columbia UP, 2016.

[①] MANFRED KOSSOK. In Tyrannos. Revolutionen der Weltgeschichte, Leipzig：Edition Leipzig, 1989.

[②] CHARLES TILLY. From mobilization to revolution [M]. New York：McGraw-Hill, 1978; CHARLES TILLY, Die europäischen Revolutionen [M]. Munich：C. H. Beck, 1993.

[③] JACK A. GOLDSTONE, revolution and rebellion in the early modern world, Berkeley, Los Angelesand London：UCP 1991; JACK A. GOLDSTONE [J]. Toward a fourth generation of revolutionary theory [J]. Annual Review of Political Science, 2001(4)：139-187.

印度共产党（马克思主义）的妇女观及其政策实践探析

胡 月 杜 敏[*]

【内容提要】 印度共产党（马克思主义）是印度议会政治中坚持以马克思列宁主义为指导思想的马克思主义政党，历经58年的风风雨雨，如今已成长为南亚地区左翼政党中的中坚力量。在妇女议题上，印度共产党（马克思主义）根据印度妇女问题的实际情况，结合马克思主义经典作家关于妇女议题的论述，经过长期探索，形成了独具特色的印度本土化的妇女理论。同时，在具体的执政实践中，以此作为党的妇女工作的理论基础，为探索和解决本国的妇女问题、推动妇女解放做出了独特贡献。

【关键词】 印共（马） 印度 政治 妇女

印度共产党（马克思主义）[以下简称印共（马）]成立于1964年10月，是以马克思列宁主义为指导思想的无产阶级政党，曾是印度议会政治中仅次于印度人民党（Bharatiya Janata Party）和印度国民大会党（The Indian National Congress）的第三大党。[①] 成立50多年来，印共（马）高度重视本国的妇女工作，根据印度社会发展的特点，把马克思主义妇女理论与本国妇女问题的具体实际相结合，不断革新和深化对妇女理论的思考与认识。印共（马）对妇女问题的产生根源、资本主义社会妇女问题的演化和当前印度社会中妇女存在的问题等有着清醒的认知，并针对本国的妇女问题和妇女工作提出了与时俱进的指导思想，并就如何增加妇女的收入、提高妇女的参政率、维护妇女的权益等现实问题作了积极的探索，为走出一条适合印度国情、社情、民情的具有印度本土特色的妇女发展道路指明了方向，为提高广大妇女的社会地位付出了巨大努力，在一定程度上促进了印度本国的妇女解放。

---

[*] 胡月，男，云南大学马克思主义学院博士研究生，主要从事南亚左翼政党研究；杜敏，男，云南大学马克思主义学院教授、博士生导师，主要从事南亚政党政治、当代世界社会主义研究。基金项目：本文系云南省教育厅科学研究基金项目"印度社会主义运动的新动向和新态势研究"（项目编号：2023Y0273）、云南大学哲学社会科学创新团队项目"南亚东南亚社会主义研究"（项目编号：CY2262420219）的阶段性研究成果。

① 印共（马）源自1925年成立的印度共产党。1964年10月，因意识形态分歧，印度共产党（马克思主义）从印度共产党内部分裂出来，成为独立的政党。目前，印共（马）是印度左翼政党中党员人数最多、政治影响力最大的马克思主义政党。

一、印共（马）对妇女议题的基本认识

（一）印共（马）对妇女受压迫问题的认识

1. 劳动分工是妇女受压迫的根源

在妇女从属地位问题上，印共（马）继承了恩格斯对妇女问题产生根源的认识，认为妇女受压迫源于社会关系和家庭关系的根本变化。印共（马）指出，在早期的原始社会中，人类历史上的第一次劳动分工是"男女之间为了育儿而进行的"。① 家庭内的分工决定了男女之间的财产分配，而"育儿"这种分工是纯粹自然产生的，它只存在于两性之间。② 在这一时期，妇女在养家糊口、采集食物、原始农业等生产实践中发挥着核心作用，占据着分工中的主导地位，享有比男子更高的地位，处于早期社会结构的中心，属于名副其实的母权制社会。随着社会的发展，游牧部落逐渐从其余的野蛮人群中分离出来，社会大分工开始出现。印共（马）进一步指出，社会分工出现后，社会开始分裂为两个阶级：主人和奴隶、剥削者和被剥削者，③ 而阶级的产生使得部落或部落首领（男性）获得生产资料的控制权，部落普通成员几乎没有财富，④ 这导致社会关系发生根本变化。同时，畜群作为男子的财产和新的谋取生活资料的工具，其出现和发展使男性在经济和社会上对女性处于支配地位，而妇女的劳动相对于男子谋取生活资料的劳动已经可有可无，使得家庭关系也发生了根本变化。正如恩格斯所言，"只要妇女仍然被排除于社会的生产劳动之外而只限于从事家庭的私人劳动，那么妇女的解放、妇女同男子的平等，现在和将来都是不可能的"⑤。

2. 资本主义社会加剧了对妇女的压迫

印共（马）认为，资本主义社会中妇女的从属地位是建立在私有财产基础上的社会的一种要求。从历史上看，在社会发展的不同阶段，以阶级剥削、私有财产和妇女从属地位为基础的社会之间的核心联系是通过性别劳动的不平等分工来调节的，这种不平等分工虽然形式发生了变化，但其实质一直保持不变。⑥ 在资本主义社会中，虽然生产力的发展创造了消除男女劳动分工不平等的手段，但是资本的需要和利益限制了妇女在社会生产工作中的作用，只要私有财产仍然是社会经济的基础结构，那么以剥削阶级、私有财产为基础的社会，和以性别为基础的不平等劳动分工之间的核心联系就会保持不变。印共（马）将其归结为以下两个方面的原因：

其一，资本主义社会强化了男权主义至上的文化理念，这种文化理念允许男女劳动者之间的工

---

① CPI(M). Party's perspective on women's issues and tasks [EB/OL]. https://cpim.org/content/partys-perspective-womens-issues-and-tasks-dec-2005.
② 中共中央马恩列斯著作编译局,编译. 马克思恩格斯选集:第4卷[M]. 北京:人民出版社,2012:175.
③ 中共中央马恩列斯著作编译局,编译. 马克思恩格斯选集:第4卷[M]. 北京:人民出版社,2012:178.
④ CPI(M). Party's perspective on women's issues and tasks [EB/OL]. https://cpim.org/content/partys-perspective-womens-issues-and-tasks-dec-2005.
⑤ 中共中央马恩列斯著作编译局,编译. 马克思恩格斯选集:第4卷[M]. 北京:人民出版社,2012:178.
⑥ CPI(M). Party's perspective on women's issues and tasks [EB/OL]. https://cpim.org/content/partys-perspective-womens-issues-and-tasks-dec-2005.

资差别,并使资本能够获得廉价的女性劳动力,从而使从相当大一部分女性劳动力中提取剩余价值的速度加快,导致女性失业率逐年上升,降低了整体工资水平。据估计,美国资本家因不给女性同等的工资而每年额外赚取 2000 亿美元的利润;在印度,廉价的女性劳动力是地主和资本家的长期利润来源,这使雇主每年受益达数千万卢比①。

其二,根据马克思所言,工人在一个工作日内为生产其生活资料价值所花费的时间量为必要劳动,而超过该价值所产生的价值为剩余劳动。而资本主义社会中基于性别分工的一个重要方面是工人阶级家庭中妇女所承担的家务劳动在劳动再生产中的作用,即使在发达资本主义社会中,女性也承担着不成比例的家务劳动。"即使这可能被视为'私人问题',但客观上这是资本主义的要求。"②而这种家务劳动恰恰是必要劳动的重要组成部分,而福利措施的实施、儿童保育服务等私有化进程意味着妇女将承担更多的家务工作。

(二) 印共(马)对当代印度妇女现实境遇的认识

印共(马)是倡导世俗主义、科学社会主义的无产阶级政党,主张通过走人民民主革命的道路实现社会主义诉求。在印共(马)看来,独立后的印度并未完成民主革命的任务,即印度的资本主义发展并未彻底解决土地革命的问题,这不仅束缚了生产力的发展,还阻碍了土地革命力量的动员。印共(马)《党纲》指出,与土地革命有关的两个重大问题:一是资产阶级进一步压迫和剥削低种姓的阶级;二是妇女的从属角色并未得到改变。资本主义的内在本质决定了它并不能为妇女的平等与解放创造物质条件,相反地,在资产阶级统治下的印度社会,妇女的社会地位更差。

1. 新自由主义加大了对妇女的经济压迫

1947 年印度独立后,印度国民大会党开始上台执政,印共(马)将印度描述为一个由大资产阶级领导的资产阶级地主国家。③ 由于历史和文化等多种原因,印度妇女的社会地位一直较为低下。印共(马)指出,独立后的印度女性曾希望摆脱数百年封建和性别压迫的枷锁,但在资本主义统治下父权制在各个领域延续,不仅女性的社会地位没有得到提高,反而在经济和社会的自由化进程中加剧了对该群体的剥削,对妇女的暴力行为也在进一步增加。印度政府于 20 世纪 90 年代前后开始推行新自由主义政策。印共(马)认为,新自由主义政策增加了对工人阶级的剥削,其中女工受到的影响最大。政府的新自由主义政策导致就业市场萎缩,而严重的经济困境又使更多的女性进入劳动力市场。然而,政府在招聘以及合同签订方面采取的歧视政策、雇主的严苛条件和某些地方工会权利的缺失,致使女性在工资、服务和福利方面的待遇大打折扣,甚至出现女性不得不失业的情况。据统计,在过去 10 年中,有组织的妇女部门的就业增长率从 8% 下降到 2%,96% 的职业妇女

---

① CPI(M). Party's perspective on women's issues and tasks[EB/OL]. https://cpim.org/content/partys-perspective-womens-issues-and-tasks-dec-2005.
② BRINDA KARAT. Marxism and the struggle for women's emancipation[EB/OL]. https://cpim.org/content/marxism-and-struggle-women%E2%80%99s-emancipation.
③ CPI(M). Party programme[EB/OL]. https://cpim.org/party-programme.

处于无组织部门,得不到法律保障,达利特和阿迪瓦斯①妇女占农村女性劳动力的70%②。

21世纪以来,印度人民党与国民大会党交替执政,政权的更迭却未改变新自由主义政策在社会各领域渗透的事实,甚至有逐步加剧的态势。印共(马)指出,在新自由主义的议程下,1993—1994年和2009—2010年增加的所有带薪工作中,女性占不到10%,而男性占90%。③ 2004—2005年和2011—2012年,近2000万女性失去了工作。从表1中可以看到,2017—2018年年度劳动力调查报告显示,在经济的不同部门,男人和女人、农村和城市中就业的人口比例严重失调,农村女性和城市女性在2017—2018年的失业率高达82.5%和85.8%。在2015年全球女性劳动参与率排名中,印度在有数据的131个国家中排名第120位④。

表1 在不同部门中男性和女性、农村和城市中就业的人口比例 (%)

	农村男性		农村女性		城市男性		城市女性	
	2011—2012年	2017—2018年	2011—2012年	2017—2018年	2011—2012年	2017—2018年	2011—2012年	2017—2018年
农业	32.3	28.4	18.6	12.8	3.1	2.9	1.6	1.3
采矿	0.3	0.3	0.1	0.0	0.5	0.3	0.0	0.0
制造	4.4	4.0	2.4	1.4	12.2	11.9	4.2	3.6
建筑	7.1	7.5	1.6	0.9	5.8	6.2	0.6	0.6
就业	54.3	51.7	24.8	17.5	54.6	53	14.7	14.5
失业	45.7	48.3	75.2	82.5	45.4	47	85.3	85.8

资料来源:CPI(M). Surgical Strike on Employment: The Record of the First Modi Government [EB/OL]. https://cpim.org/views/surgical-strike-employment-record-first-modi-government.

2. 种姓制度是印度妇女社会地位低下的历史与深层原因

印度妇女低下的社会地位与种姓制度的产生与持续存在有着深刻的内在联系,父权思想不仅在阶级社会中得到统治阶级的支持,而且在种姓制度的加压下逐渐强化。种姓制度如同监狱的铁栅栏,构筑了抵御女性地位变化最有弹性的框架。现印共(马)政治局委员、前全印度民主妇女协会(AIDWA)领导人布琳达·卡拉特(Brinda Karat)指出,在种姓制度下,不同种姓之间建立了等级森严的阶级制度,女性统一被视为每个种姓中的最低层。高种姓男子强加的等级制度所固有的所谓"血统纯洁"条件为女性制定了严格的行为准则,并且基于对女性性行为的控制,彻底降低了女性在该种姓中的地位,这种情形为整个社会的种姓所效仿⑤。

的确,几个世纪以来,种姓制度一直是印度社会的毒瘤,不仅使"贱民"劳动者的剩余价值备

---

① 达利特:印度低等人。在印度的种姓制度中,最底层的人被传统的上等种姓叫作"不可接触者",意为"贱民",他们自称为"被压迫的人",即"达利特";阿迪瓦斯:生活在印度中东部森林地区的土著居民,参见王晴峰. 阿迪瓦斯、国家暴力与纳萨尔运动[J]. 世界民族,2017(1):2.

② CPI(M). Party's perspective on women's issues and tasks [EB/OL]. https://cpim.org/content/partys-perspective-womens-issues-and-tasks-dec-2005.

③ SAVERA. Women workers fight for more and better jobs, endto discrimination [EB/OL]. https://cpim.org/views/struggle-women-workers.

④ HEMALATA. Neo-liberal reforms accentuate miseries of women [EB/OL]. https://peoplesdemocracy.in/2016/0828_pd/neo-liberal-reforms-accentuate-miseries-women.

⑤ BRINDA KARAT. Marxism and the struggle for women's emancipation [EB/OL]. https://cpim.org/content/marxism-and-struggle-women%E2%80%99s-emancipation.

受剥削，而且在很大程度上与印度阶级的发展交织在一起，加剧了妇女的"边缘化"现象。

3. 教育不公导致女性识字率偏低

20世纪以来，尽管印度妇女的识字率一直在上升，但相较于男性而言仍占较低的比例。印度1991年的人口普查数据显示，有53%的男性受过教育，而只有32%的女性受过教育①。一般来说，在北方各邦，农村地区的识字率更低。② 2011年的人口普查数据显示，印度女性的识字率为65.5%，而全印度的平均识字率为74.04%；在比哈尔邦，女性的识字率仅为51.5%，而男性的识字率为71.2%；就女性的识字率而言，印度在135个国家中排名第123位。③ 印共（马）指出，2005年，印度的小学中每100名学生中仅有14名女性，中学中每100名学生中只有32名女性，辍学的女性比率远高于男性，全印度女性的平均识字率仅为48%，达利特妇女的识字率更低。④ 印共（马）认为，随着教育预算的削减和学费的增加，这种情况只会变得更糟。2015年，政府用于女童教育的拨款实际上减少了8.3%，仅分配了10亿卢比。⑤ 2017年布琳达再次指出，新自由主义政策减少了对公共教育的拨款预算，印度的教育拨款仅为GDP的4%~5%，而全印度的女性平均识字率仅为64%，而男性为78%。⑥

4. 女性政治参与度不高、参政率低

印度女性要求提升她们的政治参与度，以在议会中获得更多政治空间，但是女性在议会中的比例一直处于较低水平。印共（马）指出，在第十六届人民院中，妇女的比例只有11%⑦。2011年喀拉拉邦（Kerala）议会选举的971名候选人中，女性候选人的比例不到8%。⑧ 不仅印度如此，世界范围内的大多数国家也是这样，只有在极少数像卢旺达、瑞典、挪威、芬兰等国家中，女性才拥有与男性相等的权利。各国议会联盟（IPU）编制的"2019年女性在国家议会中的比例"排名显示，截至2019年9月，女议员在下议院的世界平均水平为20.23%，在上议院的世界平均水平为19.23%，上下两院世界平均水平为19.73%，其中，印度女议员在印度上议院的比例为14.39%，在下议院的比例为11.48%，世界排名第143位。⑨ 从数据上看，印度上议院和下议院的女议员比例都显得偏低。

---

① 宋璐,姜保全. 印度女性生存状况:现状、原因及治理[J]. 南亚研究季刊,2008(1):77.
② LEELA VISARIA. India's population in transition[J]. Population Bulletin,1995,50(3):1-51.
③ OXFAMADMIN. 10 Facts on illiteracy in india that you must know[EB/OL]. https://www.oxfamindia.org/featuredstories/10-facts-illiteracy-india-you-must-know.
④ CPI(M). PARTY's perspective on Women's issues and tasks[EB/OL]. https://cpim.org/content/partys-perspective-womens-issues-and-tasks-dec-2005.
⑤ ISHTA MUKHERJEE. One year of modi:a regressive ideology pushes down women[EB/OL]. https://peoplesdemocracy.in/2015/0618_pd/one-year-modia-regressive-ideology-pushes-down-women.
⑥ BRINDA KARAT. Marxism and the struggle for women's emancipation[EB/OL]. https://cpim.org/content/marxism-and-struggle-women%E2%80%99s-emancipation.
⑦ SABEEHA. Do saal,janta behaal:BJP's war against women[EB/OL]. https://cpim.org/views/do-saal-janta-behaal-bjp%E2%80%99s-war-against-women.
⑧ K. JAFAR. Reservation and women's political freedom:candidates' experience from three gram panchayats in Kerala,India[J]. Social Change,2013,43(1):79-97.
⑨ INTER-PARLIAMENTARY UNION. Percentage of women in national parliaments[EB/OL]. https://data.ipu.org/women-ranking?month=9&year=2019.

（三）印共（马）对实现妇女解放的认识

妇女解放作为整个无产阶级解放运动的组成部分，只有实现妇女的彻底解放，才能真正地、彻底地实现全人类的解放。在实现妇女解放的议题上，恩格斯在《家庭、私有制和国家的起源》一书中曾这样表述："妇女的解放，只有在妇女可以大量地、社会规模地参加生产，而家务劳动只占她们极少的工夫的时候，才有可能。"① 马克思主义经典作家从社会生产的角度认为，而且这样的生产只能也必须是在社会主义社会的生产实践中实行，妇女的解放才得以可能。在此议题上，印共（马）认为，只有以废除私有财产为基础的社会主义社会，才能满足妇女解放的根本要求。

印共（马）指出，社会主义社会一是打破了生产资料私有制的界限，女性在社会生产中可以与男性享有平等的条件和机会，帮助她们在经济上自我依赖，实现自身发展和社会发展的平等。二是在社会主义社会中，生产资料公有制下建有大规模的公共餐饮设施，如托儿所、儿童保育中心、公共洗衣房等，女性可以和男性平等享有。正如恩格斯所述，"当生产资料变为共有财产时，个体家庭就不再是社会的经济单位。私人的家务变为社会的事业。孩子的抚养和教育成为公共的事情；社会同等地关怀一切儿童，无论是婚生的还是非婚生的。这也将改变以性别为基础的不平等的劳动分工"②。三是社会主义社会能够确保妇女在社会和公共生活中的独立作用。印共（马）通过举证苏联社会主义社会发展时期的数据来加以说明，"苏联是革命时期最落后的国家之一，但到20世纪80年代，51%的劳动力是女性，68%的医生是女性"③。

总而言之，印共（马）认为只有通过将广大妇女纳入与男子平等的社会生产劳动，才能为妇女的解放创造物质条件。只有在社会主义制度下，各级公共机构才能为照顾儿童和家庭责任的社会化提供基本保障，才能消除不平等的劳动分工，确保妇女平等参与公众生活。只有在废除资本对男女双方的剥削并把私人的家务劳动变成一种公共的行业以后，使妇女大量地、社会规模地参加生产，男女的真正平等才能实现，才可能实现妇女解放。

二、印共（马）的妇女政策

（一）政治变革，加强对妇女工作的重视并强化责任意识

自1964年成立以来，针对当前印度妇女的现实境遇，印共（马）运用马克思主义的基本原理，多次在党代会上就分析和解决妇女问题做出顶层设计和战略部署。1964年印共（马）在党的第七次代表大会通过的《党纲》第5条第20款指出，在印度社会的文化发展中，有害的习俗和价值观念以侮辱妇女的传统和宗教的名义长期存在，即印度社会存在种姓和性别压迫。为此，必须确保消除对妇女的社会不平等和歧视，使其在继承包括土地在内的财产等事项上与男子享有平等权利，执

---

① 中共中央马恩列斯著作编译局，编译. 马克思恩格斯选集：第4卷[M]. 北京：人民出版社，2012：178－179.
② 中共中央马恩列斯著作编译局，编译. 马克思恩格斯文集：第4卷[M]. 北京：人民出版社，2009：89.
③ CPI(M). Party's perspective on women's issues and tasks[EB/OL]. https://cpim.org/content/partys－perspective－womens－issues－and－tasks－dec－2005.

行基于所有社区妇女平等权利的保护性社会、经济和家庭法，允许其从事专业和服务。① 这是印共（马）在建党初期对国内的妇女问题进行的分析，并为解决妇女问题提出的指导思想。客观上看，宗教和种姓制度长期、深刻地影响了印度的社会文化与伦理道德，妇女在历史长河的发展中受压迫和歧视的思想根深蒂固。

20 世纪 90 年代后，印度开始推行新自由主义政策，社会生产和性别压迫的形式出现了新的变化。革命形势要求印共（马）必须重新思考新自由主义时期的妇女问题，与时俱进地提出符合当前实际的指导思想。在 2000 年新修订的《党纲》中，印共（马）指出，自由化为经济和社会领域带来了新的性别剥削形式，导致对妇女的暴力行为增加。需要指出的是，印共（马）将不同层次的女性剥削描述为"作为女性、作为工人、作为公民"，而不是仅指女性。② 为此印共（马）将"儿童保育和家务工作方面的适当补助将是推动家庭结构民主化的一部分"作为第 5 条第 20 款的补充写入《党纲》。这是印共（马）对由新自由主义带来新问题分析后创造性转化的结果。

2005 年 12 月 14 日会议上通过的《关于党对妇女问题和任务的看法》再次对妇女问题做出精准的分析定位与战略部署，这是印共（马）形成的较为成熟的印度本土特色社会主义妇女理论的纲领性文件。在此文件中，印共（马）明确了妇女工作的具体任务。即"党和其他群众组织动员开展妇女工作；加大妇女入党力度，增加妇女责任，加大对妇女群众组织的干预和动员；消除党内关于妇女问题的错误倾向"③。这为实现妇女问题的解决提供了重要的理论基础，也在后来的实践中为处理妇女问题指明了方向。

此外，在印共（马）的各级党代会上，印共（马）都将妇女工作视为党的工作中的重点任务对待。党的第十八次党代会通过的《政治决议》指出，要结束一切形式的歧视，实现妇女在所有领域的平等；保障妇女平等的财产权利；在议会和立法机构中为妇女保留 1/3 的席位。④ 除去具体的任务部署，印共（马）还将"维护妇女的权益"作为自己的竞选筹码。2014 年印度人民院第十六届选举前，印共（马）在"政治权利、粮食安全、就业和工作、养老金和社会保障"等有关妇女问题方面曾许下庄严承诺，力求改善妇女在社会地位、法律犯罪等领域的不平等状况。2019 年印度人民院第十七届选举中，印共（马）在选举宣言中承诺将制定法律，切实保障女性的各项权益，这在某种程度上可以为选举造势，扩大党的社会影响⑤。

（二）扩大党内女性参政比例，提高妇女参政率

1951 年印度颁布宪法，在宪法中特别强调了"印度妇女同男子一样享有这些权利"⑥。在受教

---

① CPI(M). Party programme[EB/OL]. https://cpim.org/party-programme#Ⅶ.
② CPI(M). Party programme[EB/OL]. https://cpim.org/party-programme#Ⅶ.
③ CPI(M). CPI(M) Policy Document on Tribal Question[EB/OL]. https://cpim.org/content/cpim-policy-document-tribal-question.
④ CPI(M). 18th congress political resoution[EB/OL]. https://cpim.org/documents/18th-congress-political-resolution.
⑤ 印共（马）在 2019 年大选宣言中提出解决妇女问题的 9 条措施：防止贩运妇女和儿童从事劳动和性剥削，保障所有妇女在婚姻和继承财产方面的平等权利；……在所有性别预算中增加对妇女的拨款，从目前的 30% 增加到至少 40%。参见 CPI(M). CPI(M) election manifesto 17th lok sabha[EB/OL]. https://cpim.org/pressbriefs/cpim-election-manifesto-17th-lok-sabha.
⑥ 宋璐,姜保全. 印度女性生存状况：现状、原因及治理[J]. 南亚研究季刊,2008(1):76.

育方面，1986年《国家教育政策》帮助印度女性克服各种不平等待遇。① 随着受教育程度的不断提高和妇女意识的觉醒，女性参与政治的意愿大大增加。2005年，印共（马）认为妇女问题是一个全党必须共同解决的政治问题。为此，印共（马）在具体的施政实践中以"扩大党内女性参政比例"为指导思想，采取"增加党委中的妇女人数""增加分支机构中的女性成员"的政策，不断扩大党内妇女工作人员的数量。

1968年，印共（马）党内女党员人数不超过750人，约占党员总数的1%②。1995年，女性党员只占党员总数的5%。截至2015年年底，女性在党组织内部的成员比例已升至15.6%，这意味着，在20年的时间里，印共（马）女性党员人数以平均每年增长0.5%的比例在逐年增长。③ 目前印共（马）大约有110万名党员，其中有15万名是女性党员，占党员总数的16%。④ 在邦级地区，女性党员的比例也在逐步增长，如特里普拉邦24.6%、卡纳塔克邦24.4%、阿萨姆邦20.2%、德里26.4%、安得拉邦19.6%。⑤ 印共（马）在2015年12月举行的会议上决定鼓励更多妇女加入地方委员会、中央委员会甚至是中央政治局中，并将未来两年的目标设定为25%⑥。2021年喀拉拉邦地方自治政府中妇女的比例已达到50%。⑦

（三）设立独立的妇女分支机构，明确党群关系

印共（马）指出，因为分支会议经常在深夜召开，组织中的女性成员很难参加，这既影响了女性自己的发展，也影响了分支委员会的发展。印共（马）认为在一些州成立独立的妇女分支机构是必要的，这样可以更容易地调整会议的时间和地点，以给妇女成员适当性的便利。在喀拉拉邦，由女秘书领导的分支机构数量显著增加，为广大女性自身的发展提供了广阔平台⑧。

在党群问题上，印共（马）认为由于目前党内绝大多数的妇女干部任职于妇女群众组织，党内绝大多数新入职的女性成员是通过妇女群众组织的工作而入党的，与其他男性党员担任重要职务的混合型组织不同，妇女组织不直接发挥作用，因此，要明确党对组织的指导作用。2004年10月印共（马）在《关于开展群众组织的决议》中指出："党指导群众组织，不是对组织发号施令，而是通过党员和支部委员会来影响群众组织中的成员。"⑨ 印共（马）在各级分部委员会和邦一级组织架构中通过调整和改进妇女的职能，来加强党的领导。

---

① 赵中建. 印度、埃及、巴西教育改革[M]//瞿葆奎,主编. 教育学文集:第24卷. 北京:人民教育出版社,1991:435.
② BRINDA KARAT. Women's questions in fifty years of the formation of the CPI（M）[EB/OL]. https://peoplesdemocracy.in/2014/1109_pd/aspects – the%E2%80%9D – women%E2%80%99s – question%E2%80%9D – fifty – years – formation – cpim.
③ CPI（M）. Plenum:report on organisation[EB/OL]. https://cpim.org/documents/plenum – report – organisation.
④ Brinda Karat. Marxism and the Struggle for Women's Emancipation[EB/OL]. https://cpim.org/content/marxism – and – struggle – women%E2%80%99s – emancipation.
⑤ CPI（M）. Plenum:report on organisation[EB/OL]. https://cpim.org/documents/plenum – report – organisation.
⑥ CPI（M）. Plenum:report on organisation[EB/OL]. https://cpim.org/documents/plenum – report – organisation.
⑦ N S Sajith. KERALA:More women elected as branch secretaries[EB/OL]. https://peoplesdemocracy.in/2021/1024_pd/kerala – more – women – elected – branch – secretaries.
⑧ N S Sajith. KERALA:More women elected as branch secretaries[EB/OL]. https://peoplesdemocracy.in/2021/1024_pd/kerala – more – women – elected – branch – secretaries.
⑨ ISHITA MUKHERJEE. 1 Year of modi:women pushed down[EB/OL]. https://cpim.org/views/1 – year – modi – women – pushed – down – ishita – mukherjee.

三、印共（马）对实现妇女解放的实践探索

（一）推行"家庭扶贫计划"（Kudumbashree）

喀拉拉邦位于印度的西南部，因其特殊的治理模式被冠以"喀拉拉邦模式"而闻名于世。1957年印共（马）在该邦首届议会选举中获得胜利后又多次执政。目前，印共（马）率领的左翼民主阵线（LDF）继续主政该邦。"家庭扶贫计划"最早源于1991年喀拉拉邦政府与联合国儿童基金会共同发起的以社区为基础的营养计划，后于1998年5月17日正式发起一项针对贫困妇女的专门扶贫计划。"Kudumbashree"在马拉雅拉姆语（Malayalam language）中的意思为"家庭的繁荣"，其目标是通过自助举措实现消除贫困和赋予妇女权力。

"家庭扶贫计划"本质上是一个覆盖整个喀拉拉邦的社区网络，由三级结构组成，即社区团体（NHG）为基层单位、区一级的区域发展协会（ADS）和地方政府一级的社区发展协会（CDS），其中社区团体为"家庭扶贫计划"社区组织的主要单位，由10~20名来自低收入家庭的女性成员组成，每周在不同成员家中轮流举行会议。储蓄和信贷是"家庭扶贫计划"团体运作的基础，其运作机制为：每个成员都会在每周的小组会议上携带预先确定的金额，所收款项存入银行。一旦社区团体通过定期会议和储蓄完成6个月的运营，该社区团体就可以开始内部借贷。截至2021年9月15日，"家庭扶贫计划"网络拥有294436个社区团体，隶属19489个区一级的区域发展协会和1064个地方政府一级的社区发展协会，共有4585677名女性成员。① 在社区团体的每周例会上，成员讨论储蓄和信贷机制的规划和实施过程。这种参与本质上赋予女性在经济和社会方面的权力，有助于增强女性参与者集体干预和解决问题的信心，同时信贷活动也可以提高社会中贫困妇女的社会地位。

（二）成立全印度民主妇女协会，组织开展政治运动

20世纪40年代，在印度共产党分裂之前，该党就积极学习贯彻国际无产阶级妇女运动之母克拉拉·蔡特金（Clara Zetkin）关于妇女工作的思想，主动成立共产主义妇女组织，并在早期的妇女运动和政治斗争中崭露头角，如1946年的特伦甘纳运动（Telangana Movement）中，诸多妇女拿起武器，在革命斗争中发挥了重要作用。② 1954年印度共产党成立党的妇女组织——全印度妇女联合会（NFIW）。1964年新生的印共（马）于1981年又重新成立党的妇女群众组织——全印度民主妇女协会，其致力于维护妇女权利、保障妇女就业、促进男女平等议题。2019年12月27日，全印度民主妇女协会在孟买（Mumbai）举行第十二次全国会议，在这次会议中提出要解决穆斯林、土著民和达利特妇女等社会受压迫群体的问题。

21世纪以来，全印度民主妇女协会为保障和维护妇女权益一直在行动。最为常见的是每年3月8日的妇女节集会。2016年11月8日，印度当局宣布废除市面上流通的500卢比和1000卢比面值的纸币。据悉，这一废钞令在许多方面对女性造成了影响。2017年2月12日，全印度民主妇女协

---

① KEDUMBASHREE. What is kedumbashree[EB/OL]. https://www.kudumbashree.org/pages/171.
② WIKIPEDIA. Telangana rebellion[EB/OL]. https://en.jinzhao.wiki/wiki/Telangana_Rebellion#Spontaneous_uprising.

会中央秘书处呼吁开展反对废钞运动。2017年3月3日至10日，超过8000名来自不同行业的女性围绕"同工同酬、反对一切否定妇女的平等权利和立即通过《妇女保留法案》（WRB）"口号开展集会游行活动①。2018年11月25日，全印度民主妇女协会决定于12月10日国际人权日当天在全国各邦组织抗议活动，谴责莫迪的反女性政策；于2019年1月3日发布印有宣传社会主义价值观并反对印度教民族主义意识形态的海报和小册子。2020年8月28日，包括全印度民主妇女协会和全印度妇女联合会在内的6个全国性妇女组织采取联合行动，超过10万名妇女参加了在印度23个邦为争取生命、生计和民主权利而举行的联合抗议活动②。

（三）推动宪法改革，促进男女平等

1947年印度独立以来，仍然存在歧视女性政治权利的法律条文，印度的女性在政治参与过程中始终处于劣势地位，如在婚姻和财产继承方面就存在着诸多不公。1992年印度议会通过了在潘查亚特制度中为妇女保留1/3的席位的宪法第73次修正案。该法案的实施有助于更多的妇女参与国家与社会的基层事务管理。但是在立法机构层面，妇女依然处于边缘地位。1996年9月12日统一战线（UF）联合政府首次提出在议会中为妇女保留1/3席位的议案，但是未引起重视。1998年其在瓦杰帕伊（Vajpayee）领导的全国民主联盟（NDA）政府中再次被提出，但遭到了父权主义思想资本主义政党的强烈反对。

在妇女参政的议题上，1964年通过的《党纲》中印共（马）就曾提出议会中要有足够的妇女代表③。印共（马）始终坚定支持《妇女保留法案》的政治立场，并为该法案在议会中通过而积极努力。2014年6月8日，包括全印度民主妇女协会在内的几个国家级妇女组织向莫迪（Modi）发信函，要求在立法机构中保留1/3的妇女席位。2017年7月27日，来自新德里（New Delhi）、哈里亚纳邦（Haryana）、拉贾斯坦邦（Rajasthan）等地区的超过800名妇女在新德里游行，要求议会通过悬而未决的《妇女保留法案》。④ 2019年3月8日，数千名妇女走上新德里街头，从曼迪大厦游行到议会街，呼吁立即为妇女保留1/3的议会席位；取消各邦阻止妇女参加选举和市政选举的所有违宪规定，以确保女性在这些决策机构中的参与比例与男性相同。

最为著名的是2019年1月1日，印共（马）领导的喀拉拉邦政府组织超过550万名女性聚集在一起，堪称建造了一堵从卡萨戈德（Kasargode）的北端到提鲁凡南塔普拉姆（Thiruvananthapuram）全长620公里的"女子墙"。⑤ 此次事件是对最高法院关于妇女（10岁至50岁）进入萨巴里马拉神庙（Temple of Sabarimara）判决的集体回应，对男女不平等现象的强烈抗议。同时，这一"妇女墙"事件也被国内外的媒体争相报道，引起了广泛关注。

---

① PRACHI HATIWLEKAR. Maharashtra: women's day celebrated with zest [EB/OL]. https://peoplesdemocracy.in/2017/0319_pd/maharashtra-women%E2%80%99s-day-celebrated-zest.

② MARIAM DHAWALE. AIDWA hits the streets in protests [EB/OL]. https://peoplesdemocracy.in/2020/0920_pd/aidwa-hits-streets-protests.

③ CPI(M). Party programme [EB/OL]. https://cpim.org/party-programme#Ⅶ.

④ MARIAM DHAWALE. Rally in delhi for passage of women's reservation bill [EB/OL]. https://peoplesdemocracy.in/2017/0806_pd/rally-delhi-passage-women%E2%80%99s-reservation-bill-0.

⑤ PEOPLE'S DEMOCRACY. Women rise up in Kerala [EB/OL]. https://peoplesdemocracy.in/2019/0106_pd/women-rise-kerala.

(四) 开展思想政治教育工作,增强妇女的政治意识

印共(马)还积极开展妇女干部思想政治教育工作。印共(马)指出,由于日常的家庭责任,坚定党的目标并积极参加党的领导的妇女往往不能发挥自己作为政治工作者和领导人的潜力,也没有足够的时间自学,与此同时,许多贫困地区的妇女活动人士都不会读写,需要在不同的战线部署更多的妇女干部。印共(马)通过对基层组织中妇女积极分子、村务委员会的妇女成员等开展政治教育、性别教育、法律教育等培训,增强了妇女的政治意识。2016年10月15日至16日,来自9个地区的50多名穆斯林妇女参加了在新孟买贝拉普尔(Belapur)举行的研讨会,此次研讨会的主题为"穆斯林社区面临的问题和我们的干预措施"。2017年2月,印共(马)在塔那地区(Thane)塔拉萨里(Talasari)、达哈努(Dahanu)和乔哈尔(Jawhar)等8个乡镇,组织了来自全印度民主妇女协会近2000名党的积极分子共上政治课,向其传授马克思主义概论、党的章程、党和群众组织和当前的政治挑战等内容。① 通过妇女干部思想政治教育工作,不仅提高了广大妇女干部工作的积极性,还坚定了妇女干部拥护印共(马)领导的政治立场,夯实了党的执政基础和群众基础。

(五) 在党内开展思想整风运动

印共(马)发扬了马克思主义批判与自我批判的优良传统,在党内积极开展各级整风运动,以消除各种错误思想。1995年4月党的第十五届全国代表大会后,针对党内派系主义等错误倾向,印共(马)在1996年的中央委员会上开展了以"消除外部因素对党内的影响"为主题的整风运动。此次整风运动,对于党内消除外部资产阶级的渗透与影响、消除机会主义具有积极的作用。② 2010年3月,印共(马)再次开展自上而下的整风运动,并指出只有党不断地进行阶级斗争和群众斗争,加强党内的团结,才能抵御外来的侵略。

在妇女工作方面,印共(马)认为,党内某些部门错误态度的根源就是对妇女及其成就的低估③。因此,重要的是与保守主义抗争到底。印共(马)指出共产主义家庭应阻止妇女特别是新婚妇女在家庭中的刻板角色,消除家庭中的男女歧视。党员也应该在自己家里树立榜样,应该有意识地努力在家庭关系中制定共产主义道德和伦理标准。另外,印共(马)还建议党员尤其是领导人鼓励家庭成员中的女性积极参与政治活动,并要求党内成员在家庭中平等对待子女,禁止家庭成员参加反妇女和种姓主义偏见的集会和宗教仪式。印共(马)还指出嫁妆渗入部落社会、巫术之类的做法必须停止。印共(马)通过整风运动,清除了党内在对待妇女问题上的错误认识,实现了广大党员思想上的再次解放,而且严密的组织纪律体系也使其在印度政党生态中树立了良好的政治形象。

---

① PRACHI HATIWLEKAR. Maharashtra: women's day celebrated with zest[EB/OL]. https://peoplesdemocracy.in/2017/0319_pd/maharashtra-women%E2%80%99s-day-celebrated-zest.
② CPI(M) CENTRAL COMMITTEE. On rectification campaign[M]. The Marxist, XXVI 1, January-March, 2010.
③ BRINDA KARAT. Marxism and the struggle for women's emancipation[EB/OL]. https://cpim.org/content/marxism-and-struggle-women%E2%80%99s-emancipation.

四、对印共（马）妇女观及其政策实践的评价

印共（马）的妇女理论植根于马克思主义经典作家关于妇女问题的论述，并结合了印度妇女问题的现实境遇，从劳动分工的角度对妇女问题的根源和当代印度现实性问题进行了剖析，深刻揭示了劳动分工是妇女问题产生与延续的根源，并在此基础上指出只有社会主义社会通过对生产资料所有权的控制和消除基于利润的动机才能为妇女的解放提供物质基础，极具创造性地发展了马克思主义妇女理论。印共（马）还通过政治变革、成立妇女组织等一系列政策与措施，极大地提高了印度妇女的社会地位，得到了广大妇女群体的热烈拥护，在一定程度上促进了本国的妇女解放。

在政策上，印共（马）2005年通过的《关于党对妇女问题和任务的看法》报告，以政治宣言书的形式具体阐释了党对妇女问题的看法，明确了党的任务，加强了党对妇女工作的重视并强化了责任意识，为解决本国妇女问题提供了鲜明的指导思想。此外，还通过扩大党内女性比例、设立独立的妇女分支机构的政策，极大地提高了妇女参与政治的意愿和比例。据统计，2015年西孟加拉邦的女党员比例为10.4%①，2017年印共（马）110万名党员里女党员的比例已达到16%。② 2021年妇女在喀拉拉邦的地方自治政府中的比例已达到50%③。

在具体的施政实践中，印共（马）通过推行"家庭扶贫计划"、成立妇女组织、推动宪法改革、开展思想政治教育工作、开展党内整风、反"性侵"运动等一系列措施，不仅给予了女性更多的就业机会，很好地维护了女性权益，提高了女性的社会地位，还在社会上和政党生活中引起强烈反响，大大提高了党的生命力、战斗力和影响力。印度政府最新数据显示，印度卫生和教育指标最好的两个邦是印共（马）率领的左翼联盟执政的喀拉拉邦和特里普拉邦，就特里普拉邦而言，2017年的识字率为96%，男性和女性的预期寿命分别为71岁和73岁。④ 2020年8月修订的《印度教继承法》（HSA）废除了"以土地改革和土地上限法的名义，允许存在歧视性的农地法"的条款，确保了妇女具有与男性一样的平等财产权⑤。2021年，备受关注的印度农业危机与农民运动中，就有大量的妇女参与。2021年在喀拉拉邦的议会选举中，共有1400多万名女性参与了投票，比男性多出80余万人，女性政治参与活跃度高于男性。这些数据有力地证明了印共（马）所做的努力及取得的良好成绩。

印共（马）还积极推动《妇女保留法案》的立法工作，实施土地改革措施，保护农民尤其是女性的土地，制定同男性同等工资和权利的城市就业保证法，并在诸多领域力求女性同男性拥有平

---

① CPI(M). Plenum:report on organisation[EB/OL]. https://cpim.org/documents/plenum-report-organisation.
② BRINDA KARAT. Marxism and the struggle for women's emancipation[EB/OL]. https://cpim.org/content/marxism-and-struggle-women%E2%80%99s-emancipation.
③ N S SAJITH. Kerala:more women elected as branch secretaries[EB/OL]. https://peoplesdemocracy.in/2021/1024_pd/kerala-more-women-elected-branch-secretaries.
④ PEOPLE's DEMOCRACY. CPI(M) central committee calls for national campaign august 15-31[EB/OL]. https://peoplesdemocracy.in/2017/0730_pd/cpim-central-committee-calls-nationwide-campaign-august-15-31.
⑤ PEOPLE's DEMOCRACY. Aidwa hails sC judgement on equal coparcenary rights for women[EB/OL]. https://peoplesdemocracy.in/2020/0823_pd/aidwa-hails-sc-judgement-equal-coparcenary-rights-women.

等的地位和责任，甚至还通过550万名妇女组成"妇女墙"等大型抗议活动，扩大了党在印度国内和国际社会上的影响力。

随着莫迪时代的到来，印度社会中广泛宣扬以印度教为基础的印度教民族主义的价值理念，印度女性在地位提升、权益保护等方面面临更大的挑战。为更好地解决妇女问题，印共（马）就需要动员和发展很多受压迫和剥削的妇女群体，只有这样，才能更好地在实现本国妇女解放的道路上前行，正如列宁所指出的："无产阶级如果不争得妇女的完全自由，就不能得到完全的自由。"①

参考文献：

［1］中共中央马恩列斯著作编译局，编译. 马克思恩格斯选集：第4卷［M］. 北京：人民出版社，2012.

［2］CPI（M）. Party's perspective on women's issues and tasks［EB/OL］. https：//cpim. org/content/partys – perspective – womens – issues – and – tasks – dec – 2005.

［3］CPI（M）. Party programme［EB/OL］. https：//cpim. org/party – programme.

［4］BRINDA KARAT. Marxism and the struggle for women's emancipation［EB/OL］. https：//cpim. org/content/marxism – and – struggle – women%E2%80%99s – emancipation.

［5］宋璐，姜保全. 印度女性生存状况：现状、原因及治理［J］. 南亚研究季刊，2008（1）.

［6］CPI（M）. Plenum：report on organisation［EB/OL］. https：//cpim. org/documents/plenum – report – organisation.

---

① 中共中央马恩列斯著作编译局，编译. 列宁全集：第38卷［M］. 北京：人民出版社，1990：171.

日本的《资本论》研究：特色与启示

——基于《资本论》开篇商品性质研究的考察

杨立国*

>【内容提要】《资本论》以商品开篇，具有重要的经济学理论和方法论意义，开篇商品的性质也因此成为中外学者争论的焦点问题。由于摆脱了意识形态的束缚，日本的《资本论》研究在开放的学术环境中展开，涌现出诸多优秀成果，成为世界马克思主义研究的重要组成部分。对开篇商品性质的探讨是日本《资本论》研究的一个缩影。日本学者经过深入的研讨和交流辩论得出三种不同的结论：开篇商品属于资本主义之前的简单商品、属于资本主义的商品、属于各社会共通的商品一般。研究开篇商品的性质不仅可以准确地把握《资本论》的研究对象和内容，而且在构建中国特色社会主义政治经济学理论体系及运用唯物辩证法分析问题、解决问题时亦能发挥积极作用，具有重要的理论意义和现实意义。
>
>【关键词】日本《资本论》 开篇商品 逻辑起点 中国特色社会主义政治经济学

日本是较早引进和传播马克思主义、开展《资本论》研究的东方国家。据考证，早在1887年《资本论》第一卷就已传入日本，迄今为止，日本的《资本论》研究已走过百余年历程。第二次世界大战前，日本已经出现了《资本论》的研究学派——讲座派和劳农派，涌现出野吕荣太郎、向坂逸郎、河上肇等一大批马克思主义学者。他们运用《资本论》分析明治维新对日本资本主义发展的意义，研究成果成为日本共产党（1922年成立）制定行动纲领的理论依据。第二次世界大战后，日本的《资本论》研究空前繁荣，其标志是形成四大学派：正统学派、宇野学派、数理学派和市民社会学派。各派学者以《资本论》及其手稿的研究为核心，各抒己见、百家争鸣，形成独具特色的、与现代西方经济学并行的日本马克思主义经济学。与欧美、苏联相比，日本在《资本论》研究的广度和深度上、理论和方法论的创新上以及对现代资本主义的剖析等方面成绩显著，成为世界马克思主义研究的重要组成部分。[①]

作为马克思政治经济学的逻辑起点，如何理解《资本论》开篇商品的性质是一个至关重要的问

---

* 杨立国，男，大连外国语大学马克思主义学院教授、博士生导师，主要从事马克思主义政治经济学研究。基金项目：本文系国家社会科学基金项目"日本百年《资本论》研究历程回顾、反思与启示"（项目编号：20BKS004）、辽宁省教育厅科学研究经费资助项目"日本百年《资本论》研究回顾及其当代价值"（项目编号：2020JYT01）的阶段性研究成果。

① 杨立国，田晓萌. 日本百年《资本论》研究：历程与成就[J]. 当代世界社会主义问题，2022（1）：103–112.

题，它关乎对整个马克思主义思想体系的阐释。早在20世纪初，这一问题就引起了国际马克思主义学界的关注，奥地利学者鲁道夫·希法亭和欧根·冯·庞巴维克对此问题曾进行过激烈的辩论。20世纪20年代，日本学者河上肇也曾就《资本论》开篇商品的性质与他的学生栉田民藏进行讨论。第二次世界大战结束后，随着《资本论》研究的深入，这一问题再次引起日本学者的关注，学派内部及各学派之间论争激烈，成为日本《资本论》研究的一个焦点问题。本文以梳理日本学者对开篇商品性质的研究成果为主线，阐释《资本论》以商品开篇的重要意义，在展现日本《资本论》的研究水准及特色的同时，明确《资本论》研究的当代价值。

一、《资本论》以商品开篇的重要意义

《资本论》第一卷第一章开宗明义："资本主义生产方式占统治地位的社会的财富，表现为'庞大的商品堆积'，单个的商品表现为这种财富的元素形式。因此，我们的研究就从分析商品开始。"① 作为马克思政治经济学的逻辑起点，《资本论》以商品开篇具有重要的理论意义和方法论意义。

众所周知，《资本论》是马克思在对资产阶级古典政治经济学批判与继承的基础上完成的，因此，想要理解《资本论》以商品开篇的理论意义，有必要先看一下古典政治经济学是如何开篇的。被称为经济学之父的亚当·斯密丰富并完善了劳动价值学说，其所著的《国富论》（全称《国民财富的性质和原因的研究》）是古典政治经济学的代表性作品。而《国富论》是以"分工"为逻辑起点，并非以商品开篇。亚当·斯密在《国富论》第一篇第一章指出："劳动生产力上最大的改进，以及在劳动生产力指向或应用的任何地方所体现的技能、熟练性和判断力的大部分，似乎都是分工的结果。"② 亚当·斯密从分工开始分析商品、货币到工资、利润、地租、资本，沿着这条主线展开对资本主义经济制度的全面分析。《国富论》之所以以"分工"开篇，是因为亚当·斯密认为，劳动分工使劳动生产率得以大幅提高，从而使国民财富大幅增加。同时，作为资产阶级经济学家，斯密还认为，资本主义生产方式是自然的、永恒的存续，经济学的目标是揭示资本主义社会财富增长的秘密，为资产阶级统治服务。

另一位古典政治经济学的代表性人物大卫·李嘉图批判地继承了亚当·斯密的经济思想，他在《政治经济学及赋税原理》的第一章"论价值"中指出：商品的价值或其所能交换的任何其他商品的数量，取决于其生产所必需的相对劳动量，而不是取决于支付这种劳动报酬的多少。③ 进言之，李嘉图以还原人类劳动的"价值"为开篇，沿着价值—地租—价格—工资—利润这一主线来分析资本主义经济的运行规律。虽然李嘉图认识到了使用价值的重要性，克服了亚当·斯密专注于交换价值的理论缺陷，但由于其维护资产阶级统治的性质没有发生改变，注定了他的经济学理论不可能以商品作开端和逻辑起点。

---

① 中共中央马恩列斯著作编译局,编译. 马克思恩格斯全集:第23卷[M]. 北京:人民出版社,1975:47.
② [英]亚当·斯密. 国富论[M]. 唐日松,等,译. 北京:华夏出版社,2004:7.
③ [英]彼罗·斯拉法,主编. 李嘉图著作和通信集:第1卷[M]. 郭大力,王亚南,译. 北京:商务印书馆,1997:44.

在《资本论》中,马克思对古典政治经济学理论进行了彻底的批判,他说:"古典政治经济学的根本缺点之一,就是它从来没有从商品的分析,特别是商品价值的分析中,发现那种正是使价值成为交换价值的价值形式。"① 在马克思看来,无论是以"分工"开篇还是以"价值"起首,均忽略了资本主义的历史性和特殊性,把资本主义当成历史的永恒,这种缺乏唯物史观的形而上学的抽象法,为庸俗经济学埋下了伏笔,是完全错误的。马克思同时分析了产生错误的深层次原因,即他们没有从商品出发,没有发现使价值成为交换价值的价值形式,从而使他们无法了解资本主义生产方式的特殊性,无法得出资本主义社会只不过是人类历史进程中的一个阶段,最终必将消亡的结论。那么,马克思所说的"价值形式"到底指的是什么呢?

在《资本论》第一章第三节"价值形式或交换价值"中,马克思通过对从简单的价值形式"20 码麻布 = 1 件上衣"开始一直到货币形式"20 码麻布 = 2 盎司金"的分析,对商品的价值形式进行了缜密论证。马克思只想证明一件事:在资本主义生产方式下,商品的价值最终一定要通过货币的形式来表现。换句话说,商品向货币的转化是必然的。这里需要强调的是,只有在资本主义这种特殊的生产方式下货币的必然性才能得以确立。② 虽然商品和货币并不独属于资本主义,它们在资本主义社会以前数千年的社会发展进程中始终存在,但资本主义以前的商品仅是作为剩余生产物而存在,即使无法转换成货币,社会再生产也不会中断,因此不存在商品向货币转化的必然性。而进入资本主义社会,包括劳动力在内的一切劳动产品都变成了商品,商品不仅是劳动产品所采取的普遍形式,也是人类赖以生存的生产资料和生活资料的基本形式,商品遍布社会生产生活的一切领域。由于劳动产品的全面商品化,价值规律的作用得以全面彻底的发挥,商品的价值转化为生产价格,资本主义的生产关系得以全面确立,人与人之间的关系通过商品分析被全面呈现。因为商品是用别的商品生产出来的,所以商品如果不转化成货币就无法进入下一个生产过程,社会再生产会因此而中断,这就是资本主义生产方式的特殊性。缺少了价值形式就会导致人们只注重对价值量的分析,如大卫·李嘉图,那也就无法论述商品向货币、货币向资本转化的必然性,自然也就无法解开资本主义生产方式的运行秘密了。因此,马克思的价值形式论弥补了古典政治经济学的理论缺陷,实现了对古典政治经济学的批判和超越,为《资本论》以商品开篇奠定了基础。

在谈到《资本论》以商品开篇的重要意义时,日本学者大内秀明有如下的评论,他说:"分工、普通的人类劳动、财物等是属于与资本主义生产方式以及与商品经济没有关系的、超越历史而存在的经济范畴。如果以这些超历史的范畴为出发点,虽然在一定程度上可以解释超越历史的经济活动,但却无法把握以商品经济为基础、作为特定历史时期而存在的资本主义生产方式的运行规律。"③ 可见,《资本论》以商品开篇一方面揭示了古典政治经济学为资产阶级服务的本质,另一方面也为全新的马克思主义政治经济学分析资本主义生产关系和交换关系、指出资本主义的特殊性及历史暂时性提供了理论依据,意义十分重大。

除此之外,《资本论》以商品开篇还开启了正确的经济学方法论之旅。在《政治经济学批判》导言(写于 1857—1858 年)中,马克思曾提出政治经济学研究的两种道路问题,他说:"第一条道

---

① 中共中央马恩列斯著作编译局,编译. 马克思恩格斯全集:第 23 卷[M]. 北京:人民出版社,1972:98.
② 杨立国,于众. 马克思价值形式论的新解读——以中日学者的研究成果为视角[J]. 辽宁大学学报(哲学社会科学版),2015(5):82-87.
③ [日]大内秀明. 冒頭商品の性格[J]. 『資本論を学ぶ』I 収録. 東京:有斐閣選書,1977:82.

路是经济学在它产生时期在历史上走过的道路。例如，17 世纪的经济学家总是从生动的整体，从人口、民族、国家、若干国家等开始；但是他们最后总是从分析中找出一些有决定意义的抽象的一般的关系，如分工、货币、价值等。这些个别要素一旦多少确定下来和抽象出来，从劳动、分工、需要、交换价值等这些简单的东西上升到国家、国际交换和世界市场的各种经济学体系就开始出现了。……在第一条道路上，完整的表象蒸发为抽象的规定；在第二条道路上，抽象的规定在思维行程中导致具体的再现。"① 马克思认为"后一种方法显然是科学上正确的方法"。《资本论》只有从商品出发进行论述，才能说明价值、货币、价格、经济危机，才能一以贯之地揭示资本主义经济的运行规律以及资本主义必然灭亡、社会主义必然胜利的社会发展规律。因此，以商品开篇从抽象到具体的分析方法是一条正确的研究路径，在经济学方法论上具有十分重要的意义。

二、日本学者对《资本论》开篇商品性质的研究

既然《资本论》以商品开篇具有如此重要的意义，那么弄清楚开篇商品的性质就显得尤为关键，这一问题也因此成为国际马克思主义学界关注的焦点问题。日本对这一问题的研究是从 20 世纪 20 年代开始的，河上肇和他的学生栉田民藏就《资本论》开篇商品的性质进行了最初的讨论。第二次世界大战后，随着《资本论》研究热潮席卷日本，各《资本论》研究学派从不同角度发表见解，开篇商品的性质再度成为学者们争论的焦点。

（一）河上肇和栉田民藏的辩论

河上肇是第二次世界大战前日本《资本论》研究的代表性人物，栉田民藏是他的学生。虽然是师生关系，但两人对于开篇商品的性质却有很大的分歧。栉田认为，经济学概念的展开一方面是以历史事实为依据，另一方面也是历史发展的结果。他说，"马克思的价值规律也是如此。首先它在历史上、在简单商品生产社会已经存在，这是历史事实，至于价值转化为生产价格，无论是理论上还是实践上都属于在此之后的事情"②，因此，栉田认为开篇商品属于资本主义之前的简单商品。

河上肇不同意栉田的观点，他说："如果将开篇商品看成资本主义社会以前的简单商品则容易引起误会，它应该是从资本主义商品中抽象掉了资本的产物这一性质，而仅仅作为商品而存在罢了。"③ 河上肇认为开篇商品属于理论范畴的资本主义商品。栉田批判河上肇忽视历史事实、缺乏唯物史观，认为即便开篇商品是从资本主义社会抽象出来的，那它也是在经历了此前的历史发展，逐步由简单商品生产过渡到资本主义生产的。栉田认为，不理解唯物史观就无法正确理解《资本论》开篇商品的真正含义。栉田重视唯物史观的主张是值得肯定的，因为唯物史观是马克思主义思想的灵魂，脱离唯物史观孤立地研究《资本论》的做法是行不通的。但仅重视唯物史观并不能说明《资本论》开篇商品就一定属于历史上的简单商品。

---

① 中共中央马恩列斯著作编译局,编译. 马克思恩格斯全集:第30卷[M]. 北京:人民出版社,1995:41 – 42.
② ［日］栉田民藏. 資本論劈頭の文句とマルクスの価值法則[J].『栉田民藏全集』第2卷收録. 東京:社会主義協会出版,1978:170 – 171.
③ ［日］河上肇. マルクスの価值論に対する小泉教授の批評の批評[J]. 社会問題研究,1925(62):15 – 16.

河上肇最终有条件地接受了栉田的批判，在《资本论入门》一书中对自己的观点作了如下修正："如果从资本家的商品中把'资本家的'这一特性抛开，那它就是简单商品。并且，这种简单商品在资本家的商品之前历史上早就存在了。"① 经过辩论，两人基本取得了认识上的统一，即《资本论》开篇商品属于资本主义社会之前的简单商品。

（二）正统学派对《资本论》开篇商品性质的研究

第二次世界大战后，尤其是 20 世纪 50—60 年代，日本的《资本论》研究取得了很大发展，进入空前繁荣阶段，主要表现在两个方面：一是形成了诸多《资本论》研究学派，包括宇野学派、数理学派、市民社会学派等；二是各学派内部及各学派之间通过激烈的辩论使《资本论》的研究不断深化和升华，取得了令世界瞩目的成果。正统学派主要是站在拥护马克思的立场上发表观点，虽然学派内部也会有纷争，但他们对外的主张是一致的，即维护马克思《资本论》的正当性。针对开篇商品的性质，正统学派内部大致形成了两种不同的观点：一种认为开篇商品属于资本主义之前的简单商品，代表人物有游部久藏和山本二三丸；另一种认为开篇商品属于资本主义商品，代表人物有吉原泰助和头川博。

先来看一下前者的主张。游部久藏一方面主张《资本论》商品理论中一切命题及规则的成立都应该以资本主义生产为前提，另一方面又强调这些命题和规则并不是发达的商品经济，即资本主义所特有的，因为商品属性在历史上出现过的简单商品上也有所体现。他说："理论上的抑或是历史上的方法的本质并不是简单的理论与历史的'照应''相似'，不应以前者来类推后者或者以后者证明前者，而应该是理论与历史对立统一的结果。"② 另一位学者山本二三丸也表达了相似的观点，他说："虽然开篇商品是资本主义社会财富的'元素形式'，但其所具有的最根本的、最抽象的属性与资本主义社会之前的商品没有任何区别。"③ 山本认为《资本论》第一章对商品的分析并不仅是对资本主义私人所有的商品进行的分析，而应该是对一切具有商品属性的商品进行的分析。此外，宫川实④、长谷部文雄⑤、向坂逸郎⑥等著名马克思主义学者也基本上赞同《资本论》开篇商品属于历史上的简单商品。⑦

然而，这种主张存在很大缺陷：如果脱离了资本主义的生产关系，仅从历史上简单商品出发是否能够论证价值规律，即商品价值量的大小是由生产这一商品所需的社会必要劳动时间所决定的？因为我们知道，资本主义之前的小商品生产呈现出随意性和无规律性的特点，反映在价值规律上必然也是不稳定的。再者，如果是历史上的简单商品，那么马克思在《资本论》第一章第三节"价值形式或交换价值"中所论述的商品向货币分化的必然性还能否成立？如果商品向货币转化的必然性

---

① ［日］河上肇.『資本論入門』第 1 分冊［M］. 東京：改造社，1937：87.
② ［日］遊部久藏. 価値論研究史［J］.『日本における経済学の百年』（上）収録. 東京：青木書店，1959：108.
③ ［日］山本二三丸. 人間的労働の経済学的考察（二）［J］. 立教経済学研究. 1961，15（3）：123-165.
④ ［日］宮川実. 資本論論争［M］. 東京：学習の友社，1980：88-101.
⑤ ［日］長谷部文雄. 資本論随筆［M］. 東京：青木書店，1956：53-54.
⑥ ［日］向坂逸郎. マルクス経済学の基本問題［M］. 東京：岩波書店，1962：295.
⑦ 我国学者王亚南在其所著的《〈资本论〉研究》一书中说："只有简单商品生产发展到一定程度，发展到劳动力也当作商品来售卖的可能与必要的条件下，才有资本主义的商品生产。"他认为《资本论》开篇的商品是资本主义以前的简单商品（参见王亚南.《资本论》研究［M］. 上海：上海人民出版社，1978：214）。卫兴华也持相同观点.［卫兴华.《资本论》第一卷第一篇"商品"的性质［J］. 学术月刊，1982（3）：36,40-42］。

不成立,那么货币向资本分化的必然性也就无法成立,资本主义社会经济运行的规律就无法阐明。最后,这种观点还忽略了一个重要事实,即资本主义的商品是用别的商品生产出来的这一特殊性。如果把资本主义商品和历史上的简单商品混为一谈,那么如何来完成《资本论》的最终命题,即资本主义具有历史暂时性,它必然会灭亡呢?

正统学派内部还存在另一种比较普遍的观点,他们认为开篇商品是撇开了具体生产关系的资本主义商品。吉原泰助的论述具有一定的代表性,他在《从生产关系的角度来分析商品论》一文中,对开篇商品性质进行了层层推演:第一,对资本主义细胞形态的商品的分析就是对资本主义生产关系的分析;第二,所谓的资本主义生产关系是指社会总劳动及社会分工自发形成的体制,并且这种自发形成的体制的诸环节因生产资料的私人所有被切断,造成本来彼此依赖的各生产者只能瞄准市场进行生产,变成了独立的商品生产者之间的单打独斗;第三,这种生产关系的细胞形态绝不是"想象中的虚像",而是实际存在于资本主义生产体制中的各个商品生产者互相联结的每一个侧面,是"最抽象的、最简单的,同时也是最普遍的关系",是研究具体的、复杂的资本主义生产关系的前提和基础;第四,开篇商品正是从具体的、复杂的资本主义生产关系中抽象出来的、具有一切资本主义生产关系规定性的细胞形态。① 在吉原看来,如果把整个资本主义生产关系比作一个人的机体,那商品就是机体中的一个细胞。《资本论》开篇中提到的商品,是实际存在于资本主义生产体系环境中的一个细胞,只有对这一细胞形态进行有效分析,才能揭开资本主义生产关系的奥秘。吉原的主张得到了头川博②、松石胜彦③等学者的认同,在日本具有一定的代表性。④

(三) 宇野弘藏的主张及宇野学派内部论争

宇野弘藏是第二次世界大战后日本马克思主义学界的代表人物,是宇野理论和宇野学派⑤的创始人。宇野不赞同把《资本论》开篇商品看成历史上简单商品的观点,他说:"关于《资本论》开篇的那句话,前些年在我国曾经与价值论一起进行过讨论。压倒性多数的人都认为那里所说的'单个的商品'是指简单商品而非资本主义的商品。因为这是个触及价值论核心的问题,如果往错误的方向发展的话,它必然会削弱马克思价值论的意义。"⑥ 宇野认为,《资本论》开篇商品"是表现资本主义生产关系的核心,是纯资本主义的"。宇野在1947年出版的《价值论》一书中表达了上述观点,但在1950年出版的《经济原论》中他的观点有所改变。他说:"商品、货币以及一部分资本,在古代和中世纪都曾经出现过,但古代和中世纪并不存在商品形态必然发生的生产关系。商品与它在怎样的社会关系下生产出来的并无关联,商品形态也并不是以资本主义生产为前提,它可以附着

---

① [日]吉原泰助. 生産関係分析としての商品論[J].『講座:資本論の研究』第2卷収録. 東京:青木書店,1980:19.
② [日]頭川博. 単純商品流通の性格規定:「貨幣の資本への転化」との関連で[J]. 一橋論叢,1978(79)3:331-349.
③ [日]松石勝彦. 資本論研究[M]. 東京:三嶺書房,1983:13.
④ 我国学者骆耕漠、罗雄飞也主张《资本论》开篇商品的性质为资本主义的商品。骆耕漠认为,作为《资本论》逻辑起点的商品是"以资本主义商品经济为对象的,只不过按科学的抽象法暂时舍掉资本商品中的资本关系,而单独先分析它所包含的简单商品这一'始基'关系而已"(参见骆耕漠. 社会主义商品货币问题的争论和分析:总论[M]. 北京:中国财政经济出版社,1980:118);罗雄飞从《资本论》的研究对象是资本主义社会有机体的商品生产出发,认定作为《资本论》逻辑起点的商品必须是资本主义商品的范畴[罗雄飞. 论《资本论》的逻辑起点[J]. 政治经济学评论,2014(1):178-211]。
⑤ 宇野学派是日本《资本论》研究学派中最具影响力的一个流派,形成于第二次世界大战后。代表人物除宇野弘藏外,还有山口重克、镰仓孝夫、大内秀明、降旗节雄、伊藤诚等。
⑥ [日]宇野弘藏. 価値論[M]. 東京:河出書房,1947:12-13.

在任何物品上发生。"① 在这里,他不再坚持开篇商品是"纯资本主义的"主张,强调商品与它在怎样的社会关系下生产出来的并无关联,只要它处于流通形态上,无论是古代的商品还是资本主义的商品,它们在商品属性上都是一样的。

之所以做出这样的改变,与宇野经济学体系的完善不无关系。在《经济原论》中,随着流通形态理论的完成,商品、货币、资本作为经济学的基本概念,其含义不再涉及资本主义生产的内容,任何社会类型的商品,只要它处于流通形态均具有相同的特征。此时,宇野已经摆脱了《资本论》的束缚,开篇商品是属于资本主义之前的商品还是属于资本主义的商品已经不重要,因为他已经把商品作为经济学的基本概念纳入他自己的经济学体系中了。

宇野对《资本论》开篇商品性质的认识以及认识的转变都遭受了多方质疑,并引起了宇野学派的内部纷争。大内秀明认为,《资本论》的研究对象是资本主义经济的运行规律,完全没有必要把非资本主义的,即历史上的简单商品拿出来讨论。他说:"在理论上证明商品处于流通形态时,既没必要谈及历史上的简单商品,也没必要强调它与资本主义商品在形态上的共通性。……补充一点,历史上的简单商品的价值性体现得并不充分,并非严格意义上的商品,所以即便是处于流通形态上也不能说它是纯粹的。"② 同时,历史上的简单商品因缺少价值和使用价值的对立统一,商品向货币转化的条件并不充分,属于"不纯的存在",开篇商品的性质应该属于纯资本主义的。

镰仓孝夫对大内秀明进行了反驳,他认为,如果从价值和使用价值的关系出发理解商品的含义,那么它们只能是彼此作为价值相互联系,作为使用价值相互对立。从这一点来说,无论是历史上的简单商品还是资本主义的商品都是一样的。因此,如果说开篇商品是纯粹资本主义的,那只能是"认识上的问题"③,并不能表明历史上的简单商品就不具有这样的性质。

虽然分析问题的角度有所不同,但宇野学派的学者们在各自的经济学理论中均对商品这一概念进行了纯化,即将其理解为处于流通形态上的价值与使用价值的对立统一体,与货币、资本同属经济学的基本范畴。既非资本主义的,也非资本主义之前的,凡是商品都应该具有共通性质的商品一般。④ 因此,从某种意义上说,他们所说的"商品"已经与《资本论》的开篇商品脱离了关系,不应该在我们的讨论范围之内。

三、研究《资本论》开篇商品性质的当代启示

对开篇商品性质的研究是日本《资本论》研究的一个缩影,它不仅开始时间早、讨论时间跨度长,而且广泛深入,充分体现了日本《资本论》的研究水准和研究特色。由于摆脱了意识形态的束

---

① [日]宇野弘蔵.経済原論(上)[M].東京:岩波書店,1950:19.
② [日]大内秀明.価値論の形成[M].東京:東京大学出版社,1964:179.
③ [日]鎌倉孝夫.資本論とマルクス主義[M].東京:河出書房新社,1971:131
④ 这种观点与我国学者俞明仁、胡培兆提出的商品一般说极其类似。俞明仁说:"这里分析的,既不是资本主义生产方式出现以前历史上的简单商品,也不是在资本主义生产方式旁边苟延残喘的小商品生产者的简单商品,而是从理论意义上说的简单商品。马克思用的是抽象法,他在这里分析的商品,是先把资本主义性质舍弃掉,先把资本主义性质撇开的简单商品。"(参见俞明仁.《资本论》讲解[M].杭州:浙江人民出版社,1981:18)。胡培兆也表达了同样的观点[胡培兆.《资本论》研究起点的商品是什么商品[J].福建论坛,1983(1):14-19]。

缚，各派学者可以互相质疑、辩论，《资本论》研究在交流融合中深化升华。经过各派学者之间及学派内部的充分研讨，日本学者对《资本论》开篇商品的性质形成了三种不同的观点，即开篇商品属于资本主义之前的简单商品、属于资本主义的商品和属于各社会共通的商品一般。之所以产生如此大的分歧，主要是因为马克思在《资本论》中没有对开篇商品的性质做出明确规定，学者们从不同的角度、利用不同的方法进行解读，从而得出了不同的结论。梳理近百年日本学者对《资本论》开篇商品性质的探讨，有利于我们正确理解和把握《资本论》的研究对象和基本方法，进一步创新和发展马克思主义政治经济学，并将其最新研究成果运用于中国特色社会主义经济建设中，具有重要的理论意义和实践意义。

第一，为解决中国特色社会主义政治经济学逻辑起点问题提供思路和方法。新中国成立70多年来，我们积累了丰富的社会主义建设经验，亟须建立一套具有中国特色的社会主义政治经济学理论体系。它一方面是对中国人民探索社会主义道路、进行社会主义经济建设实践经验的总结，另一方面可以为研究社会主义经济运行规律，顺利实现社会主义现代化国家建设目标提供理论依据。因此，中国特色社会主义政治经济学体系建设备受瞩目，而逻辑起点更是成为"前沿尖端难题"。《资本论》以商品为起点的成功经验值得我们思考和借鉴。以商品开篇不仅划清了马克思主义政治经济学与资产阶级经济学的界限，而且使它具有了鲜明的阶级性和革命性，还抓住了资本主义的本质特征，为研究资本主义经济运行规律奠定了理论基础。那么，在中国特色社会主义政治经济学的体系建构中应以什么为逻辑起点呢？对于这一问题，学界争鸣不断。以卫兴华[1]、张宇[2]为主要代表的诸多学者认为应将社会主义基本经济制度作为中国特色社会主义政治经济学的逻辑起点，许涤新[3]、蒋学模[4]、朱燕[5]、李成勋[6]认为应将"生产资料公有制"作为逻辑起点，刘谦、裴小革还提出了将"中国特色二元化所有制结构"作为逻辑起点的观点[7]。除此之外，还有不少学者提出应以"商品"为逻辑起点，如武汉大学颜鹏飞提出的"变形的商品"论[8]、周绍东提出的"社会主义商品"论[9]等观点都十分具有代表性。这一类观点认为，社会主义初级阶段实行的社会主义市场经济中，商品依然是社会财富的元素形式，决定了中国特色社会主义政治经济学的理论基础依然是劳动价值论。另外，方凤玲、白暴力则依据人的本质、人的解放以及人的自由全面发展理论，认为中国特色社会主义政治经济学的元范畴应是以"人"为起点的"人民主体"[10]。持有此观点的还有提出"人力产权"论的程昊和程言君[11]，以及提出"人的发展"论的周文与包炜杰[12]。他们都是从《资本

---

[1] 卫兴华. 中国特色社会主义政治经济学的主线和逻辑起点[M]//社会主义经济理论研究集萃2019. 北京：经济科学出版社，2020：13-17.
[2] 张宇. 中国特色社会主义政治经济学[M]. 北京：中国人民大学出版社，2016：7.
[3] 许涤新. 有关社会主义政治经济学的几个问题[J]. 学术月刊，1979(1)：39-46.
[4] 蒋学模. 关于社会主义政治经济学体系结构的几个问题[J]. 东岳论丛，1982(4)：34-41,58.
[5] 朱燕. 马克思的"第二条道路"及其对中国特色社会主义政治经济学方法论的启示[J]. 经济纵横，2017(7)：22-29.
[6] 李成勋. 中国特色社会主义政治经济学构建四题[J]. 政治经济学研究，2020(1)：14-16.
[7] 刘谦，裴小革. 中国特色社会主义政治经济学逻辑起点定位研究——基于所有制视角的探索[J]. 上海经济研究，2020(6)：5-13.
[8] 颜鹏飞. 新时代中国特色社会主义政治经济学研究对象和逻辑起点[J]. 内蒙古社会科学，2018(4)：2,27-31.
[9] 周绍东.《资本论》与中国特色社会主义政治经济学：逻辑起点与体系构建[J]. 马克思主义研究，2017(5)：87-93.
[10] 方凤玲，白暴力. 习近平新时代中国特色社会主义经济思想体系探索(上)[J]. 上海经济研究，2018(6)：16-24.
[11] 程昊，程言君. 新时代中国特色社会主义政治经济学逻辑起点范畴研究[J]. 当代经济研究，2019(2)：34-41.
[12] 周文，包炜杰. 中国特色社会主义政治经济学研究对象辨析[J]. 内蒙古社会科学(汉文版)，2018(39)：38-45.

论》以商品为逻辑起点得到启发，从马克思主义的立场观点出发得出了结论。但笔者认为，如果考虑改革开放以来我国经济建设实践以及中国特色社会主义政治经济学所承载的历史使命，则建议将"发展生产力"作为中国特色社会主义政治经济学的逻辑起点。因为中国特色社会主义的最大特征就是通过改革开放发展本国经济，邓小平提出的"发展才是硬道理"、江泽民的可持续发展理念和胡锦涛的科学发展观都是对发展理念的传承和创新。如今，中国特色社会主义进入新时代，我国正处于发展的重要战略机遇期，无论是以创新、协调、绿色、开放、共享为主要内容的新发展理念，还是以国内大循环为主体、国内国际双循环相互促进的新发展格局，其基本内核都是"发展生产力"。诚然，社会主义政治经济学是研究社会主义生产关系的学问，但社会主义的根本任务是解放生产力、发展生产力，尤其是我国依然并将长期处于社会主义初级阶段，更应该把发展生产力放在首要地位。中国特色社会主义政治经济学是来源于实践并指导实践的科学，无论是以公有制为基础的基本经济制度的建立，还是以人民为中心的发展理念，抑或是实现共同富裕的终极目标，最终都要落实到"发展生产力"这条主线上。因此，"发展生产力"既是中国特色社会主义政治经济学的逻辑起点，也是社会主义向更高阶段迈进的必由之路。

第二，唯物史观和唯物辩证法依然是分析问题和解决问题的根本遵循。从日本学者对《资本论》开篇商品性质的研究结果来看，把开篇商品看成历史上的简单商品是马克思唯物史观的集中体现，与资本主义只是人类社会发展的一个特殊阶段，必然要经历发生、发展、灭亡的结论相印证；把开篇商品看成资本主义的商品或者资本主义商品抽象掉了生产关系下的一般商品，都是由抽象到具体的唯物辩证法的运用。日本学者在探讨《资本论》开篇商品的性质时科学地运用马克思的唯物史观和唯物辩证法分析问题、解决问题，对于我们今天研究和运用马克思主义进行社会主义经济建设具有重要的启示作用。唯物辩证法要求我们对于一切事物都要从联系和发展的观点去理解，用科学的方法找到事物的运动规律；唯物史观则认为，社会历史的发展有其特定规律，它是在生产力与生产关系、经济基础与上层建筑的相互作用中不断前行的。如果我们不懂唯物史观和唯物辩证法，就不可能以科学的眼光来认识纷繁复杂的客观事物，并把握其内在规律。今天，我们之所以大力发展社会主义市场经济，就是要解决人民日益增长的美好生活需要和不平衡不充分的发展之间的矛盾，这是由生产力与生产关系的矛盾运动决定的。还有，关于政府与市场在资源配置中的作用转化问题也是应用唯物辩证法解决客观问题的经典例证。从改革初期的"计划经济为主，市场调节为辅"到"发挥市场在资源配置中的基础性作用"，再到"使市场在资源配置中起决定性作用"，是基于我国经济发展实践不断变化所做出的科学决策。习近平总书记强调："我们党要团结带领人民协调推进全面建成小康社会、全面深化改革、全面依法治国、全面从严治党……必须不断接受马克思主义哲学智慧的滋养，更加自觉地坚持和运用辩证唯物主义世界观和方法论。"①

第三，通过对《资本论》开篇商品性质的研究，可以更好地理解《资本论》的研究对象、方法及理论体系，增强运用马克思主义基本原理剖析当代资本主义的能力。一直以来，有一种论调认为《资本论》已经过时了，没有应用价值了。但从我们梳理的日本学者对《资本论》开篇商品的研究结果来看，并不是《资本论》过时了，而是我们对《资本论》的研究还远远不够。对此，

---

① 中共中央文献研究室，编.习近平关于协调推进"四个全面"战略布局论述摘编[M].北京：中央文献出版社，2015：159.

习近平总书记曾说过："有人说，马克思主义政治经济学过时了，《资本论》过时了。这个说法是武断的。远的不说，就从国际金融危机看，许多西方国家经济持续低迷、两极分化加剧、社会矛盾加深，说明资本主义本身所固有的矛盾依然存在，只是在表现形式和存在特点方面有所不同。国际金融危机发生后，不少西方学者也在重新研究马克思主义政治经济学，借以反思资本主义的弊端。"① 诚然，《资本论》及其手稿完成于19世纪中后叶，距今已有一个半世纪的历史，马克思所剖析的资本主义世界已经发生巨大变化，完全套用《资本论》是行不通的。但需要强调的是，从形态上看，资本主义已从自由竞争阶段发展到了垄断阶段，可资本主义的本质特征并没有发生改变。这些本质特征包括商品经济的高度发达、通过市场竞争无止境地追求剩余价值、生产的社会化与生产资料的私人占有等。尽管当代资本主义世界出现了一些新现象新特点，但变化的只是披在资本主义身上的外衣而已，只要资本主义的生产方式没有发生根本改变，资本与劳动的对立关系依旧存在，那么《资本论》中所阐述的基本原理就会在分析当代资本主义中发挥作用，《资本论》依然是洞察当代资本主义的一把"钥匙"。不仅如此，《资本论》中还有丰富的市场经济理论，对于大力发展和完善社会主义市场经济体制的中国来说，《资本论》依然是一部闪烁着真理光芒的伟大著作。

第四，日本的《资本论》研究是在一个开放的体系中通过质疑、辩论、交流、融合展开的，学者们根据国内外经济形势不断进行理论创新和方法论创新，并把马克思基本理论与现实经济相结合，不断丰富和发展马克思主义。在《资本论》研究基础上发展起来的马克思主义经济学被广泛应用于分析当代资本主义和指导日本经济实践，对日本的政治、经济、学校教育、民众生活均产生了重要影响。这一点也是值得我们重视的。我们研究国外马克思主义的目的，并不是单纯地效仿或照搬照抄，需要将其转化成以中国问题为导向并以中国社会现实为依据的自我主张，当这种自我主张演变成中国智慧、中国方案时，我们的研究才能真正成为世界马克思主义的组成部分，才能为全人类的发展做出贡献。

参考文献：

[1] [日] 河上肇.『資本論入門』第1分冊 [M]. 東京：改造社，1937.

[2] [日] 宇野弘蔵. 経済原論（上）[M]. 東京：岩波書店，1950.

[3] [日] 鎌倉孝夫. 資本論とマルクス主義 [M]. 東京：河出書房新社，1971.

[4] [日] 大内秀明. 価値論の形成 [M]. 東京：東京大学出版社，1964.

[5] 张宇. 中国特色社会主义政治经济学 [M]. 北京：中国人民大学出版社，2016.

[6] 卫兴华. 中国特色社会主义政治经济学的主线和逻辑起点 [M]//社会主义经济理论研究集萃（2019）：砥砺奋进的中国经济. 北京：经济科学出版社，2020.

---

① 习近平. 在哲学社会科学工作座谈会上的讲话(2016年5月17日)[N]. 人民日报，2016-05-19(002).

"新大陆"or"迷雾森林"
——齐泽克对拉康"实在界"理论的延展及其局限

崔　健　罗佳佳[*]

>【内容提要】齐泽克立足拉康的"实在界"（the Real）[①]哲学基点，认为被文明压制、为社会隔离、将象征拒斥、令语言失效的"缺位"惰性在场以幸存"真实"为前提、"残余物"为形式、溃败"现实"为结果，扰乱象征秩序，形成社会性非整合符码表征，即社会放大的象征秩序失衡、社会缺口。此"失衡"与"缺口"依赖意识形态幻象以"虚幻"构筑的"现实"、以"崇高客体"支撑的"缝合"机能整合与填补。符号阉割的创伤主体应在"妥协"之路上破除崇高逻辑，"站在未来看过去"，穿越意识形态幻象。齐泽克似乎登上了拉康式精神分析视角下意识形态批判理论的"新大陆"，却也陷于阶级身份与悲观色彩林立的"迷雾森林"、实现了"葛兰西转向"却困于"意识形态"角落、高喊"穿越意识形态幻象"却承认主体救赎无望、批判全球化下资本主义社会意识形态幻象却又反向为资本主义辩护，最终未能逃离西方左派的共同宿命与理论悲剧。
>
>【关键词】实在界　齐泽克　拉康　意识形态幻象　延展　局限

被誉为"法国弗洛伊德"的雅各·拉康以其"镜像""欲望"及"凝视"等理论在国内外精神分析研究领域中独占一席。其中，"主体"与"实在界"是贯穿其诸多理论的主要线索与不可回避的关键词。斯洛文尼亚学者斯拉沃热·齐泽克以拉康的"实在界"为基点，融合马克思的商品拜物教与阿尔都塞的质询理论，提出独具特色的意识形态幻象理论，引发国内外学者广泛且持续的关注。近年来，关涉意识形态幻象理论的研究大致可归为四类。第一，从商品拜物教出发的意识形态幻象逻辑梳理及回溯研究。认为当今意识形态是"无'物'的拜物、无'主体'的迷恋"，将拜物教之"真实"与"虚假"的二元对立本质化解为结构性共存，从人为主体转化为现实之物主体。

---

[*] 崔健，男，西南大学马克思主义学院教授，主要从事马克思主义理论研究；罗佳佳，女，西南大学马克思主义学院硕士研究生，主要从事西方马克思主义理论研究。基金项目：本文系重庆市教委人文社会科学研究项目"新时代重庆高校网络意识形态传播及治理研究"（项目编号：22SKDJ042）、西南大学"党的二十大精神融入思政课"教学研究专项"'人类文明新形态'融入《思想道德与法治》课研究"（项目编号：SWUMY2022015）阶段性研究成果。

[①] "真实"（the real），同原物（das ding），即"实在界"中的"实在"，完全外在于人类现实而自在的"实在"，它是无法被符号化、象征化所吸收之物，是人类对事物进行符号化、象征化处理必然产生的剩余物。

齐泽克的"二重转变"成功拓展了马克思的商品拜物教理论①。第二，着眼于齐泽克著作的解读研究。例如，从《意识形态的崇高客体》中解读当今意识形态状态，即"犬儒式的后意识形态"，意识形态不再仅仅指以虚假关系遮蔽真相的观念再现体系，而是以幻象建构现实本身②。第三，意识形态幻象原理研究。如聚焦理论本身的总概研究、作为社会存在的本质研究、多重结构研究、典型代表之犬儒主义的研究等。第四，将意识形态幻象理论具体应用于时代热点、社会思潮与文艺审美等研究。

总体而言，在既有回溯意识形态幻象理论的研究中，多追本于马克思的商品拜物教理论，而溯源于拉康"实在界"理论的研究仍较为鲜见。本文尝试性地厘清从拉康的"实在界"到齐泽克意识形态幻象的理论脉络，归纳意识形态幻象理论的新意及局限。

一、"永远的在场"扰乱象征秩序

"永远的在场"即实在界，是拉康在20世纪50年代后的主要研究领域，但其对此的具体定义艰难晦涩。自称"比拉康更懂拉康"的齐泽克将实在界概述为作为已失败的、不稳定的"阴影中的某物""不存在的实在物"③，即拉康意义上的永远的在场，正是这被压抑的、无法根除的实在界，以"阻碍"为形式、"缺位"为空间、"侵扰"为表征永远地"在场"，作为一种存在扰乱象征秩序应有的平衡。

（一）何者"永远在场"

从内涵理解实在界之"在场"需以拉康的"物"（das ding）为钥匙。"物"作为前提将记忆、知觉导向"一致"，也作为原因将"一致"推向失败；"物"作为某种东西遗落于实在界，作为原动力推动能指链运动，作为渴求物吸引所有主体，但本身却不存在，或言其以"缺位"为空间、因"不在"而在。在拉康的"波罗米结"（Boromi knot）④中，象征界对实在界"物"的入侵产生象征性的"费勒斯"（Phallus）——语言和"父法"⑤。对"应该有一个原初之父与'物'合而为一"的回溯性推断得出实在界确然存在。为自恰此推断，实在界得以构建为被文明压制、为社会隔离、将象征拒斥、令语言失效的"终极真相"与自然的"原初状态"。"现实之物，或是被这样感觉到

---

① 夏莹. 无"物"的拜物，无"主体"的迷恋——齐泽克对马克思商品拜物教理论的拉康化解读[J]. 学术月刊，2007(11):55.
② 张一兵. 肯定的犬儒主义与意识形态幻觉——齐泽克《意识形态的崇高实体》解读[J]. 马克思主义与现实，2004(4):94.
③ [斯洛文尼亚]斯拉沃热·齐泽克. 意识形态的崇高客体[M]. 季广茂，译. 北京：中央编译出版社，2014:212-213.
④ "波罗米结"：拉康确立的等距的三个坐标图像。在他的"精神分析的另一面"的研讨会以四大辞说，即主人、大学、癔症和分析的辞说为内容，四个术语：S1，主人能指；S2，知识；a，剩余享乐；S，主体为要素，将精神分析回归数学得出的图像——题为 R. S. l. (1973—1974)，即象征、想象和实在以波罗米结的拓扑结构在一起，每一个环都以一种相互循环的方式和另外两个环相连。
⑤ "父法"：父亲的名义，代表一种无比强大的、不可撼动的压迫性力量，能指秩序或称象征秩序的力量。这种能指秩序代表着象征界，是社会秩序、法规和文化的表征。

的东西——是完全不被符号化的东西。"① 拉康对"实在界"之定义是简短且艰难的,齐泽克则称实在界为永远会回归己位的"那个黄铜"②。其与"物"同在,断绝语言,长久不灭。

从结构把握实在界之"在场"需回归拉康的"三界说",即想象界(the imaginary)、象征界(the symbolic)与实在界(the real,也译为"真实界")。三界在时间上并不相继、空间上相互交错、功能上相互作用,呈拓扑式结构。想象界又称"镜像阶段",婴儿在想象与误认之上渐识"自我"与小"他者",初步产生想象性认同、自恋与理想自我,主体初成。在"象征界"主体正式形成:象征秩序以"父亲的名义"介入,以话语机制操控婴儿对"象征秩序"进行认知。婴儿感受到符号、语言、文明的规约,感受到社会制度、法律法规、伦理道德的不可抗之力,感受到象征秩序自我标榜的"先天存在、天生正义"。婴儿自知无法撼动"绝对"的象征秩序,被迫融入社会文化系统,为获得"主体"地位甘愿为符号所阉割。对立于"自我"的"大他者"——"父法"转而成为婴儿认同、学习与模仿的对象。意识形态询唤前的问题主体(subject of a question)③ 渐成某种认同、应答、采纳的"主体"。

实在界"惰性"④ 地永远在场。婴儿获得象征秩序认可,由自然混沌之物渐成社会性主体,被允许进入文化系统,同时"原初真实"遭受阉割,符号主体既成创伤主体。主体的出现标志着象征秩序规整、倒空、异化机制的实现,内隐主体阉割、创伤、分裂的结局。在象征界产生的符号主体察觉到象征秩序在构建自身之初内含"对抗",即"主体"身份的阉割代价与自身原初真实的对抗。既要防止因内在撕裂而崩溃,又要避免重新陷入无意义的恐怖世界,主体不由得从象征秩序与混沌真实二者中寻求双全之法,逻辑回溯得出:存在不可被符号化的实在界,以此可以把握不可能实现的"终极真实"。齐泽克称:以"伦理命令"在象征界现身的永归其位的"黄铜","纵使毁灭世界,也要实现正义(fiat justitia, pereatmundus)!即使使整个世界毁灭,使全部符号性现实毁灭,黄铜也要回到自己的位置"⑤,实在界永远在场。被符号阉割的主体仅剩的"真实"被存于拒斥符号的实在界,与象征界隔岸(gap)相望,双方得以自在其"界"。创伤主体寻找意义世界——实在界具有"永远在场"之需要;符号主体被阉割但有剩余——实在界存在"永远在场"之可能。最终,实在界以"缺场"在场、因"不在"存在⑥,消极地与象征界纠葛永存、永远在场。

(二)何以扰乱"象征秩序"

"扰乱"的前提:阉割的残余、"真实"的幸存。缺位的实在界以"剩余物"表征存在,符号化永远无法完全成功,象征总有"残余",为符号所阉割的创伤主体沦为象征界中活着却已被排除在平凡自然力量循环之外的"活死人"⑦,将不能磨灭的"真实"存于实在界。"实在界便是经常回到同一地方的东西,回到'我思'主体遇不到它的地方去。"⑧ "真实"作为象征残余幸存于"我

---

① 方汉文. 后现代主义文化心理:拉康研究[M]. 上海:上海三联书店,2000:80.
② [斯洛文尼亚]斯拉沃热·齐泽克. 意识形态的崇高客体[M]. 季广茂,译. 北京:中央编译出版社,2014:204.
③ [斯洛文尼亚]斯拉沃热·齐泽克. 意识形态的崇高客体[M]. 季广茂,译. 北京:中央编译出版社,2014:224.
④ [斯洛文尼亚]斯拉沃热·齐泽克. 意识形态的崇高客体[M]. 季广茂,译. 北京:中央编译出版社,2014:214.
⑤ [斯洛文尼亚]斯拉沃热·齐泽克. 意识形态的崇高客体[M]. 季广茂,译. 北京:中央编译出版社,2014:182.
⑥ 禾木. 不在之在何以存在?——论拉康关于实在的理论[J]. 哲学动态,2003(5):43.
⑦ [斯洛文尼亚]斯拉沃热·齐泽克. 意识形态的崇高客体[M]. 季广茂,译. 北京:中央编译出版社,2014:204.
⑧ 黄作. 不思之说——拉康主体理论研究[M]. 北京:人民出版社,2005:166-167.

思"主体的禁区。拉康的这些"象征化处理必然产生的剩余物",齐泽克将其解读为尚未实现的象征"债务",是创伤、原质、"实在界"①,包含"应当但还未实现"的意味。其存在是对符号化的有力抗辩、对象征界的潜在威胁。幸存"真实"从实质角度可阐释为主体被象征秩序倒空后的"残余";从功效角度可阐释为一种作用和"在场",即未被符号化、随主体一并进入象征界并成为其中结构的创伤内核。残余"真实"作为前提,是一处"暗礁",象征秩序一旦"触礁",将导致语言之桨毁坏、象征之舟失衡、秩序之维扰乱、主体坠入原初幽海。

"扰乱"的形式:实在界的"阉割残余"生长为象征秩序的创伤内核。经由符号倒空的实在界"剩余物"附着于主体,潜入象征秩序,渐成其中内核,以抽象、消极、"效果"的形式,"不完整"的面目②扰乱象征平衡。残余"真实"无法收编为符号并不意味着实在界与象征界便日东月西、全无侵扰,两界之崖下亦时有暗流。象征秩序并非一个完整的、封闭的系统③,尚存实在界能直抵内核的入口。"符号秩序努力争取动态平衡,但它的内核、中央存在某些陌生的创伤性因素,它们不能被符号化,不能融入符号秩序之中。"④ 阉割残余侵入象征界体内,衍生为意义宇宙的原质,成为象征秩序的一个结构性因素⑤,致使象征秩序走向不一致。一方面,主体无法抽脱现实、放弃符号。被抛入空白世界的人,总在寻找并构建意义宇宙,为逃离无尽恐怖与苍白虚无而无法拒绝象征界提供的意义追求、经验快感和自由道路。另一方面,实在界拒绝消失,"总是存在着残余,它为欲望开辟空间,使得他者走向不一致"⑥。永远在场的象征残余成为象征界中的顽固阻碍、创伤内核,以无实体方式表征自身存在,即显现为"象征"本身的无能、扭曲与失衡,实在界对象征秩序的"扰乱"以此形式得以实现。

"扰乱"的结果:真实感的暗涌、现实感的丧失(loss of reality)。实在界对象征秩序的侵扰最终表征为"真实"的入侵、"现实"的溃败、象征秩序的失序。"现实"是符号秩序(symbolic order)结构感知的结果⑦,以语言符号构筑的经验世界、文化系统、象征秩序不是人类世界的全部,"现实"只是部分。"真实"即原初真实,存在于实在界,前语言的"真实"先于"现实"存在,且无法收编为"现实"、拒斥符号化、拒绝归入象征秩序。语言的象征界围绕前语言的实在界构建,符码试图符号化所有,但总有一部分拒斥符号化、无法符号化,作为"债务"存在,直接致使象征秩序的失衡、主体现实感的丧失。一方面,作为"象征债务"的实在界是象征秩序之外的空无世界。即"真实"是"现实"的圈外之地,是陌生的、异质的;这个世界没有因果链、没有客观规律,意味着不可知、不可控。语言构筑的象征秩序与原初实在界之间本有断崖海沟,现实感与真实感间本有裂口崖谷,无法跨越。另一方面,实在界又附着于主体,潜入象征界,生长为其中的真实内核,现实感必然遭受真实感的无尽侵扰。幻象构造的"现实"受到"征兆(symptoms)⑧"的侵

---

① [斯洛文尼亚]斯拉沃热·齐泽克. 意识形态的崇高客体[M]. 季广茂,译. 北京:中央编译出版社,2014:204.
② 吴琼. 雅各·拉康——阅读你的症状[M]. 北京:中国人民大学出版社,2011:441.
③ 拉康将能指秩序的这一特征称为"他者的短缺"。可理解为象征秩序的某种漏洞、缺乏或无能。
④ [斯洛文尼亚]斯拉沃热·齐泽克. 意识形态的崇高对象[M]. 季广茂,译. 北京:中央编译出版社,2002:182.
⑤ 此处的"结构性因素"即一个空隙、空间、空位。
⑥ [斯洛文尼亚]斯拉沃热·齐泽克. 意识形态的崇高对象[M]. 季广茂,译. 北京:中央编译出版社,2002:173.
⑦ [斯洛文尼亚]斯拉沃热·齐泽克. 意识形态的崇高客体[M]. 季广茂,译. 北京:中央编译出版社,2014:212-213.
⑧ "征兆":普通下的特殊按照普通本身的逻辑,将普通瓦解。"征兆",又译为"症兆""症候""症候",它源于精神分析学,指的是在精神分析中,通过精神病人的语言和行为来发现一些基本的症状,并以此为切入点来分析病人。

扰"①，齐泽克那里"绊倒符号化的石头""符号化的故障点""所有可能世界的硬核"② 使压抑主体的另一面心灵从"现实"美梦中惊醒。至此，无序实在界成为象征秩序的原质、无意义成为意义宇宙的内核、苍白空无成为语言符号的本质，原初恐怖击溃创伤主体的现实感。象征秩序无法再自圆其"说"、维持平衡。当"现实"体内异质的、无法消化的"真实"侵扰象征秩序，如无解的病语、笔误、呓语等异世界之"真实"入侵，主体将直面原初恐怖、苍白空无、混乱无序，现实感便摇摇欲坠，象征秩序被扰乱，意义宇宙从实在界之暗窖开始消解。

二、实在界降到"人间"：意识形态幻象

"实在界"是拉康精神分析的理论核心，齐泽克在《意识形态的崇高客体》后半部分对此"无法符号化"的范畴进行了阐述并将其扩大到社会维度，将拉康的实在界从纯粹精神分析之"天国"降到后意识形态之"人间"，催生了意识形态幻象理论。

（一）社会性非整合符码表征撕裂社会缺口

"社会性非整合符码表征"即社会维度的、失衡的象征秩序。柏拉图言，从个人的角度理解正义有难度，就从大的、国家的角度来理解。借鉴这种"放大"思想，社会维度的象征秩序是社会现实的语言文化；象征秩序失衡是导致社会缺口、社会性非整合的符码表征，是社会对抗产生的拉康式精神分析结果。齐泽克以扩大化、整体化、社会化视角延展拉康的实在界，得出社会性非整合符码表征为社会缺口之根源，社会维度的象征秩序失衡导致了现实的社会矛盾、社会对抗的结论。

社会性非整合符码表征撕裂社会，形成缺口。"快感在社会领域中爆发……社会总是不一致之域（Inconsistent field），社会总是围绕着某个构成性的不可能性（Constitutive impossibility）结构起来的，总是被某个'核心'刺穿。"③ 象征秩序失衡的主体维度即阉割主体、创伤主体、分裂主体，总和维度则放大为社会缺口、社会矛盾、社会对抗，分裂主体的缝合、社会缺口的填补依赖于意识形态幻象。社会维度的意识形态以幻象填补社会缺口，以符码构筑社会现实，以构筑的"现实"提供逃避某些创伤、真实内核的出口。未被大他者符号化、未被象征秩序倒空的部分，嵌入具有一定开放性的象征界，在其中生长为"创伤内核"，致使象征秩序无法自我平衡，从内部塌陷，缺口由此产生。"社会是由对立、断裂、阻碍结合在一起的"④，是对抗因素的集合体、矛盾的综合体，如"阶级斗争"即是某种限制、否定与创伤，是"努力整合社会场域"的失败⑤、象征的失败。消解社会对抗、解决社会矛盾的关键则在于缝合创伤内核，整合失衡的象征秩序。创伤内核正是作为原初存在、原始压抑的实在界。现实社会给出应对实在界侵扰的方式则是意识形态幻象，其不求解决但求粉饰，使得社会缺口一直在被"以为"地"认识"，撕裂的创伤必然长期存在，难以愈合。

---

① ［斯洛文尼亚］斯拉沃热·齐泽克. 欢迎来到实在界这个大荒漠［M］. 季广茂，译. 南京：译林出版社，2012：17.
② ［斯洛文尼亚］斯拉沃热·齐泽克. 意识形态的崇高客体［M］. 季广茂，译. 北京：中央编译出版社，2014：155.
③ ［斯洛文尼亚］斯拉沃热·齐泽克. 意识形态的崇高客体［M］. 季广茂，译. 北京：中央编译出版社，2014：208.
④ ［斯洛文尼亚］斯拉沃热·齐泽克. 意识形态的崇高对象［M］. 季广茂，译. 北京：中央编译出版社，2002：28.
⑤ ［斯洛文尼亚］斯拉沃热·齐泽克. 意识形态的崇高客体［M］. 季广茂，译. 北京：中央编译出版社，2014：263.

（二）崇高客体：意识形态"虚幻"属性与"缝合"机能的支撑之物

意识形态幻象的"虚幻"属性源于崇高客体。崇高客体自身内含的反差、不和谐导致意识形态幻象渺如幻影。齐泽克以黑格尔的几个无限判断对此进行阐释：精神即骨骼、财富即自我、君主即国家、上帝即基督。君主之为君主，不因其具有君主素质，是理性的化身、正义的代表，而仅因其占据君主之位。崇高客体亦如此占据实在界之位，填补原质之缺，因而具有不源于实质的，来自结构的"虚幻崇高性"。"一个人如果相信他与他自己具有直接同一性，如果不能与自己保持一个辩证的、非直接的间距，那他便是傻瓜。"① 支撑意识形态幻象的崇高客体是被"提升到原质层面的一般客体"②，某种普通客体占据实在界的"禁止"之位，满足创伤主体的隐秘渴求，使得其被"文明"压抑的原初欲望与本能得以短暂外泄。具有虚幻属性的意识形态幻象是更侧重功能、效果的表述，其基本维度是：以崇高客体支撑，以幻象构建有效、真实的社会关系，即主体经验的"现实"，是掩藏真实的难以忍受、避免不可能的创伤性内核的幻觉。意识形态幻象的"虚幻"属性是相较于传统意识形态批判理论中的"意识形态"范畴而言的，源于崇高客体的反差。

意识形态幻象的"缝合"机能通过崇高客体实现。"幻象是掩饰对抗性裂缝（antagonistic fissure）的方式"③，是自身失败的预案。齐泽克认为意识形态幻象通过话语机制、法律规约维持崇高客体，支撑幻象构筑现实，实现"缝合"机能。幻象从个人和社会两个维度将一般客体提升为崇高客体，完成"缝合"：从主体看，崇高客体提供创伤主体最后的蔽身之处，满足短缺主体内心对幻象迫切的隐秘需求，掩饰创伤、弥补短缺、缝合分裂，为主体觅得仅剩的整体同一感。主体以客体支撑的幻象证明自身的自在自为，掩盖被符号撕裂、阉割、异化的事实，沦为幻象的"自动机"④，对意识形态形式化、仪式化地服从，以无意义的既定形式接受生活规则、社会习俗等象征秩序，而放弃质询权威。以社会而观，幻象制造并维持的崇高客体占据实在界之位，处在社会缺口之处。"把崇高性（sublimity）赋予客体的……是客体所处的结构性位置（structural place），是这样的事实——它占据了原乐的神圣/禁用的位置（sacred/forbidden place），而不是内在的素质（intrinsic qualities）"⑤，被客体占据的"原乐之位"即实在界之位，是社会缺口处、矛盾处、对抗处。意识形态幻象下的犬儒主体外在犬儒地、现实地接受生活现状，内里依赖崇高客体支撑的"幻象"与"现实"保持距离、缝合创伤、填补缺口，从而不必完全从情感上接受理智所承认的东西。"情感"与"理智"的极度不和谐、"所接受"与"现实是"的极度反差由崇高客体链接、意识形态幻象缝合。"一方面，我们维持着保持外部距离……时不时忘掉自己的真实自我，戴上一个自己更满意的面具；在另一方面，其揭示了我在现实生活中从来不敢承认的。"⑥ 意识形态幻象制造并维持的崇高客体转而支撑幻象，赋予其虚幻属性、支撑其机能实现，以安抚社会对抗、缓和社会矛盾。

---

① ［斯洛文尼亚］斯拉沃热·齐泽克. 意识形态的崇高对象［M］. 季广茂，译. 北京：中央编译出版社，2002：64-65.
② ［斯洛文尼亚］斯拉沃热·齐泽克. 意识形态的崇高对象［M］. 季广茂，译. 北京：中央编译出版社，2002：31.
③ ［斯洛文尼亚］斯拉沃热·齐泽克. 意识形态的崇高客体［M］. 季广茂，译. 北京：中央编译出版社，2014：244-245.
④ 帕斯卡尔的"自动机"概念：人类理性推理的内在性取决于外在的、荒谬的"机器"，能指的自动化和符号网络的自动化。
⑤ ［斯洛文尼亚］斯拉沃热·齐泽克. 意识形态的崇高客体［M］. 季广茂，译. 北京：中央编译出版社，2014：244.
⑥ ［斯洛文尼亚］斯拉沃热·齐泽克. 幻想的瘟疫［M］. 胡雨谭，叶肖，译. 南京：江苏人民出版社，2006：169.

(三) 创伤主体在"第三条道路"① 上穿越意识形态幻象

现实社会充斥矛盾,理论家们探求出"三条道路",齐泽克选择了第三条"妥协"之路,即承认缺憾,妥协现实,并主张穿越幻象。后意识形态时代能指专制主义之下,批判幽灵般的意识形态就要穿越幻象,这对于创伤主体而言是必要的、可能的、有途径的。

穿越意识形态幻象是必要的。"投身其中,接受它的观点,同时回溯性地置身于过去(未来的过去)有可能发生但没有发生的可能性之中采取行动。"② 创伤主体需以先将来时站在未来看过去,现实已成为幻象总体,支撑意识形态的崇高客体只是被提升到实在界层面的客体,永远不是"真实"本身。幻象之功能仅是填补社会缺口、缝合社会创伤,达到某种程度的粉饰,"意识形态幻象发挥想象性统一(imaginary unity),它遮蔽了不可化约的对抗和非一致性(inconsistency)"③,主体的空无、他者的短缺、真实的缺失依然存在,社会缺口、创伤从未根本消弭。认同"征兆",破除"崇高"之逻辑才能认清意识形态的构造、现实的虚幻,明白幻象背后空荡无比,从而穿越意识形态幻象,质询真实。

穿越意识形态幻象是"唯一可能"。齐泽克认为消灭现状是不可能的,而反对现状是可能的;超越幻象是不可能的,而穿越幻象是可能的。"幻象不能被阐释,只能被'穿越'"④,对于"征兆"只是认同,而非全部;"穿越"可以是穿透,但绝不是消除。认同征兆即使它由符号秩序构筑的现实世界通向原初的、永远在场的实在界的积极因素,其帮助创伤主体质询真实,回归真实域。穿越意识形态幻象打开了符号秩序的缺口,直抵人类理性认识的边界。齐泽克坦然接受资本主义社会的现实、接受冲突及矛盾的存在,并进行审视与批判,即主体及主体总和面对意识形态幻象时,唯一的"挑战不可能"之"可能":承认主体创伤、社会缺口的存在,与意识形态幻象保持距离,通过征兆性解读,反对现状。

穿越意识形态幻象有具体路径。齐泽克阐释为:"与幻象保持距离,注意幻象构成是如何遮蔽填补大他者的空隙、匮乏和空洞位置的。"⑤ 探究意识形态幻象,体验幻象"现实"如何填补短缺。解读征兆的主体被符号秩序强迫认同且"自主"赋予其"完美且普遍之意义"以完成自我欺瞒。"识别出主体的异己(his other),而且还要在主体的异己中识别出主体自己,并使自己和'异己'和解。"⑥ 一方面,主体必须承认社会中"特殊存在"的合法地位,如统治者、社会规约、文化符号秩序;另一方面要如同其在象征界赋予"父亲的名义"以"完美且普遍意义"一样,在政治上、意识形态上将"特殊存在"提升到"完美且普遍意义"。齐泽克认为,马克思对"工人阶级"与"无产阶级"的区分亦含此意,"'工人阶级'是有关社会存在(social being)的简单范畴,'无产阶级'是有关真理(truth)的范畴"⑦。"无产阶级"是提升到真正的、普遍的高度的概念,即世界

---

① 谋求人类解放的三条道路:一是马克思主义者的道路:积极采取行动来推翻资本主义剥削制度。二是法兰克福学派的道路:悲观地认为无法实现人类彻底解放,更不采取任何行动。三是坦然承认现状,并与之妥协。
② [斯洛文尼亚]斯拉沃热·齐泽克. 实在界的面庞[M]. 季广茂,译. 北京:中央编译出版社,2004:10.
③ [斯洛文尼亚]斯拉沃热·齐泽克. 意识形态的崇高客体[M]. 季广茂,译. 北京:中央编译出版社,2014:154.
④ [斯洛文尼亚]斯拉沃热·齐泽克. 意识形态的崇高客体[M]. 季广茂,译. 北京:中央编译出版社,2014:87.
⑤ [斯洛文尼亚]斯拉沃热·齐泽克. 意识形态的崇高客体[M]. 季广茂,译. 北京:中央编译出版社,2014:87.
⑥ [斯洛文尼亚]斯拉沃热·齐泽克. 意识形态的崇高客体[M]. 季广茂,译. 北京:中央编译出版社,2014:250.
⑦ [斯洛文尼亚]斯拉沃热·齐泽克. 欢迎来到实在界这个大荒漠[M]. 季广茂,译. 南京:译林出版社,2012:93.

广大劳动人民总体,推动社会进步的一切积极主体都是无产阶级。至此,无产阶级不再只是特殊阶级(其只是社会的一部分),而是全人类的代表、全人类解放之主力,具有彻底的革命性、时代的先进性及广泛的代表性。"无产阶级"便具有"完美且普遍"之意义,能够缝合创伤主体、填补社会缺口、构筑社会现实。

三、"新大陆"or"迷雾森林"

齐泽克将拉康的"实在界"运用到主体总和的社会维度,聚焦于意识形态幻象,承认幻象总体已化为现实,其以拉康式精神分析改造传统意识形态批判理论,可谓发现了意识形态理论研究的"新大陆",但其中雾霭重重,有陷入意识形态幻象之"迷雾森林"的可能。

(一)拉康式精神分析下意识形态批判理论的"新大陆"

从"知晓"降落到"仪式"之"新大陆"。传统的意识形态批判理论秉承"他们虽对其一无所知,却在勤勉为之"[1]的观点,聚焦于意识形态内容真伪的辨别。其主要观点是:意识形态掩盖社会生活的真实,歪曲、颠倒现实;意识形态幻象与社会生活对立,幻象与现实不相容。因而传统意识形态批判理论围绕"知晓"构筑批判程序。齐泽克拉康式解读下的意识形态批判理论秉承"扭曲已不再是其表现或特征,扭曲已融为它的本质"[2]的观点,聚焦于意识形态幻象的作用机制与现实构筑结果。其主要观点是:当今已步入"仪式化"后意识形态时代,现实已沦为幻象总体,犬儒主义是典型代表。精神分析路径下的意识形态批判理论应围绕"仪式"构建,即解读征兆、剖解现实、穿越意识形态幻象。

"新大陆"的新"景象"。齐泽克以黑格尔的"宗教三要素"进一步阐明拉康式精神分析下的意识形态幻象理论之"新意",展现"新大陆"之新景象。对应"宗教三要素",意识形态可分为自在的意识形态、自为的意识形态、自在自为的意识形态。传统意识形态批判理论中的"意识形态"范畴是自在的意识形态,包含教义、信仰二要素,对社会主体的控制限于"知"。意识形态幻象理论中的"意识形态"范畴是自为意识形态与自在自为意识形态的混杂,包含教义、信仰、仪式完整的三要素,对社会主体的控制包括"知",也重在"行"。精神分析下的"仪式化"意识形态以幻象构筑现实,化身存在本身。创伤主体化身犬儒主体,在讽刺、挖苦、玩世不恭下保持洁身自好、坚持我行我素。"由于我们生活在一个充满各种矛盾的时代,讽刺可以成为我们表达真理的方式。"[3] 意识形态化身为"仪式",即行动的形式、"信仰"的物化。创伤主体在"知"上,不需要清楚"行动形式"背后的幻象本质,大他者自会代替其知晓;在"行"上,以无意义的既定形式服从意识形态,不再质询"真实"。意识形态幻象下的犬儒者只需信仰与服从,以既定规则行动、践行意识形态"仪式"。这无疑是对传统意识形态批判理论"知晓"程序的发展、对意识形态"社

---

[1] [斯洛文尼亚]斯拉沃热·齐泽克. 意识形态的崇高对象[M]. 季广茂,译. 北京:中央编译出版社,2002:39.
[2] 张志丹. 齐泽克意识形态思想的创新及评析[J]. 马克思主义研究,2011(1):106.
[3] [法]罗兰·巴特. 神话修辞术——批评与真实[M]. 屠友祥,温晋仪,译. 上海:上海人民出版社,2009:30.

会意识"范围的拓展,是对拉康式精神分析视域下的意识形态新大陆的拓土。

(二)阶级身份与悲观色彩林立的"迷雾森林"

齐泽克的意识形态幻象理论发展了拉康的"实在界"理论,延展了传统意识形态批判理论的精神分析路径,最终却没能逃离西方左派的共同宿命与理论悲剧,仍可窥见其理论中阶级身份的限制、悲观阴云的笼罩。

1. 主体救赎已无可能,清醒地服从于大他者

对于一厢情愿的伪主体,彻底的救赎已无望。齐泽克审视下的资本主义社会、人与人、人与社会、人与自然的矛盾永远无法消除,超越资本主义社会的"共产主义社会"只是创伤主体对崇高客体的一厢情愿、对美好蓝图的渴望与对遥远未来的希冀,而非社会历史发展之必然。意识形态幻象制造、维持崇高客体,描绘的完美未来是与当下现实完全不同的社会图景:不存在阶级差别甚至阶级本身、不存在贫困与疾苦、不存在纷争与对抗。"完美世界"作为崇高客体,内蕴"当下"与"未来"、"残酷"与"美好"的极度反差与不和谐,以"不可能之可能"逻辑悖论发挥意识形态幻象功能。短缺主体甘愿沉溺幻象、自我欺瞒,从而不必在情感上完全接受其理智所认识到的现实,与"残酷当下"保持距离,证明自身的自在自为。社会以此填补自身空缺、缝合自身创伤。主体以"鸵鸟心态",自知地自指着"面具"前行。对此境况,齐泽克认为仅是认识意识形态之虚幻是远远不够的,困于幻象的主体必须穿越幻象。但在能指专制主义之下,"真正的主体"已死,象征秩序划定的"现实"允许存在的只是阉割剩余的伪主体。

面对持续的重压,犬儒地服从。齐泽克认为面对强大的大他者,"真正的主体"永远不可能完全实现救赎。实在界、原质被不可撼动的大他者长久压制,幸存的"真实"永远在场却不可能反抗成功,原初的、真正的主体为得到象征秩序认可、获得社会文化性、形成所谓"主体身份",而甘愿被符号驯服、倒空,残存的创伤主体由语言符号、象征秩序"一手缔造"。"真实"的暗窖虽然存在,却也只是难以觅得、无从认识的"幽深"而已,其被符码的"土层"掩埋、被文明的"车轮"碾压,难见天日。"唯一可能"便是穿越意识形态幻象,"站在未来看过去",揭示"仪式化",破除客体崇高神话,解密意识形态机制,洞察幻象本质,保持"清醒"地服从。主体明了意识形态幻象,却继续服从于大他者,依赖幻象提供的崇高客体麻醉创伤,甘愿由意识形态操纵行动,以空无的既定形式犬儒地寄生于意义宇宙。

2. "葛兰西转向"后的滞留:与"抽象的风车"作斗争

"转向"似乎转向了角落。齐泽克从拉康的"实在界"理论出发,踏上精神分析路径,将以往意识形态批判理论的经济、政治研究方向调向文化视角,实现了意识形态批判理论的"葛兰西转向"。但其在转向后,脚步却几近滞留,似乎困于意识形态角落无法自拔,未能予以意识形态批判的其他维度足够的重视。从心理学、无意识、精神分析维度批判意识形态幻象无疑是深刻的、新颖的,但也被怀疑只是深刻、新颖而已。意识形态幻象理论从泛滥的伪具体行为出发,最后仍困于心理维度的意识形态幻象一隅。

于"意识形态幻象"角落同"抽象的风车"战斗。堂吉诃德将郊野的三四十架风车视作巨人,全然不顾桑丘大喊:"这是风车!"一意孤行且勇敢地与"巨臂怪物"战斗。在一定程度上,齐泽

克与其相似，他将纯粹精神分析的意识形态幻象，将抽象的意识形态确定为意识形态的全部深刻本质，未能兼顾到以往哲学家的"经济、政治等维度的意识形态批判"，一意孤行且勇敢地与"抽象的风车"作斗争。齐泽克过于重视发挥意识形态批判理论的心理学维度，从而存在流放应有的经济、政治维度，将意识形态批判理论与政治经济学割裂的倾向。其着眼于抽象表层的批判、醉心于纯粹的精神分析、专心于单一的文化批判，导致精神分析下的意识形态批判理论新颖深刻却单向片面，意识形态幻象之构筑无所不包、无所不能。穿越意识形态幻象也只能做"空对空"的战斗、与"抽象的风车"作斗争，不可避免地陷入文化乌托邦。

3. 对全球资本主义的误判：资本主义不可超越

尖锐的批判武器亦是片面的。对能指专制主义下资本主义社会意识形态深刻揭示、猛烈批判的齐泽克，将意识形态幻象筑基于拉康的"实在界"理论，围绕当今意识形态发展的转型与新趋势——"仪式化"铺展，不可不谓内容丰富、观点新颖、批判深刻。但"过分深刻"存在与"片面"相生的风险，"极具特色"存在与"个人局限"相伴的倾向。齐泽克从拉康式精神分析视角提出开创性的意识形态批判理论，但也没能摆脱自身阶级局限，对后意识形态时代资本主义社会的意识形态幻象机制进行无情批判时，也内含对全球化时代资本主义社会命运的误判：资本主义不可超越，共产主义只是创伤主体的一厢情愿，是意识形态幻象机制的产物。

注定持存的资本主义社会。齐泽克认同弗雷德里克·詹明信的观点道："再也没有人严肃认真考虑可能用什么来取代资本主义了，就好像即使在全球性灾难下，自由资本主义是一个会注定存在下去的'实在'，乐观也罢，悲观也罢，资本主义不可超越。"① 其在对资本主义社会意识形态猛烈抨击、深刻批判的同时，自身却犬儒地向资本主义社会妥协，不满现状却也对未来不抱"希望"，在承认资本主义社会意识形态幻象的"虚幻"、他者的短缺与主体的创伤的同时，也认为"资本主义社会不可超越"，忍让自身厌弃的"当下"。在此误判下，创伤主体只能继续接受符号阉割、清醒地服从大他者、麻痹地依赖崇高客体、仪式化地信仰意识形态幻象。穿越意识形态幻象亦极具讽刺：应答"由幻象所要求"的"认同幻象"，"与幻象的真实内核结为更密切的关系"②，作为"伪主体"以先将来时站在未来看过去。

四、结语

齐泽克从拉康的"实在界"理论出发，将象征秩序的失衡放大到社会领域，得出社会性非整合符码表征导致的社会缺口。而对社会缺口的填补则依赖于意识形态幻象的缝合、构建和整合。进入"仪式化"后意识形态时代能做的则是揭秘幻象运作机制、破除崇高神话、解读症候征兆、穿越意识形态幻象，窥见意识形态的本质。齐泽克以独特的拉康式精神分析视域审视传统的意识形态批判理论，将意识形态批判理论拓展至"仪式"程序、"社会存在"范围之"新大陆"。但其阶级局限与悲观消极仍深深地烙印于理论中，呈现出一定的理论缺陷。通过从拉康的"实在界"到齐泽克的

---

① ［斯洛文尼亚］斯拉沃热·齐泽克. 图绘意识形态[M]. 方杰,译. 南京:南京大学出版社,2006:1.
② ［斯洛文尼亚］斯拉沃热·齐泽克. 欢迎来到实在界这个大荒漠[M]. 季广茂,译. 南京:译林出版社,2012:17.

"意识形态幻象"的理论溯回,归纳其理论的主要价值与尚存缺陷,能对意识形态幻象理论"从何处来"与"现今如何"有概要的认识,但仍较为粗浅,对其"向何处去"尚未涉及等缺憾仍待补足、丰富与深入。

参考文献:

[1][斯洛文尼亚]斯拉沃热·齐泽克. 意识形态的崇高客体[M]. 季广茂,译. 北京:中央编译出版社,2014.

[2][斯洛文尼亚]斯拉沃热·齐泽克. 意识形态的崇高对象[M]. 季广茂,译. 北京:中央编译出版社,2002.

[3][斯洛文尼亚]斯拉沃热·齐泽克. 欢迎来到实在界这个大荒漠[M]. 季广茂,译. 南京:译林出版社,2012.

[4][斯洛文尼亚]斯拉沃热·齐泽克. 实在界的面庞[M]. 季广茂,译. 北京:中央编译出版社,2004.

[5]黄作. 不思之说——拉康主体理论研究[M]. 北京:人民出版社,2005.

苏联解体的历史反思

——基于对国外的民主马克思主义思潮的批驳

卢文忠[*]

【内容提要】 反思苏联解体并吸取其深刻教训是当今马克思主义发展的一项重要课题。21世纪以来,国外一种打着"马克思主义"旗号的当代世界马克思主义思潮——民主马克思主义,在对苏联解体的反思中,对资本主义攻击和污蔑马克思主义的"失败论""过时论""终结论"进行旧调重弹。通过对民主马克思主义的分析和批驳可以明确认识到,苏联解体绝非历史的终结,马克思主义绝非过时的理论,民主马克思主义绝非对传统的超越。在反思苏联解体的同时,我们要坚决抵御民主马克思主义思潮以及其他各种反马克思主义对我国马克思主义意识形态的干扰和破坏。

【关键词】 苏联解体　马克思主义　民主马克思主义　社会主义

莫斯科克里姆林宫苏共红旗的下降和俄罗斯三色旗的升起向全世界昭示了一场"自由在苏联降临"的历史悲剧——在列宁领导下建立的走过了74年历程的人类历史上第一个社会主义国家被戈尔巴乔夫引向"人道的民主的社会主义"道路毁灭,是马克思主义发展史在20世纪末的一次重大挫折。反思苏联解体的问题、吸取苏联社会主义建设的深刻教训,是我们在全面建设社会主义现代化国家新征程上发展21世纪马克思主义、当代中国马克思主义的重要课题。自苏联解体后,资本主义国家攻击和污蔑马克思主义、反共反社会主义的"失败论""过时论""终结论"纷纷出笼,几十年来这些由新自由主义宣告马克思主义灭亡的理论怪调已是司空见惯。然而,令人诧异的是,苏联解体后尤其是21世纪至今,国外一种冠之以"马克思主义"、打着"马克思主义"旗号的当代世界马克思主义思潮——民主马克思主义(Democratic Marxism),[①] 在反思苏联解体的过程中也

---

[*] 卢文忠,男,广东警官学院马克思主义学院副院长、副教授,主要从事国外马克思主义与国家意识形态安全研究。基金项目:本文系教育部人文社科青年基金项目"马克思主义文化批判理论及其对中国文化发展的当代价值研究"(项目编号:16YJC710029)、广东省"八个相统一"高校思政课建设示范点培育单位的阶段性研究成果。

[①] 民主马克思主义是产生于21世纪初,自称受到马克思的启发、批判当代资本主义、吸收了西方马克思主义诸多理论要素的一种当代世界马克思主义思潮。正如其首创人维什瓦斯．萨特加尔所说,民主马克思主义是在21世纪"崭露头角"的新理论,这一思潮尚未达到诸如生态马克思主义、女权主义马克思主义等那样传播较广的程度,但民主马克思主义无疑能够成为世界马克思主义研究的一个新动态和新课题。

用类似的所谓"失败论""过时论""终结论"来攻击和污蔑马克思主义,认为苏联解体"激发了社会主义民主模式的真正进步",[①] 借苏联解体来鼓吹一种实现"真正进步"的激进民主,表现出反共反社会主义的立场。民主马克思主义思潮的首创人维什瓦斯·萨特加尔(Vishwas Satgar)在"民主马克思主义系列丛书"的开篇明确表示:斯大林主义的苏联及其最终解体暴露了先锋马克思主义的内在缺陷和专制性质。对此,对苏联解体的历史教训进行反思以及对这种借苏联解体来攻击和污蔑马克思主义的民主马克思主义思潮进行批驳,对于在新时代加强党对意识形态工作的领导、坚持马克思主义在意识形态领域的指导地位、建设社会主义意识形态具有重要意义。

一、苏联解体:历史的终结?

20世纪末的苏联解体被西方新自由主义视为社会主义制度的失败、马克思主义的过时,并由此提出资本主义制度是人类历史的终结。弗朗西斯·福山借用康德目的论中"历史存在尽头"和黑格尔逻辑学中的"历史发展机制"来建立一种"终结论"的视野,把苏联解体描述成"历史的终结"——资本主义社会将成为人类普遍史的终结。"在所有社会的发展模式中,都有一个基本程序在发挥着作用,这就是以自由民主制度为方向的人类普遍史。"[②] 总之,"历史的终结",一是指资本主义已是终点,二是指马克思主义已经终了,人类社会的"历史发展机制"是最终走向自由民主的资本主义的一部世界普遍史。这些所谓的"失败论""过时论""终结论"实际上是新自由主义的资本主义的"胜利论"。苏联解体标志着自由民主的资本主义终将取代极权主义的社会主义,而不是马克思主义所说的社会主义必将取代资本主义,历史本身的尽头就在于"建立在经济和认可这两个支柱上"的资本主义社会,人们能够在资本主义社会中得到经济和认可上的满足,从而在"历史的终结"中成为"最后之人"。这便是20世纪末西方资本主义国家攻击和污蔑马克思主义、反共反社会主义的一度甚嚣尘上的理论怪调。

然而,苏联解体意味着"历史的终结"吗?从苏联在20世纪的社会主义发展历程来看,苏联解体绝非所谓"历史的终结"。通过十月革命建立的苏联开创了马克思主义"在批判旧世界中发现新世界"的新时代,开创了人类历史上第一个社会主义国家政权以及社会主义建设历程,尽管在这一历程中苏联形成了政治上高度集权和经济上高度集中的社会主义模式,但苏联由此能够在内外交困的极端困境中完成社会主义工业化,夺得反法西斯战争胜利并成为在冷战格局中与美国霸权主义直接抗衡的社会主义大国。"在苏联社会主义发展过程中,成绩是第一位的、主要的,失误和问题是第二位的、次要的。"[③] 从苏联解体的历史教训来看,苏联未能把马克思主义和苏联社会主义建设紧密结合,未能实事求是地根据社会主义建设的发展以及全球化时代的变化对日益僵化的政治经济体制进行改革,然而一旦改革却最终演变成了改变"颜色"——把国家的理论基础从马克思主义改成了新自由主义、把国家的发展道路从科学社会主义改成了"人道的民主的社会主义",从而在

---

① VISHWAS SATGAR. BRICS and the new American imperialism: global rivalry and resistance [M]. Johannesburg: Wits University Press, 2020:153.
② FRANCIS FUKUYAMA. The end of history and the last man [M]. London: Penguin Books, 1992:55.
③ 周新城,张旭. 苏联演变的原因与教训:一颗灿烂红星的陨落 [M]. 北京:社会科学文献出版社,2008:196.

西方资本主义的和平演变下上演了一场"自由在苏联降临"的历史悲剧。对于这一历史悲剧,雷日科夫指出:"我当然绝不会以为,这样一个大国的悲剧性解体能够仅仅发生在外部因素的影响之下。"① 概言之,苏联解体最直接的思想根源就是抛弃了马克思主义的指导思想,最重要的外部因素就是西方资本主义的和平演变。

对苏联解体的历史反思就是要明确:苏联模式只是社会主义建设的一种模式。"苏联模式的失败,社会主义阵营的瓦解,并不意味着社会主义的彻底失败,更不能代表人类社会将终结于西方的自由民主制度。"② 那么,任何一个社会主义国家都不应照搬照抄苏联模式,必须坚持马克思主义指导思想,把马克思主义和本国社会主义革命、建设、改革紧密结合,坚定不移地走一条适合本国国情的社会主义道路,坚决抵制资本主义和平演变和加强社会主义意识形态建设。正因如此,苏联解体之后的几十年,社会主义国家更加深刻地认识到了坚持马克思主义指导思想和探索本国社会主义道路的重要性,尤其是中国,充分地展现了社会主义制度的优越性并取得了社会主义建设的伟大成就。反而在苏联解体之后的几十年,新自由主义的资本主义世界爆发了一系列严重危机和冲突,如美国金融危机对资本主义经济乃至全球经济造成的严重破坏、占领华尔街运动的民众打出"99%对1%的抗争"的旗号以及美国本土新冠疫情大流行的困境,可谓对福山眼中的"建立在经济和认可这两个支柱上"的自由民主的资本主义社会一记响亮的耳光,所谓"历史的终结"只是西方新自由主义自欺欺人的谬论。

进入21世纪,一种崭露头角的当代世界马克思主义思潮——民主马克思主义,为了重塑一种应对当代全球资本主义(global capitalism)的新世纪的马克思主义,从激进民主的维度对苏联解体的历史教训进行反思。民主马克思主义是21世纪以来以维什瓦斯·萨特加尔和米歇尔·威廉斯(Michelle Williams)为首创人的来自全世界的一批所谓左翼学者为马克思主义贴上"民主"标签——在全球资本主义时代以激进民主的方式重塑马克思主义的理论思潮。然而,这种打着"马克思主义"旗号的理论思潮对苏联解体的反思实质上是对新自由主义的理论怪调进行旧调重弹,在反思苏联解体的过程中否定社会主义制度并用类似的所谓"失败论""过时论""终结论"来攻击和污蔑马克思主义。民主马克思主义之所以为马克思主义贴上"民主"标签,其直接缘由就在于把苏联社会主义视为一种极权主义,把苏联解体视为极权主义的社会主义的崩塌,由此回顾了"历史的终结"的怪调:"弗朗西斯·福山的《历史的终结及最后之人》把市场资本主义和代议民主置于人类历史的顶峰。"③ 民主马克思主义并不完全认同甚至批评资本主义的代议民主,认为代议民主仍然是一种为少数精英所控制的民主模式,但其也看到了苏联解体之后新自由主义在全球扩张下所带来的严峻挑战。威廉斯和萨特加尔指出:"事实上在过去30年,新自由主义的资本主义已经触及了世界上每一个角落。"④ 但民主马克思主义硬是把被其视为极权主义的苏联社会主义的解体置于"历史的终结"的怪调之中,并在对苏联解体的反思中,将苏联解体归咎于马克思主义,把马克思

---

① [俄]尼古拉·伊万诺维奇·雷日科夫. 大国悲剧:苏联解体的前因后果[M]. 徐昌翰,等,译. 北京:新华出版社,2010:3.
② 程恩富,杨云霞. 世界马克思主义研究[M]. 北京:中国社会科学出版社,2021:86.
③ MICHELLE WILLIAMS, VISHWAS SATGAR. Marxisms in the 21st century: crisis, critique & struggle [M]. Johannesburg: Wits University Press, 2013:18.
④ MICHELLE WILLIAMS, VISHWAS SATGAR. Transitional compass: anti-capitalist pathways in the interstitial spaces of capitalism [J]. Globalizations, 2019(17):3.

主义视为一种过时的理论。

二、马克思主义：过时的理论？

打着"马克思主义"旗号的民主马克思主义对苏联解体的反思，并非从中深刻吸取社会主义建设的历史教训，而是从中得出马克思主义已然过时的激进结论。其认为，苏联解体的根本原因在于作为其指导思想的马克思主义是一种过时的理论，苏共用一种过时的理论来指导社会主义建设就必然导致苏联解体，而苏联解体又反过来说明马克思主义的失败。"尽管马克思主义确实对世界产生了巨大影响，但其许多实践是可耻的历史，以苏联解体而告终。"① 民主马克思主义对苏联解体的历史反思变成了对马克思主义的全盘否定。

对于民主马克思主义而言，马克思主义之所以是一种过时的理论，关键问题就在于马克思主义是一种先锋民主的理论。或者说，民主马克思主义之所以为马克思主义贴上"民主"标签，就是为了与被其视为过时的先锋马克思主义相区别，民主问题成为民主马克思主义反思苏联解体以及污蔑和攻击马克思主义的根本立足点。在萨特加尔和威廉斯看来，民主包括两大分支：新自由主义的代议民主（representative democracy）和马克思主义的先锋民主（vanguard democracy）。前者是资产阶级政党主宰的民主模式，后者则是无产阶级政党领导的民主模式，两者之间虽然互不相容，但实质上都是由少数精英控制的民主模式，其中马克思主义的先锋民主正是依赖于精英——无产阶级先进分子担当整个社会的领导力量从而演变为一种极权主义，苏联实质上就是基于马克思主义的先锋民主、无产阶级先进分子的领导力量所建立的社会主义国家，这种依赖于精英的极权主义最终造成了苏联解体的败局。萨特加尔指出："1917年俄国十月革命之后诞生了一个在左翼阵营中成为批判目标的社会。对于左翼而言，苏联解体并不是什么令人惊讶的事情。先锋马克思主义危机的形成早就被观察到了。"② 可见，民主马克思主义反思苏联解体的理论逻辑就是：苏联解体源于过时的马克思主义，马克思主义的过时源于先锋民主。此外，民主马克思主义之所以把马克思主义视为一种过时的理论，在于其认为当代资本主义已经是不同于19世纪马克思恩格斯和20世纪苏联所面对的全球资本主义，资本主义的当代变化决定了产生于19世纪的马克思主义是过时的理论。

然而，马克思主义是过时的理论吗？从马克思主义诞生至今的发展历程来看，马克思主义绝非过时的理论。从根本上说，马克思主义是指导人们变革资本主义、实现共产主义的科学理论，只要资本主义依然是现存世界的一种社会形态，马克思主义就依然具有社会变革的强大生命力和真理性。"它研究的对象是作为社会形态的资本主义而不是资本主义的某一阶段。因此，它的结论是关于整个资本主义社会形态和无产阶级解放的具有规律性的结论。"③ 民主马克思主义所指的全球资本主义，实质上只是资本主义在全球化时代发展的一个阶段，依然属于马克思主义所研究的资本主

---

① MICHELLE WILLIAMS, VISHWAS SATGAR. Marxisms in the 21st century: crisis, critique & struggle [M]. Johannesburg: Wits University Press, 2013:1.
② MICHELLE WILLIAMS, VISHWAS SATGAR. Marxisms in the 21st century: crisis, critique & struggle [M]. Johannesburg: Wits University Press, 2013:282.
③ 陈先达. 马克思和马克思主义[M]. 北京：中国人民大学出版社，2016:3.

义社会形态的范畴。在这一意义上，倘若硬要说马克思主义已然过时，就必须承认一个根本前提，那就是资本主义这一社会形态已然终结。即便硬要说马克思主义已然过时，也还是从终极意义上体现了社会主义必然取代资本主义的规律性。在社会主义取代资本主义的终极任务完成之前，马克思主义绝不是过时的理论。而且，也正是社会主义必然取代资本主义的规律决定了人们在变革资本主义的历史进程中必须建立以马克思主义为指导思想的无产阶级政党，即民主马克思主义所指的先锋民主，以无产阶级政党为领导核心团结和带领广大人民群众进行社会主义革命、建设和改革。民主马克思主义所指的先锋民主实际上是代表最广大人民利益的先锋队——"最坚决的、始终起推动作用的部分"并"始终代表整个运动的利益"，① 是变革资本主义、实现共产主义的根本政治保障。只有坚持无产阶级政党的领导，才能从根本上保证社会主义的发展方向和实现人民群众的根本利益。

苏联被非法解体的症结，在于没有把马克思主义和社会主义建设紧密结合，没有在马克思主义指导下根据时代变化和发展规律对传统体制进行改革和完善，特别是又被背叛马克思主义和社会主义的戈尔巴乔夫篡夺了党政大权，而不在于马克思主义已然过时，也不在于马克思主义是一种先锋民主的理论。事实反而证明：苏联解体不正是因为放弃了被民主马克思主义视为所谓过时的马克思主义及其先锋民主吗？不正是因为误入西方新自由主义鼓吹的民主道路吗？"苏联解体前，苏共的指导思想已不再是马克思列宁主义，而是所谓的'人道的、民主的社会主义'，这种思想是一种资产阶级意识形态，它的失败恰恰是一种资产阶级思想的失败，不应将责任归结为马克思列宁主义。"②

民主马克思主义虽然打着"马克思主义"的旗号，但根本没有理解和把握马克思主义的基本原理，没有运用马克思主义的基本原理对苏联解体进行反思，也没有运用马克思主义的基本原理对资本主义的当代变化进行分析，也正是如此才会得出马克思主义已然过时的错误结论，并借此把苏联解体完全归咎于坚持先锋民主的马克思主义，把苏联解体视为马克思主义的失败和终结，从根本上背离和抛弃了马克思主义的基本原理，这是打着"马克思主义"的旗号对新自由主义出笼的"失败论""过时论""终结论"进行旧调重弹。更重要的是，民主马克思主义借口苏联解体把马克思主义视为过时的理论，是为了重塑一种超越传统的新世纪的马克思主义，反思苏联解体成为民主马克思主义试图超越被其视为过时的马克思主义的直接依据。

三、民主马克思主义：对传统的超越？

在萨特加尔和威廉斯看来，既然马克思主义是一种产生于19世纪的过时的理论，那么在21世纪继续坚持马克思主义就是传统的教条主义。也就是说，所谓过时的理论就是指马克思主义已经是一种不再适用于当今时代的"传统"。萨特加尔和威廉斯一旦把马克思主义视为一种传统，其真正用意无非在于对这种传统的超越。这意味着，马克思主义在当今时代已是一种过时的传统，那么民

---

① 中共中央马恩列斯著作编译局，编译. 马克思恩格斯选集：第1卷[M]. 北京：人民出版社，2012：413.
② 刘仁营，胡月庆. 苏联解体根源再认识——"历史终结论"的挑战与思考[J]. 世界社会主义研究，2019(1)：32.

主马克思主义作为崭露头角的当代世界马克思主义思潮的现实意义就在于实现对马克思主义这种传统的超越。"马克思主义在 21 世纪的历程就是要超越传统的牢笼。"① 对于民主马克思主义而言，所谓历史的终结、过时的理论，实质上指向了对传统的超越，即超出传统马克思主义的发展史，超越过时的马克思主义理论，当然更是要通过对传统的超越来重塑一种冠之以"民主"的新世纪的马克思主义。民主马克思主义对苏联解体以及对马克思主义的反思，实质上是为了"寻求一种替代传统的先锋马克思主义的新马克思主义"。②

对于萨特加尔和威廉斯而言，马克思主义在当今时代之所以成为一种过时的传统，根源在于其坚持先锋民主。那么，民主马克思主义对传统的超越，实质上就是超越先锋民主，把先锋民主作为超越马克思主义的据点。具体而言，民主马克思主义对先锋民主的超越，就是用直接民主（direct democracy）取代先锋民主，试图通过直接民主来激发社会主义民主模式的真正进步，从激进民主的维度来实现马克思主义在当代的重塑甚至变革。民主马克思主义为马克思主义贴上标签的"民主"实际上就是直接民主——由草根社会的大众直接参与政治经济决策和社会斗争的民治（by the people）。这种民治意义上的直接民主是超越马克思主义的先锋民主以及新自由主义的代议民主的非精英形式的激进民主，反对无产阶级政党掌握国家政权，试图用草根社会大众直接参与的民治取代国家权力的运用，实质上是一种激进主义和无政府主义相混合的民主模式，是民主马克思主义试图重塑一种新世纪的马克思主义的关键要素和根本内容。"在 21 世纪民主马克思主义必须重拾一项任务，就是使当代民主成为改革的政治和经济手段，实际上就是必须把这种民主重新界定为一种民治的民主。"③ 在这一意义上，民主马克思主义把苏联解体的原因直接归结于社会主义国家没有建立这样一种所谓"民治的民主"。

萨特加尔和威廉斯明确提出，只有按照直接民主的民主来反思和重塑马克思主义，才能在当代重新发挥马克思主义的批判力量，才能集结来自草根社会的大众共同应对当代的全球资本主义即苏联解体以来在全球扩张的新自由主义。"自从伴随着苏联解体而来的社会主义政权的崩塌，伴随着宣告'别无选择'（TINA）的资本主义意识形态的胜利，当许多人放弃社会主义思想之时，全世界的马克思主义不得不反思，为复兴无政府主义的传统打开空间，其根基在于超越民族国家、超越所有的民族主义并且往往在于超越马克思主义自身。"④ 民主马克思主义在此提出的复兴无政府主义、超越马克思主义实质上是主张非精英形式的激进民主的民治，由大众直接参与的民治取代无产阶级政党的领导和社会主义的国家政权。在这一意义上说，民主马克思主义虽然打着"马克思主义"的旗号，却与新自由主义一道反共反社会主义，重弹新自由主义出笼的"失败论""过时论""终结论"的怪调，对苏联解体的反思竟然最终落脚于全盘否定马克思主义、否定无产阶级政党的领导，可谓有名无实、以假乱真的一种"马克思主义"思潮。在民主马克思主义的视野中，鉴于苏联解体

---

① MICHELLE WILLIAMS, VISHWAS SATGAR. Marxisms in the 21st century: crisis, critique & struggle [M]. Johannesburg: Wits University Press, 2013:284.
② MICHELLE WILLIAMS, VISHWAS SATGAR. Marxisms in the 21st century: crisis, critique & struggle [M]. Johannesburg: Wits University Press, 2013:283.
③ MICHELLE WILLIAMS, VISHWAS SATGAR. Marxisms in the 21st century: crisis, critique & struggle [M]. Johannesburg: Wits University Press, 2013:285.
④ VISHWAS SATGAR. Racism after apartheid – challenges for Marxism and anti – racism [M]. Johannesburg: Wits University Press, 2019:41.

后新自由主义在全球的扩张,坚持先锋民主的马克思主义犹如一种传统的牢笼禁锢了人们反对全球资本主义的批判力量,苏联解体也出于坚持先锋民主所形成的极权主义的社会主义。"这些情况说明了我们要努力创造出代表下层阶级的权力形式。"① 萨特加尔等人在当今时代必须为马克思主义贴上激进的"民主"标签——以民治意义上的直接民主来超越过时的传统马克思主义,并且进一步从民治意义上的直接民主来重塑当代的民主马克思主义。

然而,民主马克思主义是对传统的超越吗?从根本上说,民主马克思主义绝非对传统的超越,即根本没有超越也不可能超越马克思主义。如前所述,马克思主义是关于变革资本主义、实现共产主义的科学理论,无论资本主义本身发生了任何新变化,哪怕马克思主义发展史出现了苏联解体的重大挫折,只要资本主义依然是当今时代的一种社会形态,只要资本主义依然处于为共产主义所取代的整个历史进程,马克思主义就必然是一种当代的理论而不是所谓过时的传统,也必然是一种先进的批判力量而不是传统的教条主义。因此,倘若民主马克思主义要实现对传统的超越,那么就必须首先完全超越产生了马克思主义这一被其视为"传统"的现实根源——资本主义社会。然而,从唯物史观来看,一旦完全超越资本主义社会,共产主义将成为人类阶级社会历史的终结和实现人类解放的全新开端。

可见,民主马克思主义对传统的超越,反而为被其视为过时的传统马克思主义论证了变革资本主义、实现共产主义的当代意义和必然趋势,而且即便要以"终结"的视野来看待人类历史的未来,也只能是共产主义社会而不是资本主义社会。正因如此,为了能够切实地推动人类历史进程从资本主义向共产主义变革,就必须在整个变革的历史进程中坚持以马克思主义作为无产阶级政党领导人民进行革命、建设和改革的指导思想,"在任何时代,马克思主义都是广大人民群众利益的忠实代表",② 坚持先锋民主的马克思主义能够和广大人民群众相结合从而形成社会变革的现实力量,只有这样才能在整个历史进程中切实地维护广大人民群众的利益并不断实现每个人的自由全面发展。相反,民主马克思主义坚持非精英形式的激进民主、否定无产阶级政党的领导,那么在应对日益扩张的全球资本主义的过程中,所谓民治意义上的直接民主就会由于缺乏坚强的领导核心而沦为一种无政府主义的松散混乱状态,根本无法切实地维护其所关注的草根社会的大众利益,这种无政府主义的民治根本谈不上激发社会主义民主模式的真正进步。

总之,民主马克思主义终究无法实现对传统的超越,反而会在激进民主的道路上走向终结,即丧失变革资本主义的批判性和科学性。那么,对于民主马克思主义而言,倒不如重新立足于马克思主义对自身的激进民主进行反思,深刻吸取苏联解体的历史教训,重新认识坚持无产阶级政党领导的现实意义,深入研究资本主义发展规律和社会主义建设规律。只有这样,民主马克思主义才能在苏联解体之后的马克思主义发展史中把自己塑造成一种有效应对当代全球资本主义、维护社会大众利益的新理论。

---

① MICHELLE WILLIAMS, VISHWAS SATGAR. Transitional compass: anti – capitalist pathways in the interstitial spaces of capitalism[J]. globalizations,2019,17(2):6.
② 陈学明,马拥军. 走近马克思:苏东剧变后西方四大思想家的思想轨迹[M]. 北京:东方出版社,2006:563.

四、结语

回顾苏联解体之后，正当西方资本主义出笼的"失败论""过时论""终结论"对马克思主义进行污蔑和攻击之时，同样来自西方的一些大思想家，哪怕自称是非马克思主义者的思想家纷纷走近马克思，以各自的方式声援马克思主义和批判资本主义，从各自的理论维度来论证马克思主义的当代价值。然而打着"马克思主义"旗号的民主马克思主义竟然远离马克思、背弃马克思，对苏联解体以来西方攻击和污蔑马克思主义的"失败论""过时论""终结论"进行旧调重弹，民主马克思主义说到底是一种反马克思主义的理论思潮。如此一来，民主马克思主义既没有深刻反思苏联解体的历史教训，也没有传承马克思主义的科学真理，反而打着"马克思主义"的旗号全盘否定马克思主义，我们必须鉴别和批判这种所谓的"马克思主义"思潮。苏联解体绝非历史的终结，马克思主义绝非过时的理论，民主马克思主义绝非对传统的超越。对此，从意识形态建设的意义上看，我们必须认真了解、分析和批驳这种虽然只是崭露头角的民主马克思主义思潮，揭露这种反马克思主义的错误观点和立场，苏联解体的重要原因之一正是当时各种反马克思主义在意识形态领域的干扰和破坏，"苏共亡党、苏联解体很大程度上就是苏联社会主义意识形态在与西方资本主义意识形态较量中败下阵来的结果"。① 因此，我们必须吸取苏联解体的这一重要教训，必须坚持马克思主义指导思想，坚定"四个自信"，在新时代进一步加强社会主义意识形态建设，坚决抵御民主马克思主义思潮以及其他各种反马克思主义思潮对我国马克思主义指导思想的干扰和破坏，努力推动马克思主义中国化、时代化、大众化，为我国社会主义现代化建设营造良好的思想文化环境。

参考文献：

[1] 顾海良. 马克思主义的历史发展与21世纪马克思主义的时代课题[J]. 中国高校社会科学，2022（3）.

[2] 冯旺舟. 资本的霸权与正义的诉求——21世纪新帝国主义的批判性探析[J]. 国外理论动态，2021（4）.

[3] 王凤才. 多重视角中的马克思——21世纪世界马克思主义发展趋向[M]. 北京：中国社会科学出版社，2021.

[4] 复旦大学当代国外马克思主义研究中心. 国外马克思主义研究报告2019[M]. 北京：人民出版社，2020.

[5] 卢文忠. 马克思主义文化理论：一种批判性的研究[M]. 重庆：重庆大学出版社，2020.

[6] MICHELLE WILLIAMS, VISHWAS SATGAR. Destroying democracy: neoliberal capitalism and the rise of authoritarian politics[M]. Johannesburg: Wits University Press, 2021.

[7] VISHWAS SATGAR. Co-operatives in South Africa: advancing solidarity economy pathways from below[M]. Durban: University of Kwazulu Natal Press, 2020.

[8] VISHWAS SATGAR. Capitalism's crises: class struggles in south africa and the world[M]. Johannesburg: Wits University Press, 2010.

---

① 郭德钦. 苏联解体：马克思主义意识形态建设上的沉痛教训[J]. 红旗文稿，2018（2）：36.

[9] ANNE CASE. Deaths of despair and the future of capitalism [M]. Princeton: Princeton University Press, 2020.

[10] DAVID M. Kotz. The rise and fall of neoliberal capitalism [M]. Cambridge: Harvard University Press, 2017.

[11] HAROOTUNIAN. History and time in the expansion of capitalism [M]. New York: Columbia University Press, 2015.

景观的资本化与资本的景观化

卢 林[*]

【内容提要】 作为情境主义国际的创始人,居伊-埃内斯特·德波在1867年完成了《景观社会》一书,在书中他认为当代的资本主义社会已经发展到景观阶段,其中有一个重要的判断,即景观作为"时间的虚假意识"(fausse conscience du temps)[①],完成了对历史的毁灭。随着社会的发展,景观与资本紧密结合,景观的资本化促使景观变为"普照现代被动性帝国的永远不落的太阳",表现为异化的消费和景观拜物教的表象;资本通过景观化的发展,进一步隐藏着榨取剩余价值的本质。景观毁灭历史的本性,景观的资本化与资本的景观化相互叠加,最终完成了景观统治资本主义社会的殖民逻辑。

【关键词】 景观　资本　毁灭历史

在《景观社会》一书中,居伊·德波指出,当代的资本主义社会已经进入景观社会,在这里"所有活生生的东西都仅仅成了表征",被解放的闲暇时间不同于马克思主义时期被迫工作和消极自由时间之间的分裂,娱乐活动更多纳入了对自由时间加以组织的问题。当代社会的资本也敏锐地嗅到了这一变化,开始和景观结合起来,人们更多地专注于可视的客观景色、景象中,虚拟游戏、网上购物、电视电影等占用了越来越多的时间。景观开始资本化,互联网、娱乐行业吸引大量资本,开启逐利性的航程。资本也开始以"毁灭历史"的方式,隐藏其榨取剩余价值的本质,在资本主义物化的基础上,沦为"故意呈现出来的表象",成为经济物化的二重颠倒。

一、景观和景观社会

居伊-埃内斯特·德波作为情境主义国际的创始人,是当代法国著名的思想家、实验主义电影

---

[*] 卢林,男,山西工程技术学院讲师,主要从事马克思主义政治经济学研究。
[①] [法]居伊·德波. 景观社会[M]. 张新木,译. 南京:南京大学出版社,2017:101.

艺术大师，于1867年完成了《景观社会》一书。随之而来的1968年"红色五月风暴"中，情境主义国际发挥了重要作用，"让想象力夺权"（瓦纳格姆）、"我们拒绝用一个无聊致死的危险去换取免于饥饿的世界"（德波），这些标语无形之中成为革命的"催化剂和精神标识"。受黑格尔、费尔巴哈、马克思和卢卡奇的影响，德波和情境主义国际经历了从对资本主义艺术的批判、日常生活的批判发展到对整个社会和其革命成果的批判。《景观社会》作为德波最主要的理论贡献，宣告了"马克思所面对的资本主义物化时代而今已经过渡到他（德波）所指认的视觉表象化篡位为社会本体基础的颠倒的世界，或者说过渡为一个社会景观的王国"①。

"景观"一词在20世纪40年代至50年代就已经出现，瓦纳格姆、弗尔茨和贝斯特等都对其概念进行了详尽的解释。德波对"景观"的研究从表现开始，他在《景观社会》第一章"完成的分离"中开宗明义地指出"在现代生产条件占统治地位的各个社会中，整个社会显示为一种巨大的景观的聚集（accumulation de spectacles）。直接经历过的一切都离我们而去，进入了一种表现（représentation）"②。这种表现，是一个"客观化的世界视觉"，是从生活中脱离出的图像重新融合到共同的进程中。总体上看，景观是由社会经济形成的"总体实践"（pretique totale），是"现存生产方式的结果"；具体而言，就是新闻或宣传、广告或娱乐的直接消费；等等。关于景观的本质，德波给出了定义："景观并非一个图像集合（ensemble d'images），而是人与人之间的一种社会关系，通过图像的中介而建立的关系。"③

在德波的视界中，现代工业社会本质上就是景观主义的社会。这种社会具有三个特点。

（一）分离之上建立的统一

德波认为，"分离本身隶属世界的统一性，隶属分裂为现实和图像的总体社会实践……这个整体中的裂变将肢解整体，让景观现实为裂变的目的"。一方面，景观作为社会的一部分，把社会"拆分"为现实和图像，形成景观的独特区域。这个区域蓄意聚集大量的目光和意识，成为社会生活中"不可或缺的装饰"，甚至产生了直接制造物品图像的先进经济部门，景观也成为当今社会的"主要生产"。另一方面，一个个分离的景观又统一于社会之中，景观的语言即"统治性生产的符号"（signes）和景观秩序（ordre spectaculaire）作为积极的黏合剂，使得分离的景观融合到一起，将肢解的整体变为统一的社会。

（二）真实只是虚假的某个时刻

"由于这个区域被分离了（séparé），它便成为滥用的目光和虚假意识的场所：它所实现的统一无非就是一种普及化分离的官方语言。"④ 景观是个伪神圣物（pseudo‐sacré），它将可做的（le permis）完全对立于可能的（le possible），把生产实践作为"无意识"的保存。随着劳动分工的细化，景观被切成动作的碎片，从属于机器的独立运动，服务于市场的不断扩张和运转不息。德波认为，经济对社会生活的统治分为两个阶段：第一阶段是从存在（être）滑向拥有（avoir）的明显降

---

① ［法］居伊·德波. 景观社会[M]. 张新木,译. 南京:南京大学出版社,2017:13.
② ［法］居伊·德波. 景观社会[M]. 张新木,译. 南京:南京大学出版社,2017:3.
③ ［法］居伊·德波. 景观社会[M]. 张新木,译. 南京:南京大学出版社,2017:4.
④ ［法］居伊·德波. 景观社会[M]. 张新木,译. 南京:南京大学出版社,2017:3.

级；第二阶段是从拥有向显现（paraître）的总体滑坡。从两个阶段的滑坡中，可以看出显现或者表现开始脱离存在，作为一种虚假的伪世界（pseudo-monde），对立于真实世界，成为针对变得可见的（estdevenue visible）生活的一种否定，现存社会成为现实和景观的相互异化。

（三）商品世界中的自我凝视

卢卡奇在《历史与阶级意识》一书中指出，"劳动过程中的理性化和机械化越是加强，劳动者的活动便越是失去活动的特征，结果就变成一种凝视的状态"。商品经济充分发展，商品在充当"整体社会存在的普遍类别时"，商人关系中的物化就变现为意识对形式服从的凝视态度。随着工业革命的发展、机器大生产和经济的全球化，商品已经实现对经济社会的全部占领，人们看到的就是景观的世界。在有些发达地区，社会空间为一种"商品地质层的持续叠加所侵蚀"，"异化的消费"（consommation aliénée）从"异化的生产"（production aliénée）中脱胎而出。面对琳琅满目的商品，从满足基本需求斗争中解放出来的人们，从商品拜物教演化为对金钱的崇拜，交换价值成为使用价值的"雇佣兵队长"。在景观中，隐藏在交换价值中的使用价值以显性的方式表现出来，为了捕捉人们对事物虚拟的欲望，抓住社会活动中处于流动状态（état fluide）的所有事物，景观的商品不惜以凝固状态的方式去拥有这些事物。

二、景观毁灭历史

马克思指出"历史本身就是自然史的一个真实部分，是自然变成人的一个部分"。按照德波对此的理解，客观的"自然史"的实际存在，只有通过人类历史的过程才能被发现，他把探索人类历史的过程比喻为用"一架天文望远镜"在时间中捕获"星云向宇宙外围的逃逸"，最后得出："时间的无意识运动在历史意识中表现出来，并且变成真实的存在"① 的结论。"循环时间"（temps cyclique）是静态的社会（société statique）根据自身经验来组织时间的参照，在时间这个"封闭的空间"中，真实的存在是否定时间后重新回来的事物。为了更好地阐述"循环时间"，德波举了三个例子：一是游牧民族在迁徙过程中，在任何时刻出现的都是同样的状况。因为当一个地方的草或者饲料被牛羊吃完后，他们到了下一个地方总是先扎蒙古包、做围栏、放养牛羊，重复地进行这样的操作。二是到了农业生产占主导的时期，人们在定居的同时被封闭在某个定位内，四季更替、农耕劳作，只是把游牧生活的时间拉长，但仍然是在做"一系列动作的重复"，这也是构造完整"循环时间"的基础。三是占有有限剩余价值的阶级，占有不可逆转的时间也就是时间剩余价值，除了在物质上享受奢侈品，也挥霍着"社会表面历史事件"。封建社会王朝的更替也是"循环时间"的作用，神话以幻想的方式对这种"历史的私有制"进行庇护，但这种"幻想式的拥有"也是一种对共同历史的全部拥有，以神话的方式来保障循环时间的永久性。然而，在时间的童年，"历史首先要为成为主人实践活动中的历史而斗争"②。新型的不可逆时间，打破了绝对君主制对历史生活的

---

① ［法］居伊·德波. 景观社会[M]. 张新木,译. 南京:南京大学出版社,2017:81.
② ［法］居伊·德波. 景观社会[M]. 张新木,译. 南京:南京大学出版社,2017:83.

垄断性持久运动，使社会走向资产阶级。资产阶级最大的功劳就是使劳动变成了改造历史的劳动，传统的循环时间的农业生产已经成为不可逆生产的枷锁，资产阶级必须通过积累商品和资本，改变劳动、释放生产率，持续改变大自然。大规模的生产劳动以及对生产的不可逆时间的统治，让历史从奢侈稀有品走向了日常消费品的主要生产，消除了循环时间支撑着的历史时间不断增长的部分，导致历史"渐渐倾向于消失在表面"。

生产商品的时间，成为不可逆时间的抽象，但人类在没有进行生产的"非发展"（non-développement）普通时间中，可消费时间对生产也会起到一定作用，德波将这个时间定义为"伪循环时间"（temps pseudo-cyclique），它是生产商品时间的"可消费伪装"（déguisement consommable）。它作为一件可消费的商品，成为"另一个产品的原料"。这个可消费的伪循环时间也是景观的时间，狭义上表现为"图像消费的时间"（consommation des images），广义上为时间的消费图像。景观的目的就是占有消费者的图像消费时间，景观工具充当"个人消费的地点和中心形象"①。德波认为，资本主义社会追求的是"时间的收益"，运输时间的速度、袋装汤料的使用、提高的生产率节省出了更多的时间，但美国人仅仅对电视的"凝视"每天就花去3～6小时。刚刚开始，商品在景观中表现为真实生活的时刻，也是时间的循环回归，但随着生产的发展，景观也在"自行展现"和"自行复制"，当达到一个密集的程度时，景观开始更加高调地"自我吹嘘"，时间的现实已经为"时间的广告所代替"②，相较而言，商品的使用价值已经缩水，这样景观就完成了对历史的毁灭，成为"时间的虚假意识"（fausse conscience du temps）。

古代社会的循环时间是在静态下真正进行体验的时间，在景观社会中，伪循环消费和生产的抽象的不可逆时间相互矛盾，在动态的现实中虚幻地体验时间。景观机器的不断运作，使本来已经虚幻的伪事件，更加迷失在急速替代的景观膨胀中。被分离的真正的体验与可消费的伪循环时间直接对立，因为人们对虚幻景观的凝视，真正的体验没有语言、概念，没有寄存于任何地方的载体，而被人们遗忘。德波引用黑格尔的名言——"主体通过自我迷失而达到自我实现，通过变成他样而成为自身真理"，进一步得出结论，即"从根部将主体与从主体那里窃取的活动分离开来的社会，它首先将主体与其自身时间分离开来"③，而那个表现为真实生活的东西，却仅仅显示为表面上看起来更加"真实的景观生活"。

三、景观的资本化

在资本主义社会，资本作为资产阶级支配一切的权力，几乎任何事物都会被打上资本的烙印，景观也不例外，甚至"景观就是积累到某种程度的资本，这时它就成了图像"④。德波运用马克思历史现象学批判逻辑，把资本主义社会中人与人之间的社会关系的物化延伸为"景观化"，景观便

---

① ［法］居伊·德波. 景观社会［M］. 张新木,译. 南京:南京大学出版社,2017:99.
② ［法］居伊·德波. 景观社会［M］. 张新木,译. 南京:南京大学出版社,2017:99.
③ ［法］居伊·德波. 景观社会［M］. 张新木,译. 南京:南京大学出版社,2017:102.
④ ［法］居伊·德波. 景观社会［M］. 张新木,译. 南京:南京大学出版社,2017:15.

成为"普照于现代被动性帝国的永远不落的太阳"①。德波强调,景观是全部商品的一般抽象等价物,是金钱的另一面,当商品世界的总体表现为一个整体时,"景观作为整个社会所能成为和所能做的东西的一般等价物,便成为货币的发展了的现代补充物"②。相对于马克思所处的一切以生产为中心的时代,现代的资本主义社会发生了新的变化,人们追求的更多是一种"让人炫目的景观秀"。景观所表现出的虚假表象和展示性的目标、异化性的需要,吸引人们纷至沓来,引导社会主流消费,虚幻的景观于是统治了人们真实的体验。

景观的资本化体现于客体对主体的支配。马克思认为:"只是由于积累起来的、过去的、对象化的劳动支配直接的、活的劳动,积累起来的劳动才变为资本。"③ 真正的资本"是生产工具,也是过去的、客体化了的劳动"④,积累起来的劳动(死劳动)变为真正的资本,必须具备一定的历史条件,那就是要支配直接的、活的劳动。在现实世界中,资本通过对雇佣劳动的支配与控制来生产剩余价值,通过无偿占有雇佣工人创造的剩余价值来实现其自身的积累与增值。人类和景观、主体和客体相互影响。第一,景观是由主体通过对客观世界的认识,运用技术手段反映到图像等载体上的;第二,作为景观主体的人类,通过接收电视的画面、广告的图像、新闻中生动的文字等,进一步深化对客观世界的认识,从而产生更多的景观,这种相互影响是螺旋式上升的。费尔巴哈在《基督教的本质》第二版序言中说"无疑,我们的时代……偏爱图像而不信实物,偏爱复制本而忽视原稿,偏爱表现而不信现实,喜欢表象甚于存在"⑤。由此可见,相较于人类生产景观,景观对人们的认知影响更大,甚至在景观社会,景观可以实现对主体的支配。

景观的资本化体现于消费异化。马克思在《1857—1858年经济学手稿》导言中,探索了生产与分配、交换、消费的一般关系,在(a)[生产和消费]中指出"生产活动是现实的起点",是起"支配作用的要素",消费"本身就是生产活动的一个内在要素"⑥。但当代西方资本主义社会已经由生产主导型转向消费主导型,消费成了主导和维持生产的基本条件,生产是为了消费,消费决定生产。经济发展使景观社会"从奢侈稀有品走向日常消费的主要产品"⑦,商品生产供不应求,为了刺激消费,生产者不得不依靠增加产品的景观附加值来达到"区分"的目的。价值运动与资本增殖的重点转移到消费领域,人们越来越关注商品携带丰富意义的景观图像,而不是一种凝结在商品中的一般劳动。为了实现消费,消费者的欲望和需求被国家、商家和媒体无限开发,消费者生活在景观泛滥的环境中,欲望被无限放大,逐步陷入迷狂,如狂热追逐名牌等,人们进入一种浅薄、没有反思的境地,只为满足购买欲。

景观的资本化还体现为拜物教式的表象。景观从出现开始,和货币一样,经历了从起着交换中介的工具性作用,逐渐变为"统治社会"的异己力量。德波认为资本主义经历了从商品拜物教、资本拜物教到景观拜物教的阶段,"景观是仅供注视的(for ntemplation only)货币,因为在景观中,使用价值总体已经被替换为抽象表征的总体"。以前的社会,人们进行商品交换是为了获得商品的

---

① [法]居伊·德波.景观社会[M].张新木,译.南京:南京大学出版社,2017:7.
② [法]居伊·德波.景观社会[M].张新木,译.南京:南京大学出版社,2017:25.
③ 中共中央马恩列斯著作编译局,编译.马克思恩格斯选集:第1卷[M].北京:人民出版社,2012:342.
④ 中共中央马恩列斯著作编译局,编译.马克思恩格斯选集:第2卷[M].北京:人民出版社,2012:685.
⑤ [法]居伊·德波.景观社会[M].张新木,译.南京:南京大学出版社,2017:1.
⑥ 中共中央马恩列斯著作编译局,编译.马克思恩格斯文集:第8卷[M].北京:人民出版社,2009:18.
⑦ [法]居伊·德波.景观社会[M].张新木,译.南京:南京大学出版社,2017:92.

使用价值,交换价值只有作为"使用价值的因子"才能形成,使用价值以隐形方式包含在交换价值中。由于货币这种抽象的一般等价物的出现,使用货币可以购买任意的商品,通过实现对人类生理上和心理上欲望的满足,动员任何人类的使用,交换价值最终"领导"使用价值,成为使用价值的"雇佣兵队长",金钱也就统治了社会,进入资本拜物教阶段。而景观反转了现实,在"超级发展的商品经济"下,使用价值只有通过虚伪的景观的方式公布出来,景观成为"只能观看的金钱",因为在景观身上,是"使用的总体"与"抽象的表现总体"在进行交换。资本也就不再是领导生产方式的可见核心,资本的积累以"感性物体"的形式将社会以景观的方式展开。在今天的景观社会中,景观操控人类的日常生活,其在各类媒体广告中铺天盖地,节日促销、商品优惠、游戏竞技等名目繁多的消遣娱乐活动使其成为一场永久的"鸦片战争",人们沉迷其中,乐不思蜀地失去了对真实生活的追求。

四、资本的景观化

"资本主义的运动正源自它被掩盖的本质。"[①] 在 20 世纪 60 年代,也就是德波所在的年代,景观发展处于"初级阶段",由于当时的生产力水平和技术基础,景观的语言表现为真正的"图像",涉及新闻宣传、广告电影等相关行业。而在当代,人工智能、大数据、互联网、云计算以及 5G 等信息技术大力发展,生产、分配、交换与消费等活动倾向于数字化,一般性数字化基础设施通过提供基础性的算力、存储、工具和规则,把人类的经济活动转化为数据并进行信息收集、处理并传输。数据作为平台经济的核心元素,是人类在现实生活中的信息,发挥着类似于景观在景观社会中的作用。数字平台依靠强大的算力"买入"数据,并进行储存、管理和加工,再向消费者"卖出"数据,以实现资本的盈利活动。资本驱动新兴的数字技术体系,对数字信息进行快速传递和处理,抽象同构出"虚拟的"现实世界。现代景观的生产建立在数字平台之上,这打破了时空对原有景观社会的限制,促进了景观与资本的深度融合。

被抽象为一般等价物的景观,利用数据这个现实世界抽象化的信息,实现了"用时间去消灭空间"。强大的算法和传输能力,逐步消除了各种类型信息采集、传输和标准化利用的障碍,随着人类活动逻辑的抽象相似性,把分隔的经济社会部门和生产生活领域,跨国界、跨部门地集成到一起,缩短了商品流通时间,节省了流通费用,使本来已经"分离"的景观之间的界限模糊化,将更多的资源纳入景观的生产中,急速提高了景观的统一。生产景观的活动现在都可以成为"数据",不断地被数字平台生产出来、整合起来。资本的逐利本性加速了经济社会在生产景观方面的投入,加之平台组织把景观生产固定资产去组织化、去地域化,导致资本在生产景观领域大量积累。

资本的景观化体现于生产要素的数据化。数据的非实体性是虚拟化的主要表现,它已经成为生产要素中"普照的光",把劳动、土地、技术和管理甚至资本本身转化为二进制的"0 和 1",使商品的生产、制造、运行、营销都虚拟化。在劳动数据化方面,机器大工业时代下,机器作为劳动的替代物,增加了商品价值构成中的不变资本的比重,随着当代自动化技术不断发展,数据化的程序

---

① [美]海尔布隆纳. 马克思主义:支持与反对[M]. 马林梅,译. 北京:东方出版社,2014:65.

帮助我们操纵控制、分析判断、自动检查商品生产过程，进一步替代人类的体力、脑力劳动，极大地提高生产率的同时进一步压缩可变资本的空间。在土地数据化方面，许多平台资本集聚流量，在互联网中打造具有"独特性质"的"土地"，不断抬高商家在平台中的租赁费用，通过这种方式获取商家的超额利润，产生数字化的垄断地租。在技术数据化方面，其表现为通过技术生产出的产品的虚拟化，以前通过新技术的研发，生产的是蒸汽机、电话、计算机等实体商品，进入数字时代，新技术的产出品为软件、程序、游戏等虚拟商品，技术工艺更加只是为了提高和优化算法，使设计出的程序占用更小的空间、计算机拥有更快的运算速度。在管理数据化方面，大数据时代，任何事物都会成为"数据生成器"，如何对海量数据进行管理和运用成为亟待解决的问题。人工智能、云计算、云储存等技术应运而生，通过模拟人脑思维，赋予机器自我学习能力，应用软件选择性地推送消费者感兴趣的商品、谷歌 AlphaGo 能够下围棋、siri 成为手机虚拟个人助理，等等，它们可以辅助甚至替代人们进行管理和决策。在资本的数据化方面，不同于股票、债券等虚拟资本，数字货币实现了真实货币的数据化，货币的形态也由金属货币、纸币过渡到了电子货币，成为虚拟网络空间的字节代码。在资本主义社会，生产要素的使用贯穿商品生产全过程，生产要素数据化必然会促使资本虚拟化，进一步掩盖资本的本性。

资本的景观化体现于资本对价值的攫取更加隐匿。"历史上很多事物看似蕴含着解放的可能性，结果却是资本主义剥削的支配性实践的回归。"① 一方面，资本作为历史的产物，促进了景观行业技术的革命，推动了景观社会的发展；另一方面，资本对价值的攫取更加隐匿化。列斐伏尔认为，在商品社会中，人与人的关系已被物的关系掩盖。在现代景观社会，资本通过数字平台的价值攫取，内嵌于全局化的过程中，景观的数字化生产和平台运行虚拟化逻辑深化了物的关系对人的关系的掩盖，遮蔽了真实存在的社会关系。一是平台改造消费主体、塑造"数字个人"。数字技术体系发展形成了个人与平台之间的"信息差"，即平台掌握并处理着海量来自社会的信息和数据，个人掌握的信息是有限的，两者之间有一条数据鸿沟。在个人与平台的日常交互中，平台利用定向的广告推送、导向性的新闻报道，使个人逐渐走向平台所要求的"标准"，影响社会舆论和消费者的选择。二是平台改造生产企业、塑造"数字商家"。在马克思的视域中，物质生产过程中工人的活劳动是价值之源。在平台经济中，有些平台企业依靠数据优势，引导和"操纵"线下平台企业的价值增值的循环，价值实现反而置于平台企业之上。在电子商务、外卖骑手和租车打车等行业，平台将收集到的数据分配给线下行业，线下企业进行生产、运输并将商品送至消费者，平台企业根据一定比例抽成。平台基于数据控制，"倒逼式"地控制了生产过程和流通过程，掩盖了劳资矛盾并淡化了雇佣关系，模糊了人与人之间的生产关系和社会关系。三是平台改造价值增值、塑造"数字生产"。价值增值过程分为绝对剩余价值的生产和相对剩余价值的生产，后一种形式相较于前一种是在技术进步的基础上实现的。技术进步源于资本家之间的竞争，也消除了工人自身的技术垄断，提升了资本家在劳动力市场的议价能力，增强了对工人和劳动过程的控制力。在平台经济中，资本依靠自身技术优势，占有关键性平台设施，通过数字化使社会生产性数据在平台集中，实现对数据潜在生产力的占有和对生产过程的控制，使得其价值攫取更加隐秘。

资本的景观化还体现于资本积累过程中矛盾的暂时性缓解。数字平台本质上是资本统治下服务

---

① [英]大卫·哈维. 跟大卫·哈维读《资本论》：第 2 卷[M]. 谢富胜，等，译. 上海：上海译文出版社，2016：249.

于资本积累过程的新型社会组织。平台运行逻辑本质上仍是资本逻辑,资本积累是根本目的,通过技术手段占有数据是其核心途径,平台垄断是必然趋势。垄断的现实表现在于,为一己私利,排挤并毁灭非垄断性过剩资本,修复市场波动引起的资本积累的平衡发展。"在任何情况下,平衡都是由于一个或大或小的资本被闲置下来,甚至被毁灭而得到恢复",大量中小资本被大型垄断平台排挤,"被迫走上冒险的道路:投机、信用欺诈、股票投机、危机"①,导致社会大众的贫富分化,造成了新的资本生产过剩。现代资本驱动数字平台这台"引擎",把不同行业、不同部门、不同区域甚至不同国家的经济纳入管控之下,一些巨无霸公司迅速崛起。景观社会进一步培植了资本垄断的土壤,数字平台一方面掌握与社会生产与再生产相关的关键性信息,直接影响和控制大量产业资本;另一方面冲击着以传统银行为核心的金融资本领域。货币的数字化,意味着大型数字平台可以控制以往垄断性产业组织难以完全实现一体化的金融货币资本,打破了资本在国家和行业之间流动的壁垒,加快了资本集中和资本集聚的过程。在此基础上,平台企业入侵信用卡领域,大力推行消费主义,借助景观生产和人对欲望的满足,迫使客户负债提前消费,缓解资本积累过剩产生的矛盾。

五、景观统治的殖民逻辑

当下,景观生产已经成为资本主义生产方式的目标,景观成为资本主义社会"现实社会非现实的核心",开始了对社会生产生活的殖民统治。以德波之见,景观统治之所以能够成功,最重要的还在于它的虚伪让人们悄然忘却曾经存在的历史,或者叫毁灭历史。德波曾指出,根除历史知识是景观统治的绝对优先权。借助当代社会景观的资本化和资本的景观化,景观去除了全部理性信息以及关于最近之过去的评论,隔离了来自它的语境、它的过去、它的意图和它的结果的所有展示,"当景观有三天停止谈论某事时,好像这事就已不存在了。因为那时景观在继续议论别的事,总之,自此以后别的事又存在了"。景观统治下的热点切换已经成为常态,人们被动地接受各种网站、App推送的各类信息,今天你在讨论俄乌冲突,明天就有可能被娱乐圈的花边新闻所吸引。在景观商品爆发的今天,人们在有限的时间和精力下接受着景观产生的影像愿意让我们了解的东西,对于这些东西从何而来、怎样发生很少过问,知之甚少。

更为嚣张的是,"某事越是重要,它就越是被隐藏起来"。景观遮蔽其世界性征服的真实过程,把"历史"逼进"隐匿之所",使人类忘掉历史精神这一对历史的放逐,"所有的篡位者都分享这一目标:使我们忘记他们仅是刚刚到达"。景观依靠掌控的社会生活的信息和数据,能翻转事实、误导民众,把新冠肺炎比喻为大号流感,把干涉别国内政看作解救民众的正义之举,在颠倒是非的虚伪下,景观选择性地屏蔽对自身有害的内容,及紧随其后地引导人们将其忘记。

在摧毁历史的同时,景观还统治人们的观念,通过表象的垄断,要求观众被动地接受。眼见为实是不容争辩的,但在景观社会,人们看到的画面只是不得不屈从而不能对话的影像布展下,一段又一段强制性的虚拟独白。德波指出,配上厚颜无耻的谎言般的解释,在电视上呈现出的美好画

---

① 中共中央马恩列斯著作编译局,编译. 马克思恩格斯全集:第25卷[M]. 北京:人民出版社,1974:279.

面,"傻瓜就相信一切都是很清楚的"。西方电影极力刻画灯红酒绿的都市景观,营造时尚的氛围,加上精致华美的奢侈品牌、灯火璀璨的商场以及上流派对等场景,在视觉上形成了极强的冲击力。在这种情境下,人们已经不是根据商品的使用价值进行消费,人们关注的是附着在商品上具有象征意义的景观表象,比如在消费中所体现出来的地位、品位、时尚等象征价值,这样能获得极大的精神满足与优越感。人们看到的世界,不再是真实的存在构成,而是景观通过虚拟化、选择化的指向要素,有目的性地堆积而致。景观的殖民统治还捕捉控制了人们的非劳动时间。手机作为现代人类普遍使用的终端媒介,在学习、工作、生活中不可或缺,成为景观控制非劳动时间的现实载体。在公交、地铁、办公室、公共场所,随时随地可以见到低头看手机的人们,无论是在看新闻,还是玩游戏、网淘购物,占用着本来应该看书、锻炼、交流的时间。由此,景观的殖民统治在空间和时间上都大大扩展了。

六、结语

在这个景观盛行的资本主义社会,人们被物欲支配,拜金主义、享乐主义严重泛滥,生活中充斥着娱乐消遣和低俗噱头,社会上散发着媚俗媚世和金钱气息。数字技术、平台经济的发展加快了资本的积累和垄断,资本也在数字洪流、钢铁丛林中隐藏自己的本质,资本与劳动的矛盾看似缓和,实则越来越激烈,世界范围内的贫富差距不断拉大。在这种景观体系主导下,人们也就失去了价值和信念,在道德和伦理上失去了方向,为了个人利益不惜损害公共利益,从而导致了人与人之间关系的冷漠、极端个人主义、报复社会的极端暴力行为等一系列社会问题。在社会主义社会,一定要警惕和预防资本与景观的结合,坚持以习近平新时代中国特色社会主义思想为指引,加强对资本的驾驭和超越,既要充分发挥资本推动经济发展的积极作用,也要为其设置"红绿灯",规范和引导资本在我国的发展,确保中国特色社会主义行稳致远。

参考文献:

[1] 中共中央马恩列斯著作编译局,编译. 马克思恩格斯选集:第1卷[M]. 北京:人民出版社,2012.
[2] 中共中央马恩列斯著作编译局,编译. 马克思恩格斯文集:第8卷[M]. 北京:人民出版社,2009.
[3] [法]居伊·德波. 景观社会[M]. 张新木,译. 南京:南京大学出版社,2017.
[4] [美]海尔布隆纳. 马克思主义:支持与反对[M]. 马林梅,译. 北京:东方出版社,2014.
[5] [英]大卫·哈维. 跟大卫·哈维读《资本论》:第2卷[M]. 谢富胜,等,译. 上海:上海译文出版社,2016.

过时还是证明：人工智能时代的马克思剩余价值理论

——基于资本主义条件下人工智能的发展

方章东　李华强[*]

【内容提要】 人工智能时代悄然来临，引发大范围、深层次的科技革命和产业革命并从技术层面部分或全部取代劳动，表现为"人的主体性缺失""无人化生产"；这一生产方式的革新，并没有动摇马克思剩余价值理论。其一，智能机器人无法成为劳动力商品，也并不是价值创造的主体。其二，工人的剩余劳动依旧是剩余价值的唯一来源。其三，剩余价值剥削和人工智能时代的无产阶级不断扩大进而诱发当代资本主义社会新一轮产业危机和经济危机；马克思剩余价值理论依旧是分析现代资本主义经济现象的理论武器，深化剩余价值规律的认识有益于社会主义市场经济的健康发展，有助于深刻理解资本主义剥削的本质和把握资本主义的发展趋势。

【关键词】 人工智能　资本主义　剩余价值

马克思剩余价值理论从诞生起就经历了各个不同历史时期的挑战和争议，特别是面对资产阶级学者的"非难"和"攻击"，它展现出了强大的生命力和科学性。剩余价值理论揭示出了资本剥削的秘密，厘清了资本和雇佣劳动之间的剥削关系，奠定了马克思主义理论第二块理论基石。这一伟大发现，"使明亮的阳光照进了经济学的各个领域"，使社会主义摆脱了以往资产阶级经济学者的黑暗中的探索，而"科学社会主义就是以这个问题的解决为起点，并以此为中心的"。[①] 时至今日，关于剩余价值论的争鸣在多维研究和讨论中逐步走向共识，但一些问题与观点仍存有争议。

当下我们正处在以人工智能技术为代表的新的科技革命的初期，当代资本主义生产方式出现新的变化、新的情况、新的问题、新的争论。在经历了20世纪末互联网泡沫和2008年金融危机以后，数字经济（"0和1"的经济）日益成为资本主义修复利润率下降和经济停滞趋势的重要手段。随着工业互联网、平台、大数据和人工智能的崛起，数字经济已经呈现出从量变到质变的趋势，参与重构了资本主义生产方式、劳动力的再生产过程以及国家在社会经济中的嵌入方式，其中尤为重

---

[*] 方章东,男,安徽农业大学教授、硕士生导师,主要从事马克思主义与当代意识形态、马克思主义哲学史研究;李华强,男,南通职业大学马克思主义学院助教,主要从事马克思主义基本原理研究。

① 中共中央马恩列斯著作编译局,编译. 马克思恩格斯全集:第26卷[M]. 北京:人民出版社,2014:213.

要的便是人工智能对资本主义生产方式的重塑。面对以人工智能技术为代表的第四次工业革命浪潮，如何更好地用马克思剩余价值论解释当今资本主义社会的新现象与新问题就成为一个绕不过去的重大时代课题。

面对"智能化生产"带来的"无人化"现象，有些学者提出了马克思剩余价值论过时和需要创新等观点，并由此开展了关于智能化生产是否创造价值、是否是生产性劳动的争论。为了厘清这些问题进而揭示其背后的剥削机制，很多学者开始运用要素的边际产出来解释和确定要素所有者的收入，解释智能化生产过程中的工资、利润。重提边际效用和要素生产观点实际上是否定了剩余价值理论的历史和现实，进而否定了一些社会集团可以凭借生产资料所有权无偿占有他人剩余劳动。此外，一些学者运用非物质劳动概念来解释人工智能时代马克思劳动价值理论，认为人工智能背后的程序员、算力数据开发编译者的劳动需要用非物质劳动来解释进而对剩余价值理论进行补充，这实际上是对马克思剩余价值理论的模糊和歪曲。

一方面，学界关于人工智能与剩余价值理论学说的相关研究较少且从剩余价值理论学说角度分析无人化的智能生产以论证马克思剩余价值的时代性、科学性存在研究空白。另一方面，这些观点由于对人工智能时代下"无人化"现象具有极强的解释性和迷惑性得到了广泛的影响和认同度。那么"马克思剩余价值理论是否真的过时了呢？""资本主义真的能够通过自身的发展解决自身的危机吗？""人工智能解放了劳动吗？"对这些问题的回答，回应时代课题、正本清源是新时代坚持和发展马克思主义不可回避的，也是当前理论研究的重要生长点。

一、人工智能时代的智能化生产

（一）人工智能是什么

讨论人工智能时代的马克思剩余价值理论的科学性时，有必要对人工智能技术是什么的问题进行简要说明，以便深入理解问题的来源和现象的本质。

首先，学界对此的主流观点和定义是：人工智能"是要探索人类智能（自然智能的最佳代表）的工作机理，在此基础上研制各种具有一定智能水平的人工智能机器，为人类的各种活动提供智能服务"。[①] 也就是说，通过探究人类的智能是如何实现的，并试图研发和人类相似的有一定智能的机器人，它能够对外界的活动进行感知并做出应激反应，能够通过程序代码进行逻辑运算，进而完成某种活动，以帮助人类的生产、生活。这样的机器便是人工智能，这样的技术便是智能技术。

其次，人工智能技术在生产过程中的智能化是这样实现的：人工智能通过电子计算机给予程序指令模拟人脑的功能，指挥控制机器完成从感知到行动的迈进，并完成某些生产活动。同时，力图构建人工智能机器的学习能力，通过一定的算法将感知到的图片、声音转化成数据，通过对比已有的数据库进行修正和完善行动，从而具备了一定的学习能力，能够进行语言交流处理，可以进行人脸识别，可以下达控制开关指令，还能够进行象棋比赛、定理证明等。日常生活中已经可见的人工

[①] 钟义信. 人工智能:概念·方法·机遇[J]. 科学通报,2017(22):2473.

智能产品,比如扫地机器人,都是预先设定好相关程序,将感知到的信息转化成数据,机器通过判断和识别是否与预先程序相符合,按照设定好的路线"走路"并清扫灰尘,达到预定设计好的时间和次数后,自动关闭电源回到原位,进而完成扫地工作。从人的角度看,扫地机器人很显然已经具有了智能。同时,因为人的感应和智能机器(人)的感应是有所区别的,所以机器人的这种"智能"和人的智能也是有所区别的,它通过模拟方式实现的是无限接近于人的智能。

再次,关于人工智能的划分。学界普遍将人工智能划分为弱人工智能、强人工智能以及超人工智能。弱人工智能只是对人的智力的初步模拟。它模拟人的智力解决各种问题,包括问题求解、逻辑推理与定理证明、机器学习、人工神经网络等。① 而强人工智能将具备深度学习能力和更高维度的智力的模仿能力。必须承认"他们是我们自己进化了的后代,人类进入了一种改变了繁殖方式的发展新阶段"②,并且由于智能化的进一步提高将会出现自我意识,一些不友好的人工智能将可能在某个节点出现"背叛转折"③。由于强弱人工智能对人的智力的模拟,一些学者就强弱人工智能的特征而产生了学术争议,认为随着人工智能的发展,人的社会关系终将会被智能机器人取代。

最后,关于人工智能基础设施。一般认为其应包含应用能力平台和基础能力平台,在算力、数据、算法的支持下,通过自然语言处理、智能语音、计算机视觉完成场域应用,形成多行业的智能化生产和服务。如图1所示,人工智能依靠应用能力平台和基础能力平台实现对工业生产领域智能化的颠覆性革新。

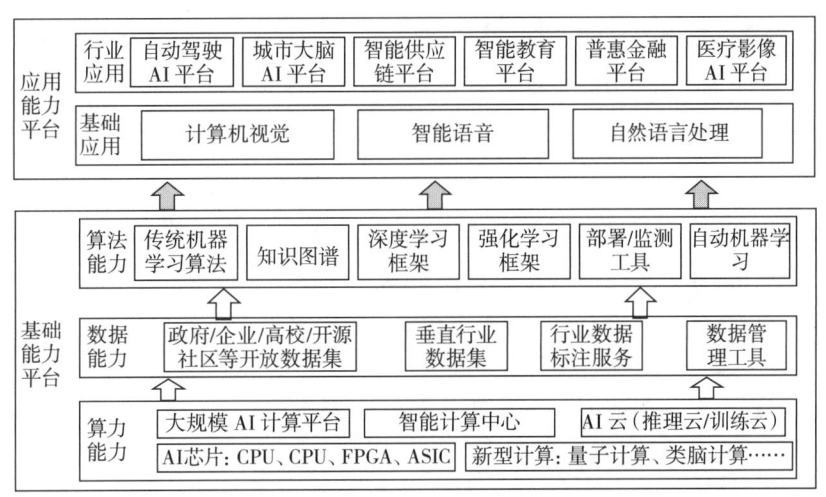

图 1　人工智能基础设施核心内涵④

(二) 产业的重塑:智能技术与实体经济结合加速经济转型

从全球来看,随着大数据、云计算、区块链等关键技术的发展,近年来人工智能技术得到了近

---

① 莫宏伟. 强人工智能与弱人工智能的伦理问题思考[J]. 科学与社会,2018(8):17.
② 翟振明,彭晓芸. "强人工智能"将如何改变世界——人工智能的技术飞跃与应用伦理前瞻[J]. 人民论坛·学术前沿,2016(6):31.
③ [英]尼克·波斯特洛姆. 超级智能:路线图、危险性与应对策略[M]. 第 2 版. 张体伟,张玉青,译. 北京:中信出版社,2015:145.
④ 中国信息通信研究院和人工智能与经济社会研究中心. 人工智能基础设施发展态势报告(2021)[EB/OL].
[2021 − 12 − 22]. http://www.caict.ac.cn/kxyj/qwfb/ztbg/202201/P020220127577307796240.pdf.

乎膨胀式的发展，给全球经济带来了巨大的刺激和推动，预计到 2030 年，约 70% 的行业将使用人工智能技术，这将为全球带来 13 万亿美元的增加值。① 全球约 50% 的贸易服务已经数字化。② 人工智能在创造巨大经济效益的同时，新的产业、新的产值、新的就业对各行各业都产生了巨大的影响。一方面，当前全球人工智能产业生态布局的雏形逐渐显现并趋于成熟。智能计算已经初步形成智能芯片、软硬协同、多样化算力供给模式，英伟达 2020 年推出的 A100 芯片晶体管价值已突破 540 亿美元，并打造了 ISSAC 机器人平台，Jarvis 对话系统构建出面向差异化场景的软硬一体平台，初步实现了感知环境、检测物体、自动导航等功能。而谷歌、脸书等互联网巨头围绕人工智能而开源开发框架建构的核心生态也已经初步形成，全信息产业包括云计算、芯片、ICT、智能技术、垂直 AI 企业以及传统行业等多主体正在探索产业生态模式，人工智能产业规模迅速扩大。另一方面，主要西方国家和地区的政府层面也在加快人工智能基础设施布局，加速推进相关领域的投资。美国在 2019—2021 年的工业发展领域研发优先事项中，明确将人工智能、自动驾驶、智能制造、工业机器人等技术作为重点研发的优先事项。2021 年 7 月，美国国家科学基金会计划投资 2.2 亿美元新建 11 个国家人工智能研究中心，覆盖人工智能和高级网络基础设施、人机交互与协作等研究领域。预计未来 4 年内用于 5G、人工智能、先进材料等提升美国竞争力的新的突破性技术的投资规模将会达到 3000 亿美元。韩国积极布局人工智能市场规模，计划到 2030 年人工智能全球市场占有份额将达到 20%，日本和欧盟相继出台人工智能发展战略推动数字基础设施水平和 AI 基础设施发展。③ 同时，实践的需要也在推动着人工智能技术的发展，比如为了保证人的生命安全，需要智能机器人代替人来完成核废料和核污染的防治处理。在医学方面，为了减轻放射医师人工阅片的工作负担和提高诊断效率，借助计算机辅助诊断系统对医学影像进行智能解读。在交通方面，在人工智能技术的加持下，"智慧交通"的概念横空出世，人们可以实现交通、驾驶、铁路线路、航空航线方面的无人化管控和运营，甚至在未来可以安全地使用智能机器人取代驾驶员，实现无人驾驶。深度学习下的人工智能时代将彻底解放机械性、简单性的劳动，在社会生产领域，预计到 2030 年智能机器人将取代 8 亿人口的工作。④ 这意味着所有工人都将进行实质性的工作场所转型和变革。

（三）挑战和争议：人工智能时代下马克思剩余价值理论

人工智能时代的技术突破引发了关于解构马克思剩余价值理论的争议。

第一，由于人工智能从技术层面部分或全部取代劳动，突出表现为"机器换人""人的主体性缺失"，呈现出全新的劳动方式。在人工智能技术的加持下，人工智能与传统工业生产相结合，形成新的经济体系——互联网工业。互联网工业以互联网、智能制造、大数据等要素为基础，通过工

---

① Benjamin Cheatham, Kia Javanmardian, Hamid Samandari. Confronting the risks of artificial intelligence[EB/OL]. [2022-05-22]. https://www.mckinsey.com/business-functions/quantumblack/our-insights/confronting-the-risks-of-artificial-intelligence.
② 麦肯锡全球研究院. What's now and next in analytics, AI, and automation[EB/OL]. [2022-08-22]. https://www.mckinsey.com/featured-insights/digital-disruption/whats-now-and-next-in-analytics-ai-and-automation.
③ 中国信息通信研究院. 全球数字经济白皮书——疫情冲击下的复苏新曙光[EB/OL]. [2022-04-12]. http://www.caict.ac.cn/kxyj/qwfb/bps/202108/t20210802_381484.htm.
④ 中国信息通信研究院. 人工智能治理白皮书[EB/OL]. [2022-04-12]. http://www.caict.ac.cn/kxyj/qwfb/bps/202009/t20200928_347546.htm.

业数据的深度感知、实时传输交换，从而能够进行快速计算处理、高级建模分析，实现智能控制、运营优化和生产组织方式的变革。一方面，机器作为劳动资料由于模拟出人的智能，生产具备了智能化的特征，可以依据数据编程自我修改校订劳动强度、劳动行为方式。另一方面，智能化的生产使智能机器实现了独立化，可以作为"劳动者"依据工业互联网、大数据实现生产组织方式的自我优化，精准定位消费者需求，实现产销一体化。进而呈现出传统雇佣劳动的主体和客体的互相转化，智能机器既可以以劳动资料，又可以以"劳动者"的形式出现在社会大生产中，于是传统意义上的雇佣劳动过程也单方面地发生了部分改变。人工智能技术在很大程度上减少了人的直接劳动，替换了大量的工人，使工人变成机器的看管者，数据作为生产要素成为价值创造的重要组成部分，资本家依旧是雇佣劳动的雇主，雇佣的客体却大量地被智能劳动机器（人）或者更隐蔽的数字化的主体取代。因此，可以认为"智能机器（人）可以同人类一样参与到生产、分配、交换、消费的各种经济活动和经济关系中……在资本主义生产关系下，也会不可避免地如同人类当初一样走向分工……在价值创造上的唯一主体地位受到冲击"①。未来人工智能对人类文明的影响将是颠覆性的，传统的以人类为中心的经济体系将可能被改变②，人的劳动的主体地位也因大量智能机器取代人的劳动和价值生产场域的数字化而动摇。

第二，在这种智能化的生产方式展现出显著的替代效应下，劳动者与资本开始呈剥离态势，智能机器（人）似乎成为新的价值创造的主体。进一步地，资本主义生产条件下的智能化生产使人的解放似乎成为可能，资本家对工人的剥削也好像停止了。这一现象似乎与资本"迫使工人超出必要劳动来做剩余劳动""剩余劳动可以实现为剩余价值""剩余价值作为物化劳动即价值本身的界限"③的科学论断相矛盾，对马克思剩余价值理论形成了一定程度的挑战和冲击。比如，有学者指出，要重新确立弱人工智能的劳动者地位，弱人工智能应被视为介于人与物之间的特殊劳动者才能够解释价值来源和创造问题。④从劳动幸福论来看，在资本主义的生产条件下人工智能技术能使人的劳动解放和人的全面发展的实现变成某种现实。⑤也有学者进一步认为在弱人工智能时代将会改变生产方式，改变劳动形式和取代人的劳动，也改变了剩余价值的来源，"活劳动不再是价值和剩余价值的唯一源泉，人工智能创造价值和剩余价值"。⑥按照这一论述，资本主义自身的危机和阶级对立好像能通过人工智能技术的发展自然而然地得到解决，随着技术的不断发展，资本和劳动的关系似乎也将改变，资本主义生产方式下的阶级矛盾可能会转移到人与机器的矛盾上。这是一种和"伯恩施坦修正主义"相似的论调，是对剩余价值的来源和本质的理解出现了混淆。有学者质疑，如果智能机器人广泛地取代人，取代社会生产中人的劳动，并且能为经济生产创造巨大的效益，那么在资本主义生产条件下，剥削从哪里来？智能劳动也是创造价值的劳动，具有劳动创造价值的一般性。⑦人工智能以其智能化特征实现了生产方式的智能化、"无人化"。如果智能机器不能创造价

---

① 吴丰华,于家伟. 人工智能创造价值吗？——基于劳动三维分析框架的再考察[J]. 人文杂志,2020(9):45.
② 何哲. 人工智能时代的人类社会经济价值与分配体系初探[J]. 南京社会科学,2018(11):59,62.
③ 中共中央马恩列斯著作编译局,编译. 马克思恩格斯全集:第46卷(上)[M]. 北京:人民出版社,1979:408.
④ 胡斌,何云峰. 弱人工智能时代的劳动价值论与劳动制度[J]. 浙江工商大学学报,2019(4):5.
⑤ 薛峰,何云峰. 马克思主义劳动理论视域下人工智能诠释的三个维度[J]. 重庆社会科学,2019(9):61.
⑥ 胡斌,何云峰. 弱人工智能时代的劳动价值论与劳动制度[J]. 浙江工商大学学报,2019(4):7,9,12.
⑦ 何玉长,宗素娟. 人工智能、智能经济与智能劳动价值——基于马克思劳动价值论的思考[J]. 毛泽东邓小平理论研究,2017(10):42.

值,那么在人工智能时代,为何商品生产价值量会呈指数型增长,在工人的"活劳动"不在场的情况下还能生产价值?① 有学者提出,在后工业化时代,非物质劳动霸权的确立改变了资本增殖的方式和资本对活劳动剥削的核心机制,代之以非物质劳动为基础,资本家剥削的是共同性的价值,那么此时智能化生产无疑解构了马克思剩余价值理论,"共同性变成了剩余价值的最重要的部分"②。从社会历史发展的大视野来看,我们依然处在马克思主义所指明的历史时代,马克思发现的剩余价值规律和剩余价值生产方式仍然是我们这个时代的基本规律和主要方法,我们需要对资本主义生产方式中智能化时代剩余价值的来源和创造中的错误观点进行界定。

二、"智能化生产"恰恰证明了马克思剩余价值理论的科学性

人工智能技术参与资本生产,由此产生"智能化生产"方式。科技进步带来的人工智能技术的发展,给马克思剩余价值理论带来的最大挑战和争议就在于,在资本主义生产条件下智能化生产中"机器换人"意味着什么,这种"替代"是否将剩余价值的来源从人转变为智能机器人,是否取代活劳动的剩余劳动成为剩余价值的来源,即人工智能机器(人)能否在人的主体性缺失的情况下"替代"工人创造剩余价值。因此,真正坚持马克思剩余价值理论必须从理论上解决这样一个基本问题,即人工智能时代下没有可见工人在场的"无人化生产",是否存在除去劳动以外的其他生产要素自行产生价值和一定量的剩余价值。

(一)问题的核心:价值创造主体是智能机器人吗

"智能化生产"下,具体劳动过程和抽象劳动过程发生了一系列变化,改变了雇佣劳动的主客体,进一步呈现出主体客体化、客体主体化的趋势。这种隐藏在背后的技术开发者和智能机器(人)的看管者、维护者的技术管理工人与智能机器(人)出现主客体互相转化,形成具有新特征的"智能劳动"。但"智能机器"在生产关系中呈现出的"类人化"的幻象无法佐证关于"智能劳动"从一般性意义上改变了抽象劳动创造价值的本质和剩余价值的来源主体的事实。本质上,"智能劳动"是物化劳动、间接劳动、复杂劳动,智能机器(人)无法成为价值创造的主体。

首先,作为人类智力"延伸"的智能机器(人)是机器。智能机器(人)不具备人的本质特质,也不是劳动力。"无人生产"依旧是不变资本的实物形式。认为智能机器(人)取代人的劳动会成为新的价值和剩余价值的创造者的观点,犯了一个哲学错误,即将智能机器(人)当成人,当成一个实践的、具有社会关系的"人"。并且认为在超智能人工智能时代,创造价值融入人类社会,并构成新的经济社会主体甚至政治主体。其原因在于,主观地将人的存在当成了工具性的、功能性的存在。将智能机器(人)作为人的存在的错误理解只是从片面的或者直观的形式去理解人的本质,进而把智能机器(人)广泛地替代人的劳动当作一种非协作劳动。在等价思维方式的影响下,进而将人的存在等价于直接的劳动,等价于一种功能性的工具,结果就扭曲了人与智能机器(人)

---

① 刘伟兵.过时还是证明:人工智能时代的马克思劳动价值论[J].毛泽东邓小平理论研究,2020(6):64.
② HARDR,NEGRI. Multitude:war and democracy in the age of empire[M]. New York:The Penguin Press,2004:75.

的关系,并且进一步认为在超人工智能下,智能机器(人)取代的人的劳动就是取代了人,人终将被取代,新的经济主体也即将诞生。实际上,这是一种对人的认识的抽象化的费尔巴哈式的理解。"人有物性,又有超物性,人是生命存在,又具超生命本质。"① 马克思在《关于费尔巴哈的提纲》一书中指出,"人的本质不是单个人固有的抽象物,在现实性上,它是一切社会关系的总和"②。人工智能技术发展出的智能机器(人)是具体的物,人的存在不是功能性的存在,它本质上是实践的、社会性的存在,而不是主观地在"无人化生产"中将"机器换人"当作对人的替代、对人的主体地位的全面取代。片面地将这种替代置于智能化的劳动过程中理解为工人"不见了",劳动过程中工人绝少参与,工厂已经很少有工人或者完全没有工人,貌似资本主义生产方式下雇佣劳动对工人的剥削也"不见了",资本通过合理的技术手段消解了剥削和压迫,这是荒唐且不符合人的本质的错误认知。

其次,智能劳动是物化劳动,智能机器(人)更无法成为劳动力商品。智能机器(人)作为剩余价值的分部和转化形式取代的不是劳动力本身。马克思认为,关于劳动力成为商品,需要具备两个基本条件:劳动者是自由人和"自由"得一无所有。智能机器(人)作为一个静态的存在,参与资本主义生产过程,不是一个"自由人",即使真的把高度智能化的机器(人)纳入生产关系范畴中,它也无法通过出卖"自己的劳动"获得报酬。即便在超人工智能时代,智能机器(人)具有深度学习能力和更高维度的智力的模仿,更广泛地取代劳动力,劳动力和人工智能机器(人)也并不是二元对立的。使用智能化的机器进行生产,劳动者以隐蔽的方式参与其中并借助智能机器(人)以协助和协作的方式进行价值的创造和增值。③ 智能机器(人)被制造出来并通过工人事先设定好的指令完成复杂劳动,通过参与生产将人的直接劳动取代为间接劳动,它的智能化需要依靠人的设计、维护、输入指令,实际上还是人的对象化劳动。在谷歌企业里,至少有40%的工程师和技术人员日夜在处理数据。④ 因此,智能化劳动和智能生产是人与机器互相协作分工的过程,在这种协作中,人工智能取代的是人的劳动,是以技术进步的方式取代人的直接劳动,进而完成一系列的复杂劳动。这种分工,是智能机器(人)与人的分工,智能机器(人)取代人的劳动,减轻人的劳动强度。比如,高铁站人脸自动检票机器,将原先由多人操作的过程变成机器代劳,高铁检票员可以在后台进行系统控制或在机器旁边进行引导,这种分工是智能机器(人)与劳动者的分工。人的劳动的主体性问题应该是人与智能机器(人)共为劳动主体,尽管智能化技术的发展"将进一步减少人类社会中不同工种间的分工和协作,将具备足够的自行组织和协调生产的能力",⑤ 但这种生产依旧以人类做出程序设计等为前提。因此,人工智能时代的无人化生产是智能劳动对人的劳动的替代,由于具有智能化特征,又赋予了新的生产范式的形态,是"人类劳动能力通过智能工具系统延展的过程"⑥ 而表现为虚拟化的、无人化的形式。

---

① 高清海. 论人的"本性"——解脱"抽象人性论"走向"具体人性观"[J]. 社会科学战线,2002(5):216.
② 中共中央马恩列斯著作编译局,编译. 马克思恩格斯全集:第3卷[M]. 北京:人民出版社,1960:6.
③ 吴静. 智能化生产条件下对"活劳动"范畴之反思[J]. 南京社会科学,2020(10):44,47.
④ 吴军. 智能时代:大数据与智能革命重新定义未来[M]. 北京:中信出版集团,2016:247.
⑤ 史孝林. 未来人工智能视域下的资本有机构成——马克思劳动价值理论面临的挑战与思考[J]. 重庆社会科学,2020(3).
⑥ 王水兴. 人工智能的马克思劳动价值论审思[J]. 马克思主义研究,2021(5):89.

(二) 剩余价值来源："智能化生产"中的活劳动与价值增值的秘密

智能化生产的一个突出特征是"无人化生产"。随着智能机器（人）对人的劳动的替代，雇佣工人大量减少，资本的有机构成不断提高，"无人车间"和"虚拟车间"进入资本主义雇佣劳动的过程，并呈逐渐扩大趋势，劳动者开始"去技能化"，大量工人因失业无法参与社会生产创造社会财富。"如果说工具时代和机器时代完成了对人类体力劳动的超越，人工智能则有望完成对人类脑力劳动的超越。"① 但"无人化生产"中智能劳动依旧具有劳动创造价值的一般性。人工智能生产的独立化提高了相对剩余价值生产，活劳动以更加隐蔽的方式存在于"无人生产"过程中。来自活劳动的价值量以间接劳动的方式追加进入，而高价值量则来自科技的进步与资本有机构成的提高，从而带来不变资本价值的降低和生产的高积累。这是"无人化生产"中的活劳动与价值增值的秘密。

首先，人工智能的价值增值过程是具有新特征的相对剩余价值生产的过程。马克思指出"资本家获得的剩余价值的来源，不是机器所代替的劳动，而是在机器的基础上所使用的劳动"②。资本主义使用机器的目的不是解放人、减轻工人的辛劳，而是获取更多的剩余价值，它力图用"更少的人"和"更短的时间"来进行生产。这种机器的使用存在着代替劳动的趋势，它或是实际代替一定数目的工人，或是潜在地代替某一数量的工人，这二者并不是一致的。比如，一个无人工厂使用智能机器（人）10 名管理工人生产的棉线相当于不使用机器的 1 万名工人所纺出的棉线，这一情况下，用于一个工人的资本剩余价值并不是来源于被节省下来的那批工人的劳动，而是来源于代替他们的一个工人的劳动；也不是来源于被代替的工人的劳动，而是来源于在业工人的劳动。因此，剩余劳动量不取决于机器所代替的工人，而取决于机器所使用的工人，也就是来源于机器支配的工人操纵的活劳动能力。在科技进步的促进下，原本工人劳动 8 小时就能完成的工作量，现在工人劳动 5 小时就能完成，或者说工人工作 8 小时创造的价值量现在 5 小时便能与之等同。但是工人并没有因此由每天工作 8 小时变成每天工作 5 小时，它通过延长相对劳动时间实现了相对剩余价值的更深入的获取。同时，在人工智能的替代效应下，工人数量急剧减少，智能机器的数量与工人的比例不断提高，原本 3 个工人完成的工作量，现在 1 个工人依靠新的劳动资料就能完成。但是，资本家并没有因此而把另外 2 个工人的工资转移给这 1 个工人，相反，这 1 个工人的相对剩余劳动时间却延长了。

其次，"无人化生产"中的高价值量是科学技术的作用在智能劳动中发挥更大作用提高价值量的转移并促成剩余价值增加的结果。从人工智能下的雇佣劳动形式看，人工智能机器作为劳动资料，由于模拟出了人的智能，具有了独立化的特征，在很大程度上减少了人的直接劳动，替换了大量的工人，在一定程度上使工人变成机器的看管者。工人在专门负责信息物理系统开发和维护的企业内，在虚拟车间中被分解。工人被固定在几个或某个具体而虚拟的工作中负责智能机器的维护和代码的编译。人的劳动的主体地位由于大量智能机器（人）取代人的劳动而动摇，表现为生产方式变革和生产主客体变化，实质上是生产效益的提高，不断创造新的商品的数量和提高商品的新的使

---

① 薛峰,何云峰. 马克思主义劳动理论视域下人工智能诠释的三个维度[J]. 重庆社会科学,2019(9):65.
② 中共中央马恩列斯著作编译局,编译. 马克思恩格斯文集:第 8 卷[M]. 北京:人民出版社,2009:313.

用价值,并与智能化的机器结合使得价值增值越来越"取决于科学的一般水平和技术进步,或者说取决于这种科学在生产上的应用"。在此过程中,"工人不再是生产过程的主要当事者,而是站在生产过程的旁边"①,以更加隐蔽的方式参与智能化的无人生产,成为智能机器(人)的监管者、背后的程序设计应用开发者。他们是隐藏在智能生产背后的智能机器(人)的设计者和管理者,即"软件技术工人",他们壮大了资本的生产能力,又无偿地提供了创造资本生产的最具革命性的脑力劳动。他们没有生产资料所有权,数字公司"向参与到被私有化和被控制的一般智力形式下的数以亿计的数字劳动的工人收取租金"②。从某种意义上说,在资本主义生产条件下,人工智能技术创新性的应用,并没有减少资本对工人劳动的剥削强度。作为增加剩余价值的结果,智能技术的使用反而出现两种极端结果:一种是进一步压缩为数不多的不需要更高技术技能的工人的劳动休息时间,他们只需简单看管人工智能设备的运行情况;另一种是进一步要求工人拥有更高的脑力劳动和劳动能力用来进行算力数据的设计优化处理,这加强了对劳动平等的剥削。

再次,人工智能的无人化生产和智能劳动过程提高了资本有机构成,加速了资本积累,进一步扩大了产业后备军,造成"工资被压到劳动力的价值以下"③。这种劳动的追加是剩余价值增加的一种原因。其一,在人工智能生产过程中,无人车间这种生产的表现形式其资本的有机构成的变化符合马克思剩余价值理论相关论述。机器作为不变资本,"由于新追加劳动的具体性质"④ 只能转移价值到新的产品中,可变资本是能创造价值的资本,通过工人的劳动产生。不变资本在资本的构成中比重越来越大,这是机器大生产带来的必然结果,更是源于特殊的资本主义的生产方式和资本积累"这两种经济因素……互相推动……引起资本技术构成的变化"⑤,同时产生了个别资本的增大,进而为资本的聚集和积累创造条件。机器大生产的目的归根结底还是竞争,在一般条件不变的情况下,无法延长劳动力工作时间和减少必要劳动时间,利润率就趋于一般化。然而,机器大生产带来的另一种结果便是资本的积累和社会资本的扩大再生产,庞大的失业大军或者说产业后备军成为追加的劳动力维持着扩大再生产的条件。其二,智能机器(人)是人的对象化劳动产物,人工智能机器(人)本质上是机器,包含着工人原来的劳动,是工人的劳动生产出来的,并在智能化的劳动过程中将劳动添加到新的劳动对象中,"劳动与劳动对象结合在一起。劳动对象化了,而对象被加工了"⑥,成为一定价值量的物质载体。而作为减少的可变资本的那部分虽然减少了价值量但只是相对的价值量,正如马克思所言,"积累的增进虽然使资本可变部分的相对量减少,但是决不因此排斥它的绝对量的增加"⑦。作为机器的人工智能机器(人)在无人化的生产车间所转移的价值量的增加和它所排斥的可变资本的量的绝对值的追加使得智能生产中资本积累的增进的秘密得到解释。其三,资本周转的速度下降导致工人劳动时间延长。作为购买不变资本的机器的那一部分资本,马克思将之划定为固定资本。智能机器(人)在全部进入劳动过程中逐步地转移自己的高价值量,为减少产业资本的周转速度降低带来的影响,资本家势必通过延长工人的工作时间和劳动强度

---

① 中共中央马恩列斯著作编译局,编译. 马克思恩格斯全集:第46卷[M]. 北京:人民出版社,1980:218.
② SLOVAJ ŽIŽEK. The relevance of the communist manifesto[M]. Cambridge: Polity, 2019:14.
③ 中共中央马恩列斯著作编译局,编译. 马克思恩格斯文集:第7卷[M]. 北京:人民出版社,2009:262.
④ 中共中央马恩列斯著作编译局,编译. 马克思恩格斯文集:第6卷[M]. 北京:人民出版社,2009:482.
⑤ 中共中央马恩列斯著作编译局,编译. 马克思恩格斯文集:第5卷[M]. 北京:人民出版社,2009:721.
⑥ 中共中央马恩列斯著作编译局,编译. 马克思恩格斯全集:第42卷[M]. 北京:人民出版社,2016:171.
⑦ 中共中央马恩列斯著作编译局,编译. 马克思恩格斯文集:第5卷[M]. 北京:人民出版社,2009:719.

来加快资本周转的速度。于是，在无人化生产的车间出现了高速运转的智能机器（人）和背后无限延长工作时间的看管者，包括随时居家工作的数字软件工程师们（数字劳工）夜以继日的"996"和"007"机制。需要特别指出的是，数字劳工们在无限延长劳动时间的"996"与"007"机制下是生产与生活的重合。而工作时间界限的模糊，不能够消弭必要劳动时间与剩余劳动时间的区分。相反，进一步地扩展了无酬劳动的部分，加强了资本对剩余劳动量的攫取。其四，随着工人的数量减少，利润率与剩余价值率呈负相关趋向并不影响资本主义生产方式的直接目的和决定性动机。正如马克思所言，利润率的下降并没有减少对工人的剥削，只是"所使用的劳动同所用的资本相比少了""利润率的下降和本身利润量的增加是同时发生的"①。一方面，随着机器化大生产，生产效率得到巨大提高，因工人的减少而损失的价值量远低于机器生产带来的转移的价值量。智能劳动作为复杂劳动，单位时间里创造的价值量远高于简单劳动。"比较复杂的劳动只是自乘的或不如说多倍的简单劳动。"② 也就是说，伴随科技创新水平的提高，资本家或企业主提高剩余价值率，就是角逐和进行相对剩余价值的生产③。而另一方面，在人工智能应用场景中，由于减少的劳动力即可变资本（v）无限接近零，反映剥削程度的剩余价值率的 m' 的数值却无限趋于正的无穷大，即人工智能技术下的无人化生产所产生的利润和利润率是不断提高的。因为 m' 的值等于劳动力生产的剩余价值 m 与可变资本 v 的比值，即 $m'=m/v$，因而在数字化的智能劳动生产过程中，剩余价值率 m' 便趋于正的无穷大。

最后，资本主义生产方式下的人工智能时代的"智能化生产"这一经济现象，其表现特点因"无人化生产""人的主体性缺失"而有必要单独阐述剩余价值和利润的问题，这正是造成人工智能时代智能化生产中剩余价值来源的神秘性的原因，即利润的形态。在人工智能生产过程中，利润率的下降是相对的过程，不改变绝对的量，而至于无人化生产带来关于剩余价值来源问题的一个重要原因在于，剩余价值采取了利润这一形态，正如马克思所言，"这个神秘化的形式必然会从资本主义生产方式中产生出来"④。资本主义生产方式中作为永恒的生产方式不是其本身而是其生产资本不断生产一定量的剩余价值，这正是作为绝对的、非历史的那一部分。然而这种非永恒和非绝对的"历史的、和物质生产条件的某个有限的发展时期相适应的生产方式"⑤ 在智能化生产的今天依旧表现出来对价值增值的无限追逐和对"资本主义的、对立的形式上的财富"⑥ 周期性地大量生产。于是表现为生产力的发展使利润转化为平均利润、平均利润率趋于下降。但这不影响利润是剩余价值的表现形式和剩余价值是利润的本质，利润只是剩余价值采用的形态，表现为全部资本的产物。尽管全部资本表现为可变资本的降低和不变资本的上升，但"无人化生产"中的可变资本并没有完全消失，因而不改变其来源问题。

（三）人工智能时代的无产阶级：智能化的劳动过程加强了劳动对资本的实际从属

无人化生产中活劳动不在场的情况下，价值增值的秘密也在某种程度上掩盖了价值的来源和关

---

① 中共中央马恩列斯著作编译局，编译. 马克思恩格斯文集：第7卷[M]. 北京：人民出版社，2009：274.
② 中共中央马恩列斯著作编译局，编译. 马克思恩格斯全集：第44卷[M]. 北京：人民出版社，2001：58.
③ 刘冠军，陈晨. 科技型生产方式下剩余价值生产方法的系统考察[J]. 齐鲁学刊，2019(2)：108.
④ 中共中央马恩列斯著作编译局，编译. 马克思恩格斯文集：第7卷[M]. 北京：人民出版社，2009：44.
⑤ 中共中央马恩列斯著作编译局，编译. 马克思恩格斯全集：第46卷[M]. 北京：人民出版社，2003：289.
⑥ 中共中央马恩列斯著作编译局，编译. 马克思恩格斯全集：第46卷[M]. 北京：人民出版社，2003：287.

于资本剥削劳动的本质。资本主义应用人工智能机器的目的在于降低商品的价值，获取更多的剩余劳动。资本主义使用机器的前提也就是满足这样的目的。总的来看，人工智能机器在资本主义条件下的使用是服务于资本的利益的。虽然人工智能机器的这些倾向并不意味着智能机器（人）的发明对现代技术工人来说就是不利的，但机器的资本主义应用却趋向于不利，正如马克思所说，"机器本身减轻劳动，而它的资本主义应用提高劳动强度"①。马克思认为，以机器形态出现的生产资本在资本运动过程中不可避免地会引发劳动对资本的从属，以绝对剩余价值为基础的形式叫作劳动对资本的形式上的从属，而以相对剩余价值为基础的形式就是劳动对资本实质上的从属。② 智能化的无人生产过程中劳动对资本的实际从属意味着资本加强了对劳动的剥削和智能劳动的异化趋向。

其一，人工智能时代下资本以非雇佣劳动等隐性方式加强了对劳动者的剥削。生产劳动和工人的概念是一个历史范畴，不同社会形态下不同社会发展阶段下生产劳动和工人的含义是存在差异的。从一般意义上讲，劳动是人与自然之间的过程，能够生产使用价值的劳动就是"有用劳动"，"劳动本身则表现为生产劳动"③。随着生产的发展，生产工人的概念也扩大了，"为了从事生产劳动，现在不一定要亲自动手；只要成为总体工人的一个器官，完成他所属的某一种职能就够了"④。而在资本主义生产中，"所有以这种或那种方式参加商品生产的人，从真正的工人到（有别于资本家的）经理、工程师，都属于生产劳动者的范围"⑤。在人工智能时代，生产工人队伍不断壮大，更多的数字劳工参与到国际化智能生产中，它们以非雇佣的形式进一步扩大了资本对劳动的控制广度。从劳动和资本的关系来看，当代资本主义人工智能的技术不断创新并扩大在生产领域的应用，分工和协作以及机器大生产的不断细化和深入，工人依旧存在于生产性劳动中成为资本的劳动力商品。但由于其智能化的特性，在智能机器（人）越来越多地部分取代或全部取代人的劳动、在生产方式和生产主客体发生的悄然的变化中，参与劳动的人对智能机器（人）的依赖性得到进一步加强，越来越依托于数字化的管理和算法、算力、数据处理平台的支撑，而作为机器的人工智能基础设施又是被资本直接或间接地控制，资本就这样进一步地加强了对劳动直接隐性的控制。

其二，人工智能时代下资本逻辑的增强以及人工智能的资本主义应用进一步限制了人的自由全面发展。智能化生产使资本高度集中，这是资本高积累的结果。在资本主义生产条件下，人的自由全面的发展囿于私有制的存在而无法实现。而其不利的影响包括人的主体性缺位也并不是技术发展的必然结果，而是来自生产方式社会属性中的不合理因素。⑥ 这种智能劳动和人的劳动的分工在某种程度上加速了劳动异化，限制了人的发展，其在一定程度上丧失了能动性。人越来越依靠智能机器（人），人的思考开始减缓，对智能机器（人）的依赖加深，面临思维能力退化的潜在问题。同时，不断地产生新的"无用阶级"，一方面，对技术人员的要求提高，如果无法懂得如何运用算力对数据进行处理来建立、完善和管理智能化应用平台，他们则无法工作。另一方面，更高科技含量的人工智能也进一步降低了对管理工人的技术要求。于是庞大的失业大军和随时可以被替换的工人

---

① 中共中央马恩列斯著作编译局,编译. 马克思恩格斯文集:第5卷[M]. 北京:人民出版社,2009:508.
② 中共中央马恩列斯著作编译局,编译. 马克思恩格斯全集:第37卷[M]. 北京:人民出版社,2019:284.
③ 中共中央马恩列斯著作编译局,编译. 马克思恩格斯全集:第43卷[M]. 北京:人民出版社,2016:183.
④ 中共中央马恩列斯著作编译局,编译. 马克思恩格斯全集:第44卷[M]. 北京:人民出版社,2001:582.
⑤ 中共中央马恩列斯著作编译局,编译. 马克思恩格斯文集:第8卷[M]. 北京:人民出版社,2009:218.
⑥ 刘伟杰,周绍东. 新科技革命背景下的人与技术关系——马克思主义政治经济学视角的解读[J]. 经济纵横,2020(9):27.

数量不断增加,资本主义社会经济发展的不稳定性也增加了。此外,在资本主义生产条件下,随着新的科技革命的推动,资本获取利润和剩余价值的方式越来越便捷,巨大的科技推动利润转化为生产力进而转化为更高的社会财富,其被更多地分配给资本家,社会贫富差距进一步拉大,阶级对立也进一步加深,社会分化成越来越贫困的、越来越"懒惰"的新的无产阶级和越发富裕的资本家两大对立阶层。盛世的丰腴下不断形成贫困的积累,成为资本主义周期性的经济危机波动的根源。

综上所述,资本主义生产条件下,人工智能时代劳动过程的变化实质上是具有新的特征的剩余价值的获取手段,是资本追逐利润最大化的结果。不仅没有挑战和动摇马克思的剩余价值理论,反而证明了其合理性和科学性。创造剩余价值的依旧是来自工人的剩余劳动。智能机器(人)在社会总体大生产中属于不变资本范畴,不管其表现形式如何都是在消费过程中剩余价值的分部以及由此造成的资本的分化。智能机器(人)作为剩余价值的分部和转化形式,其高额的利润源于社会总的劳动过程,当然需要肯定科技进步带来的重要影响。相应地,智能机器(人)作为一种要素进入和参与生产过程,即"生产要素",并不是其高额利润的来源,更无法成为价值创造的主体。私有制下智能化的无人生产不仅没有解放人类社会,反而加强了资本对劳动的剥削,人更进一步地沦为机器的附属物,进一步地沦为资本的傀儡。人工智能时代下马克思剩余价值理论的科学性依然闪耀着光芒。

三、人工智能时代下马克思剩余价值理论的现实意义

现阶段我们所面临的技术变革和革新的深度和广度远超过人类历史上任何一个时期,马克思主义的基本内容依然有效,而所谓的"解放"就是摆脱资本的支配,这项任务是始终明确的。① 面对资本主义条件下人工智能技术的突破和应用,当代资本主义出现了新的变化:智能机器(人)广泛地参与生产,深层次地取代人的劳动,智能劳动越来越占据主体地位,使劳动方式发生了变化。我们需要辩证地把握其社会影响及背后的深层次内因,正确地理解和把握马克思剩余价值理论的内涵和意义,充分理解和注意人工智能时代下资本主义新的变化,其实质是资本追逐利润,依托科技创新追求相对剩余价值的结果。我们需要提升马克思主义理论素养,正确理解剩余价值的获取在人工智能时代新的表现方式,加强对资本主义发展趋势的历史性认识。

(一)从马克思剩余价值理论中把握当代资本主义新变化

习近平总书记指出,"时代在变化,社会在发展,但马克思主义基本原理依然是科学真理。尽管我们所处的时代同马克思所处的时代相比发生了巨大而深刻的变化,但从世界社会主义500年的大视野来看,我们依然处在马克思主义所指明的历史时代"②。

首先,从理论本身的意义来看,剩余价值理论的发现具有划时代的功绩,它向世人阐述了资本主义社会中资产阶级对无产阶级剥削的秘密,揭示了剩余价值的来源和本质,展示了资本家赤裸裸

---

① [英]大卫·哈维.马克思与《资本论》[M].周大昕,译.北京:中信出版集团,2018:194.
② 习近平.习近平谈治国理政:第2卷[M].北京:外文出版社,2017:66.

的、血淋淋的丑恶嘴脸。无数学者试图解释资本主义经济运动规律，最终他们对资本主义特殊的运动规律的认识均陷入了绝境。"由于剩余价值的发现，这里就豁然开朗了，而先前无论是资产阶级经济学家还是社会主义批评家所作的一切研究都只是在黑暗中摸索。"① 从19世纪到21世纪的200年间，从剩余价值理论创立和资本剥削的秘密被发现到今日不绝如缕的质疑和责难，从拨开资本主义经济运动规律到指导科学社会主义运动的伟大实践，马克思的剩余价值理论展现出强大的生命力，也正因为其是科学的理论，是关于人类社会真理性的论断，它才能在不断的实践变化之中迎接挑战和非议，一直历久弥新。

其次，需要深刻理解人工智能时代资本主义生产关系调整，需要辩证地看待资本的作用本质。马克思从来不对资本进行道德的批判却天才般地指出了资本的二重性。一方面肯定资本在生产发展、技术进步、经济关系调整中的积极作用，另一方面指出资本的社会历史局限性，"资本来到世间，从头到脚，每个毛孔都滴着血和肮脏的东西"②。资本，在资本主义条件下，从一开始出现就展现出了其违背人性的丑恶的血淋淋的面目。历史上，从英国的圈地运动与新航路的开辟，欺骗性的暴力掠夺、封建地主教会将财产转化为私有财产，到通过贩卖非洲黑奴、屠杀美洲原住民将殖民地的扩张扩展至全球，形成世界市场。从新大陆的发现到西欧各国的资产阶级运动，从世界市场由地中海转移至大西洋东海岸再到全球化的今天，从殖民扩张到一战、二战再到今日以美国为首的霸权主义横行，一部资本主义史，就是一部世界劳动人民血与泪的历史。马克思的剩余价值理论科学地指出了资本主义历史的根本原动力，还原出历史的真相，即资本剥削的逻辑、资本增值和资本主义生产方式的秘密。资本家就是依靠雇佣劳动工人，使之进行生产劳动，并支付给他们一定的报酬来获取剩余价值的。这其中剥削的秘密在于，资本家支付给工人的经济补偿或者说工资远低于工人通过自身劳动生产创造出的价值，从而揭示出资本逐利本性的经济根源。③ 资本主义形态的变化和经济现象的变迁无法改变资本生产剩余价值和剥削的实质。资本主义条件下的人工智能的无人化生产同样无法解放人类、缓解固有的矛盾。

最后，我们需要科学地看待资本主义生产目的以及发展趋势。马克思主义没有过时，面对当下乃至未来一段时间或者更长的时间内资本主义生产条件下剩余价值获取方式和手段的新变化，依靠马克思剩余价值理论去分析，对于我们深刻理解资本主义的新变化、认识资本剥削的新形式、把握历史发展趋势，具有重大前瞻性意义。资本主义生产过程的结果，既不是单纯的产品（使用价值），也不是商品，而是兼有一定交换价值的使用价值，交换价值是主要的和首要的。生产目的首先是服务资本的逻辑，"它的结果，它的产品，是为资本创造剩余价值"④。而劳动不是作为自由发展第一需要而是生存的必要手段。人工智能技术的快速发展带来的生产力和生产关系的变革以及人类的生产生活的新变化，特别是人工智能技术，由于其智能化的特殊性而极具迷惑性。马克思关于价值与剩余价值规律的剖析，是理解资本主义社会的长期运动规律的基础。⑤ 经济现象和特征表象背后只是资本主义生产条件下剩余价值的获取手段和方式上的变化，工人和劳动的概念在本质上没有改

---

① 中共中央马恩列斯著作编译局，编译. 马克思恩格斯全集：第25卷[M]. 北京：人民出版社，2001：1002-1003.
② 中共中央马恩列斯著作编译局，编译. 马克思恩格斯全集：第42卷[M]. 北京：人民出版社，2016：597.
③ 王莅."资本论"的历史化解读——基于资本主义发展史的一种视角[J]. 中国高校社会学，2019(6)：27.
④ 中共中央马恩列斯著作编译局，编译. 马克思恩格斯全集：第37卷[M]. 北京：人民出版社，2019：330.
⑤ 孟捷. 技术创新与超额利润的来源——基于劳动价值论的各种解释[J]. 中国社会科学，2005(5)：15.

变。当代资本主义新的变化仅仅只是加强资本剥削的一种外在结果,而不能将技术进步取代人力拿来曲解资本主义对人的劳动的剥削将要瓦解,资本主义即将通过科技手段实现其永恒的合理性。资本主义制度框架中人工智能的发展为资本家获取更高利润带来的是更加激化的社会矛盾,随着智能化时代的来临,"世界的趋势,是必须实现社会主义,资本主义是必须灭亡的"①。

(二)深化对剩余价值规律的认识推动社会主义市场经济的健康发展

习近平总书记指出"我们要探索如何在社会主义市场经济条件下发挥资本的积极作用,同时有效控制资本的消极作用"②。在资本主义生产条件下,技术进步是为了进一步扩展资本生产的时间和空间,进而扩大剩余价值的获取,提高资本增值的效益,不能够忽视的是技术进步带来生产力革新的时代意义。在世界百年未有之大变局的大环境中,坚持马克思剩余价值理论和劳动价值理论对于我们科学地认识经济现象、辩证地认识和利用资本的力量、规范资本的逻辑、发挥技术进步的积极作用、提高驾驭社会主义市场经济能力,进而更好地指导中国人工智能技术的应用和开发、促进生产发展、提高人民生活水平具有重大的现实意义。

第一,加强对经济话语权的解释。把握理论武器,加强对马克思关于资本主义本质的科学论断的理解,要深化对马克思主义基本原理的科学性的认识和学习,强化剩余价值理论的创新运用,正确认识资本主义的剥削本质。"在以剥削为基础的资本主义社会里能够立刻产生对社会主义必要性的完整意识和对社会主义的理解"③。无论是哪种资本主义的思潮或者论调,都是为了服务其资本主义经济基础的。只有充分认识到资本主义生产条件剥削的本质才能明白社会主义的优势,才能更加深刻地理解社会主义的先进性以及必要性。从认识论的角度看,盲目地认为马克思的剩余价值理论过时或者对新科技革命背景下的人工智能技术抱以片面的、极端的、绝对化的乐观态度,认为其能够解放人类社会,这些都无益于当下中国特色社会主义话语体系的构建和理论的建设。相应地,唯有通过建设具有中国特色、中国气派的社会主义,才能够推动理论创新,进而构建中国的话语体系,增强人民群众的理论自信、制度自信。也只有如此,才能面对世界百年未有之大变局,更好地发时代之先声,提高理论影响力,进而回应新时代下关于马克思主义理论的质疑和责难,巩固和扩大马克思主义的话语权。

第二,加强理论与实践的融合。充分发挥公有制下人工智能等科技创新对人的解放的积极作用。面对新科技背景下人工智能技术的发展,从我国社会主义市场经济发展的角度来看,我们应当汲取其技术创新的合理成分,积极应对机遇和挑战,推进社会主义市场经济的健康稳定发展。这不仅是对马克思主义科学性的证明,也是马克思主义中国化的伟大实践,更是对资本主义生产方式有力的回应。从扬弃资本主义剩余劳动的角度来看,"生产将以所有的人富裕为目的,所有的人可以自由支配的时间还是会增加"④,随着智能化时代生产力的发展,发挥社会主义制度优势才能更好地实现人的自由解放。消弭资本的消极作用,遵循资本的逻辑、超越资本的逻辑,更加开放、包容,积极谋求经济发展的动力创新、结构创新,并在中国特色社会主义伟大实践中,阐释和发展中

---

① 中共中央文献研究室.建党以来重要文献选编(1921—1949)第1册[M].北京:中央文献出版社,2011:525.
② 习近平.正确认识和把握我国发展重大理论和实践问题[J].求是,2022(10):6.
③ 中共中央马恩列斯著作编译局,编译.列宁全集:第34卷[M].北京:人民出版社,2017:415.
④ 中共中央马恩列斯著作编译局,编译.马克思恩格斯文集:第8卷[M].北京:人民出版社,2009:200.

国特色社会主义政治经济学，把握发展新格局、发展新动能，开创发展新局面。社会主义生产目的是满足人民日益增长的美好生活需要，区别于西方资本主义社会以资本的增殖为核心的社会生产目的，我们要积极发挥新科技对生产力的跃升作用以实现共同富裕。牢牢把握新科技革命和产业革命的新机遇，加快科技创新，培养和激发创新活力，继续扩大开放，引进资本和技术，强化国家战略科技力量，提升企业技术创新能力，掌握关于未来科技前沿的人工智能技术的重大突破，促进经济发展、增进人民福祉。

第三，加强对社会主义非公有制经济主体的剩余价值生产和实现的认识，加大监管力度，充分保障科技劳动者的劳动权益。其一，人工智能时代对生产领域的扩展使得在非公有制经济领域存在劳动者权益保障滞后等现象。智能化生产方式与传统的劳动和价值分配有所区别，突出表现为劳动场所的隐蔽性、劳动时间的模糊性，这造成劳动者权益保障难度增加、工资待遇和用工性质难以精准定位。为此，需要及时跟进相关立法工作，完善市场机制，加强监督，促进价值公平分配。其二，充分肯定各类资本在繁荣发展人工智能产业方面的贡献，同时规范和引导私人资本和非公有制市场主体参与人工智能产业研发、生产、分配，加强和拓宽对非公有制经济剩余价值和价值分配的认识，兼顾效率和公平，促进要素流动，使其公平进入、有序竞争。

参考文献：

[1] 吴丰华，于家伟. 人工智能创造价值吗？——基于劳动三维分析框架的再考察［J］. 人文杂志，2020（9）.

[2] 吴静. 智能化生产条件下对"活劳动"范畴之反思［J］. 南京社会科学，2020（10）.

[3] 王水兴. 人工智能的马克思劳动价值论审思［J］. 马克思主义研究，2021（5）.

[4] 中共中央马恩列斯著作编译局，编译. 马克思恩格斯文集：第5，6，7，8卷［M］. 北京：人民出版社，2009.

[5] 中共中央马恩列斯著作编译局，编译. 马克思恩格斯全集：第3，25，37，42，43，44，46卷［M］. 北京：人民出版社，1960，2001，2019，2016，2001，2003.

[6] 吴军. 智能时代：大数据与智能革命重新定义未来［M］. 北京：中信出版集团，2016.

[7] 习近平. 正确认识和把握我国发展重大理论和实践问题［J］. 求是，2022（10）.

论点摘编

国际金融垄断资本主义是垄断资本主义的最新发展，是新型帝国主义

王伟光

垄断资本主义发展迄今为止大体上分为三个时期，已经经过了两个时期，即从私人垄断时期到国家垄断时期，现在进入第三个时期，即国际金融垄断时期。

国际金融垄断资本主义时期，即当代资本主义，又称当代帝国主义时期（20世纪末至今）。20世纪末以来，新一代超巨型跨国公司，特别是超巨型跨国金融公司的大发展和对外扩张，促进资本主义由国家垄断时期进入国际金融垄断时期。资本主义在这个时期也有一个从高向低的发展进程，从发展的最高处开始下降。在这一进程中，自20世纪80—90年代苏联解体、东欧剧变之后，又发生过两起国际性的重大事变：一是2008年爆发的国际金融危机；二是2020年暴发的世界性新冠疫情。大肆推行新自由主义，带来近30年的资本主义无序和持续扩张发展，造成严重的生产过剩，其必然结果是2008年爆发金融危机，新自由主义破产。与此形成鲜明对照的是，中国特色社会主义成功战胜了2008年的世界金融危机，并在2020年以来的抗疫斗争中取得了决定性胜利，彰显了社会主义制度的优越性，意味着社会主义从低谷驶出，向上、向前发展，高歌猛进。

与20世纪80年代以来的国际工人运动处于低潮形成鲜明对比的是，2008年以来，主要发达资本主义国家如美国、英国、法国、比利时等国家工人阶级及广大劳动人民掀起了新一轮罢工高潮，如法国2006年3月爆发的百万工人大罢工、2016年3月发生的"黑夜站立"运动、2018年11月开始的"黄马甲运动"，美国2011年9月的"占领华尔街运动"、2020年11月"黑人命也是命"的抗争运动，2019年2月的比利时大罢工等，都直指资本主义制度和新自由主义意识形态，呈现出新的特点。当代资本主义国家的民族、种族、宗教之间的冲突，不同阶级、阶层、族群、党派对立日益撕裂，更为激烈化、不断尖锐化。资本主义民主政治日益成为"金钱政治"，选举成为"有钱人的游戏"。资产阶级表现出对工人阶级和广大劳动人民空前的冷漠。工人阶级并没有放弃对资本主义剥削制度和资产阶级的反抗，不断体现出工人阶级及广大劳动群众对社会主义的向往；彰显了工人阶级的团结，表现出集体斗争的力量；体现了工人阶级政党对工人运动领导的必要性和迫切性。

（摘自《社会科学战线》2022年第8期）

MEGA² 研究前沿与马克思思想史研究

张一兵　孔伟宇

1972 年,《马克思恩格斯全集》历史考证版即 MEGA² 以试编本的形式问世。50 余年来,随着 MEGA² 文献的不断整理出版,马克思、恩格斯的思想以更加完整的历史姿态向国际学术界展现出来。然而,全新的文献编辑形式和内容也为中国马克思主义学术界传统的理论解读带来了一定的挑战和困难。

围绕 MEGA² 第一部分特别是 2017 年出版的第 5 卷《德意志意识形态》展开讨论。自 2017 年以来,德国学界对《德意志意识形态》的主流看法更倾向于将其视为一本非完整的"季刊",而其理论内容也并非马克思、恩格斯创立的历史唯物主义,而是马克思恩格斯及其同时代理论家对当时德国哲学和社会主义的批评。例如,格哈尔特·胡布曼（Gerald Hubmann）认为,根本"不存在《德意志意识形态》这部著作",这只是马克思、恩格斯、莫泽斯·赫斯等人为了批判麦克斯·施蒂纳等人的著作而创作的季刊。可以说,胡布曼客观上在试图瓦解历史唯物主义的合法性。围绕 MEGA² 第二部分——《资本论》及其手稿中的政治经济学创作问题——展开大量讨论。例如,MEGA² 第二部分主要负责人卡尔-埃里希·福尔格拉夫（Carl-Erich Vollgraf）认为,以 1863 年为分界线,马克思的《政治经济学批判》和《资本论》其实是两个写作计划,《资本论》已经与《政治经济学批判》及其"六册计划"分道扬镳。米夏埃尔·海因里希（Michael Heinrich）将《资本论》的写作分为三个阶段:1863—1865 年是第 1 册及第 2、第 3 册第一稿阶段;1866—1871 年是第 1 卷出版和修订、第 2 册第二稿阶段;1871—1881 年是《资本论》第 1 卷的修改稿和第 2、第 3 册的若干片断稿阶段,即《资本论》的第三稿阶段。沃尔夫冈·豪格（Wolfgang Fritz Haug）则在 MEGA² 的文献基础上指出,马克思对大卫·李嘉图的超越体现在他对商品关系的分析上,即价值不是单个商品具有的实体属性,而是在作为复数的商品的交换关系中表现出的"共同的东西"。

MEGA² 第四部分最接近马克思真实思想的发生情境,但又是一块"难啃的骨头"。从文本上看,该部分是 MEGA² 四个部分中最复杂的,马克思将自己读书的所思所想随笔记录,同时将临时的思想实验穿插其中,多处字迹很难辨认,甚至很多页码都是混乱的。从内容上看,MEGA² 第四部分包含哲学、经济学、工艺学、政治学、历史学、数学、军事学、农学、地质学、人类学、化学等内容,马克思又以多种语言同时进行书写和摘录,有时一句话中竟包含德语、法语、英语三种语言,这对于阅读者的语言功底和跨学科理论功底来说,都是巨大的挑战。

(摘自《国外理论动态》2022 年第 3 期)

把握 21 世纪马克思主义的四个维度

辛向阳

21 世纪马克思主义必须廓清附加在 19 世纪、20 世纪马克思主义之上的各种迷误。由于社会主义建设的实践经验不足，有的迷误是人们在实践中制造出来的；有的迷误是修正、颠覆和反对马克思主义的人打着马克思主义的旗号制造出来的；有的迷误是所谓改良、重构和反思马克思主义的人制造出来的。

马克思主义创始人以及马克思主义后来人总是能够站在大历史尺度上来看待历史变迁，从世纪变迁中找寻社会发展规律。纵观 17—20 世纪 400 年的历史，可以看出，资本主义经历了从自由竞争阶段到垄断资本主义的阶段，而垄断资本主义则经历了从私人垄断到国家垄断到跨国垄断再到 21 世纪正日益向着金融信息技术跨国垄断和军事化发展的趋势，这种趋势表明一种新型的帝国主义正在形成。金融信息技术跨国垄断的资本主义国家不仅搞冷战思维还搞寒战思维，不仅搞"铁幕"还要筑"铜墙"，不仅搞单边主义还搞集团政治和阵营对抗，把本国安全建立在他国不安全的基础之上，"北约亚太化""民主国家联合体""价值观外交伙伴""五眼联盟"等构想不断出现。

要回答好人类向何处去、向着什么样的目标前进的问题，要回答好如何不断完善社会主义市场经济体制并提高驾驭该体制能力的问题，要回答好 21 世纪资本主义继续演进的基本趋势、发展态势的问题。

习近平新时代中国特色社会主义思想真正继承了马克思主义、坚定捍卫了马克思主义，全面创新了马克思主义。作为 21 世纪马克思主义，习近平新时代中国特色社会主义思想着眼于中华民族伟大复兴这一中华民族最高利益和最根本利益，回答了"实现什么样的伟大复兴、怎样实现伟大复兴"这一中国之问；不仅胸怀天下，以"大道之行，天下为公"的情怀回答了"世界怎么了，我们怎么办"这一世界之问，而且善于从历史长周期比较分析中思考"如何战胜疫情、如何建设疫后世界"等这些世界各国人民共同关心的重大问题；是为人民谋幸福的理论，回答了"什么是美好生活、怎样实现美好生活"这一人民之问；是马克思主义时代化的理论结晶，回答了"引领什么样的时代、怎样引领时代"这一时代之问。

（摘自《当代世界与社会主义》2022 年第 3 期）

习近平新时代中国特色社会主义思想为发展 21 世纪马克思主义作出原创性贡献

龚 云

19 世纪马克思主义。这个阶段是世界马克思主义的奠基阶段，马克思、恩格斯创立并完善了马克思主义。主题是从理论上揭示资本主义必然灭亡和社会主义必然胜利。

20 世纪马克思主义。这个阶段是马克思主义在世界各国的实践阶段，主要围绕社会主义在各国的实践展开，以列宁为代表，包括毛泽东、邓小平等在内的马克思主义理论家，把马克思主义普遍原理与各国具体实际相结合，探索社会主义革命、建设、改革的道路。主题是推动社会主义从理论到实践，从一国实践到多国实践。

21 世纪马克思主义。这个阶段是马克思主义通过回答世界百年未有之大变局向何处去而发展的阶段。主题是推动世界社会主义走向振兴。21 世纪世界仍然处于马克思所指明的大的历史时代。资本主义制度与社会主义制度经过十月革命后 100 多年的实践较量，随着新的科技革命和第四次工业革命的推进、中国特色社会主义的成功，人类成为一个"你中有我、我中有你"的命运共同体，世界历史的天平开始向社会主义倾斜。资本主义虽然经过多次自我调整，但是其基本矛盾没有改变，2020 年全球新冠疫情蔓延暴露了资本主义的内在困境，中国成功遏制新冠疫情扩散并积极帮助其他国家抗疫，彰显了社会主义制度的优越性。这些重大变化，要求与时俱进地发展马克思主义。1959 年，毛泽东就指出："马克思这些老祖宗的书，必须读，他们的基本原理必须遵守，这是第一。但是，任何国家的共产党，任何国家的思想界，都要创造新的理论，写出新的著作，产生自己的理论家，来为当前的政治服务，单靠老祖宗是不行的。"世界百年未有之大变局、中国特色社会主义进入新时代，给 21 世纪马克思主义发展提出了新的课题。世界社会主义 500 多年的历史、十月革命以来的社会主义实践经验、中国共产党成立百年的成功实践，为发展 21 世纪马克思主义打下了丰厚的实践基础。21 世纪马克思主义必须回答：马克思主义还行不行，社会主义还能不能振兴，人类社会该向何处去。

习近平新时代中国特色社会主义思想是适应时代要求而生的 21 世纪马克思主义。习近平是一位坚定的马克思主义者，也是一位熟练掌握和灵活运用马克思主义的无产阶级政治家。习近平新时代中国特色社会主义思想，以科学的态度对待科学，以真理的精神追求真理，既坚持了老祖宗，又谱写了新篇章，赋予马克思主义以新时代内涵，实现了马克思主义基本原理与中国具体实际相结合的又一次飞跃，将马克思主义推向一个新的发展阶段，体现了与时俱进、引领未来的创新性。

（摘自《毛泽东邓小平理论研究》2022 年第 2 期）

社会主义从空想走向科学

林建华

"社会主义""社会主义者""空想社会主义""空想社会主义者"等概念，都不是马克思、恩格斯首先使用的。在一个时期内，马克思、恩格斯对"社会主义""共产主义"概念的使用也不是一致的。在1842年撰写的《共产主义和奥格斯堡〈总汇报〉》一文中，马克思首次使用了"社会主义"概念；在1843年撰写的《大陆上社会改革运动的进展》一文中，恩格斯分别首次使用了"社会主义""共产主义"概念，并赋予其科学含义。恩格斯在《〈共产党宣言〉1890年德文版序言》中指出："在1847年，社会主义意味着资产阶级的运动，共产主义则意味着工人的运动。"1848年2月，马克思、恩格斯在《共产党宣言》中，把除了科学社会主义以外的19世纪上半叶在欧洲流行的社会主义思潮归纳为反动的社会主义（包括封建的社会主义、小资产阶级的社会主义、德国或"真正的"社会主义）、保守的或资产阶级的社会主义、批判的空想的社会主义和共产主义。由于马克思的两个伟大的发现——唯物史观和剩余价值学说，"社会主义变成了科学""这就是无产阶级运动的理论表现即科学社会主义"，从而"最先说明了社会主义不是幻想家的臆造，而是现代社会生产力发展的最终目标和必然结果"。《共产党宣言》是社会主义从空想走向科学的具有标志性意义的著作。

社会主义从空想走向科学，不是马克思、恩格斯在书斋里完成的。恩格斯曾指出："为了使社会主义变为科学，就必须首先把它置于现实的基础之上。"所谓"现实"，仅从社会生产力的角度来讲，就是机器大工业逐渐取代工厂手工业成为资本主义生产的主导和主流状态，资本主义生产越来越具有真正的社会化大生产的特征。随着社会生产力的快速发展，工人阶级队伍快速壮大，工人运动也快速发展起来。马克思、恩格斯冷静观察时代演进，在深邃思考时代特征、深入剖析资本主义社会状况以及工人运动发展状况后，撰写了大量著作。1845年，马克思、恩格斯撰写了《德意志意识形态》，第一次比较系统地阐述了历史唯物主义的基本原理，揭示了人类社会发展的一般规律；1867年，马克思出版了《资本论》第一卷，提出了剩余价值学说，揭露了资本家剥削工人的秘密；1872年，恩格斯在《论住宅问题》中第一次使用了"科学社会主义"的概念；1880年，恩格斯发表了《社会主义从空想到科学的发展》，系统阐述了科学社会主义理论及其形成和发展的历史。应当指出的是，由于语境不同，科学社会主义通常具有广义和狭义之分，广义的科学社会主义就是马克思主义，狭义的科学社会主义则是马克思主义三个最主要的组成部分之一。

（摘自《当代世界与社会主义》2022年第4期，原文题目为《世界社会主义发展的历史进程与当代走向》）

侵蚀资本主义

——赖特论21世纪反对资本主义的新战略

段忠桥

赖特指出，从历史上看，人们反对资本主义通常是基于两种动机：一是阶级利益；二是道德价值观。用他的话来讲就是："你可以反对资本主义，不但因为它损害了你的物质利益，也因为它冒犯了某些对你很重要的道德价值观。"首先，在当代资本主义社会中还存在不少处于资产阶级与无产阶级之间的中间阶级或阶层。例如，受过高等教育的专业技术人员、管理人员以及个体经营者，他们的利益并不明显地与资本家一致或与工人保持一致，因此，他们反对资本主义的意愿在很大程度上取决于其信奉的道德价值观。由于这些人的支持对于反对资本主义的战略非常重要，因此，在一定程度上围绕价值观而不仅仅是阶级利益建立联盟是至关重要的。其次，大多数人反对资本主义的动机至少部分是出于道德方面的考虑，而不仅仅是实际的经济利益。人们的行为常常违背自己的阶级利益，这并不是因为他们不了解这些利益，而是因为对于他们而言，其他一些价值更加重要。例如，马克思的亲密战友恩格斯是一个富有的资本家的儿子，但他全力以赴地支持反对资本主义的政治运动。最后，明确的价值观对于思考替代资本主义的方案是必不可少的，因为我们不仅需要从道德上评判资本主义的弊病所在，还需要从道德上评判其替代方案的可取之处。以反对资本主义不能仅仅从阶级利益出发为基础，赖特进而提出，在当代，人们反对资本主义在很大程度上是基于这样一种论断，即"资本主义作为组织经济制度的一种方式，阻碍了平等/公平、民主/自由和共同体/团结等价值观的尽可能充分实现"。

赖特回顾了20世纪反对资本主义的五种战略，即摧毁资本主义、废除资本主义、驯服资本主义、抵制资本主义和逃避资本主义。上述五种战略分别出现在四种不同的政治主张和行动中。革命的共产主义主张把抵制资本主义与摧毁资本主义结合起来，把劳工运动视为建立工人阶级团结和转变工人阶级意识的重要组成部分，把在"时机成熟"时通过控制国家权力而与旧制度决裂作为其战略的最终目标。为此，革命的共产党人在劳工运动中积极参与对资本主义的激进抵抗。民主社会主义放弃了摧毁资本主义的想法，但仍然寻求通过逐步废除资本主义而最终超越其结构的战略。这一战略将消除资本主义危害的改革与建立强大的国有部门和支持劳工运动的努力结合在一起。社会民主主义的战略则包括抵制资本主义，但将其与驯服资本主义结合起来，并在很大程度上放弃了逐步废除资本主义的努力。而无政府主义的社会运动通常只是为了防御资本主义的掠夺而抵制资本主义，这种抵制有时是与试图建构替代资本主义的新方案的实践结合在一起的。

（摘自《国外理论动态》2022年第2期）

追寻"英国马克思主义"道德之维的历史生成

张 亮

对于"英国马克思主义"或者更广义的当代英国左翼思想而言，1956 年新左翼运动兴起之初的 5~6 年是最为重要的思想大爆发时期。此后半个多世纪，凡是具有较为广泛的英国基础的思想学术争论几乎都可以在这一时期找到自己的直接起源。20 世纪 80 年代初新左翼运动终结之后，英国左翼阵营的关注焦点开始发生变化，一条此前难见其迹的"英国马克思主义"道德之维变得清晰可见。

作为第一次工业革命的发源地，19 世纪的英国从其社会现实中自然而然地形成、发展出自己的社会主义传统。较为顽固地拒绝接受其他社会主义思想的有益影响，是这一传统的重要特征。因此，当马克思因 1848 年革命失败流亡英国后，英国的社会主义者不仅没有张开双臂欢迎他，反而以忽视甚至敌视的方式对待他和恩格斯创立的科学社会主义。与此同时，这一传统却与站在传统社会立场来抨击现代资本主义的"封建的社会主义"保持着密切联系。后者的主要代表托马斯·卡莱尔（Thomas Carlyle）和约翰·罗斯金（John Ruskin），他们都基于道德或宗教情感谴责现代资本主义对道德、人性和自由的破坏，呼唤一种更加人道的社会的来临。1883 年，威廉·莫里斯（William Morris）在马克思主义的影响下转向社会主义，随后致力于将马克思主义与卡莱尔、罗斯金的批判学说结合起来，发展出一种具有明显的马克思主义色彩的资本主义道德和审美批判学说，学术界通常将这种传统指认为英国伦理社会主义传统。

《道德荒原笔记》之后，汤普森、麦金太尔、泰勒等人继续发表文章展开论战，将"社会主义的人道主义"之争不断推向深入，产生了深入的思想史效应。第一，苏联马克思主义在英国左翼思想界、学术界的正统地位被彻底颠覆，在其崩溃的废墟上，英国本土的马克思主义思想传统开始生根发芽、茁壮成长起来。第二，随着英国本土马克思主义的不断融入，传统马克思主义中的道德空场得到填补，英国左翼学者对道德伦理问题的思考开始获得长足发展。第三，英国左翼思想界、学术界的相对封闭状况被打破，欧洲大陆的各种马克思主义思潮开始登陆英国，从而使英国左翼的理论基因得到某种改善。第四，随着多元理论话语竞争局面的出现，英国左翼开始关注对马克思恩格斯著作的解读，这一方面促进了西方"马克思学"在英国的繁荣，另一方面也提升了英国左翼的马克思主义水准，减少了无谓的意见纷争，使学术共识、思想共识的积累逐渐增多。不过，学术研究也是时代的产物，这些思想史效应就像种子一样，要想真正生根、发芽、成长，还必须等待适合自己的时代来临。历史已经证明，这个适合的时代只有在新左翼运动终结之后才能真正开启。

（摘自《国外理论动态》2022 年第 2 期）

论科技发展与人文精神的内在勾连对我国哲学人文科学发展的启示

张云龙　马淑欣

努力建设成科学中心成为我国当前备受瞩目的话题，这一战略目标的实现，既需要诉诸科学技术的创新，同时需要哲学人文科学的滋养。而在传统研究中，更多的是考察技术因素，而忽视了其背后的人文支撑。纵观世界科学中心的转移轨迹，每一个科学中心的确立，都离不开孕育其产生的人文环境。考察并分析世界科学中心与人文精神的内在关联，可为新时代中国科技与人文的协同发展提供历史借鉴和启示。

第一，"没有理论思维的民族，不可能站在科学的最高峰"。理论思维蕴含着最本质、最深层、最稳定的特质。不可否认，经验是获得知识不可或缺的源泉，但因为它过度依赖感官，止步于惯习与常识，因此很多时候，这种认识只能达到"熟知"而非"真知"。理论思维不同于经验思维，是将日常的感知材料经过理性的加工，抽象化为理论，挖掘事物深层次的本质联系。如果说自然科学是对认识对象的直接抽象，那么理论思维就是运用逻辑技巧对这种抽象的再抽象。也正是逻辑技巧所具有的抽象思辨特质，使理论思维可以针对现实问题以及科学研究的具体结论，给予批判性反思，以宏观把握事物的整体发展态势。

第二，自然科学与人文科学协同发展。诚然，自然科学偏向于崇实尚理，人文科学注重扬善臻美，但自然科学中拥有人文珍璞，人文科学中蕴含科学基础。缺乏人文精神融入的自然科学是盲目的，同样的，缺乏自然科学关照的人文精神是虚浮的。"和则两利，分则两害"，只有自然科学与人文精神协同发展，才能实现人文与科学的良性发展。

第三，回归生活世界。"理论是灰色的，生活之树常青"，要使理论获得真正的生命力，就要回归到现实的此岸世界，也就需要哲学人文科学朝向生活世界，直面问题，关照价值，打破"贫困"。对于新时代的中国哲学人文科学来说，面临世界百年未有之大变局，这不仅有来自经济、政治等方面的影响，而且有来自科技迅猛发展带来的颠覆性挑战。哲学是时代精神的精华，如果哲学人文科学依然对科技带来的挑战重视不够甚至视而不见，那无疑会游离于时代之外，根本无法做出具有时代性的成果。故而，哲学人文科学不能再沉迷于宏大的形而上学体系的构建，不能再局限于命题的拆迁和概念的梳理，而需要以问题意识为引领，让哲学人文科学回归现实。

（摘自《自然辩证法研究》2022年第2期，原文题目为《论科技发展与人文精神的内在勾连——基于世界科学中心转移的视角》）

73.2%的乌克兰人认为国家走在不正确的历史发展方向上

陈爱茹

1991年12月1日,在乌克兰为确认8月24日通过的《独立宣言》而举行的全民公决中,高达93%的人投票赞成独立。转眼30多年过去了,乌克兰并没有成为"富裕""文明""民主"和"自由"的发达国家。在经济领域,乌克兰的国民生产总值始终未能恢复到1991年独立前夕的水平。根据国际货币基金组织发布的2021年人均国内生产总值排名,乌克兰成了欧洲最贫穷的国家。在政治领域,乌克兰经历了三场颜色革命,不断"向西""向右转"的结果是,国家政权被受美西方操纵的政客和寡头把持,乌克兰真正的民意遭到忽视。在社会领域,乌克兰社会两极分化的鸿沟不断扩大:一方面,最富有的50个家族大约控制了乌克兰国民生产总值的85%;另一方面,乌克兰民众的生活长期得不到改善,国家债务不断增多。

独立30多年来,乌克兰的一个显著特点是富人/超级富豪与其他人口之间,尤其是贫困人口之间的不平等大幅加剧。"在斯堪的纳维亚诸国,最富有的1%人口的平均收入是最贫穷的50%人口的平均收入的8倍,在欧洲差不多是13倍,在美国是25倍,在乌克兰几乎达到了46倍,而在基辅则高达96倍。"多年的社会调查数据显示,乌克兰广大民众中有很大的比例表示反对资本主义制度,反对大型企业私有化,反对土地私有化,希望国家执行混合经济政策。可惜的是,民众的声音一直被忽视。关于独立后乌克兰的国家独立性问题。通过乌克兰社会监测中心的一项民意调查,我们可以一窥乌克兰民众对于国家独立性的立场和心态:66.5%的乌克兰公民认为,乌克兰不是一个真正的独立国家。受访者认为,对乌克兰影响大的外部力量分别是国际货币基金组织(45.2%)、美国(40%)和欧盟(39.4%)。73.2%的受访者认为,乌克兰走在不正确的历史发展方向上。

(摘自《马克思主义研究》2022年第6期,原文题目为《乌克兰资本主义化30年评析》)

西班牙中国问题专家谈
"新时代的中国与世界百年未有之大变局"

［西班牙］ 胡里奥·里奥斯 贺 钦 编译

  西班牙加利西亚国际关系研究院院长、西班牙中国政策观察中心主任胡里奥·里奥斯认为，中国共产党人善于吸取国际共产主义运动的经验和教训，并很早就认识到——对共同事业最好的贡献就是妥善管理自己的事业。中国共产党的优秀品质包括预判并化解危机的应急能力、不达目的绝不放弃的执行能力、保持政策延续性的规划能力、既忠于原则又与时俱进的适应能力、机制化而非个人主义的党建能力、摒弃偏见的文化融合能力、先进的理论创新能力、准确研判并妥善处理优先事项的统筹能力等。中国的权力在党，不是指党处于权力的顶峰，而是指党有能力确保国家充分行使主权，使国家在免受一切外部奴役的前提下，主导国家的历史进程，自主把控国家变革的节奏、时间和内容。

  习近平新时代中国特色社会主义思想是对中国改革攻坚阶段多重挑战的全面回应。坚持马克思主义的指导地位是正确制定并贯彻党和国家政策的政治前提。立场坚定是所有党员干部必备的政治素养。加强意识形态工作对于纠偏改革中的不良现象至关重要。完善党和国家治理体系是关乎中国未来发展的重要问题。中国的"十四五"规划和"两个一百年"奋斗目标，体现了中国共产党对中国未来发展的合理预期与战略前瞻。面对日益复杂的国际形势，中国共产党面临的最大挑战在于巩固改革成果，并在此基础上全面深化改革。只有充分考虑到技术、环境、社会等因素对经济增长产生的巨大影响，才能实现真正的高质量发展。

  中国式现代化无论是从规模还是深度上看，在全世界都是独一无二的。中国式现代化既不同于西方自由主义现代化，也不同于苏联社会主义现代化。渐进探索、有机融合、战略前瞻与模式创新是中国式现代化的显著特征。中国拒绝休克疗法等一切所谓的神话和样板，坚持具体问题具体分析，以寻求回应现实需求与发展目标的中国方案。

  每种政治模式都是特定历史、文化和意识形态的产物。中国从未经历过常态化的自由主义民主，一切治理模式都取决于中国对时代需求的回应。因此，对于中国而言，最重要的一是达成关于优先发展事项和路线图的广泛共识，二是完善治理体系并实现这些目标。在中国这样的大国，完成这些任务并非易事。在寻求治理共识的过程中，建立满足人民基本需求的高效民主模式至关重要。中国通过创新协商民主，不断巩固和发展中国特色的民主模式。

（摘自《马克思主义与现实》2022年第4期，原文题目为《新时代的中国与世界百年未有之大变局———西班牙中国问题专家胡里奥·里奥斯访谈》）